U0109794

民國歷史與文化研究

五 編

第 1 冊

《五編》總目

編 輯 部 編

衝突與抉擇
——辛亥鼎革之際督撫研究（上）

孫 紅 旗 著

花木蘭文化出版社

國家圖書館出版品預行編目資料

衝突與抉擇——辛亥鼎革之際督撫研究（上）／孫紅旗 著——
初版 — 新北市：花木蘭文化出版社，2017〔民106〕
目 4+210 面：19×26 公分
（民國歷史與文化研究 五編：第1冊）
ISBN 978-986-404-885-4（精裝）
1. 中國政治制度 2. 辛亥革命 3. 民國史
628.08   106000597

ISBN-978-986-404-885-4

民國歷史與文化研究
五 編 第 一 冊   ISBN：978-986-404-885-4

衝突與抉擇——辛亥鼎革之際督撫研究（上）

作　　者　孫紅旗
總 編 輯　杜潔祥
副總編輯　楊嘉樂
編　　輯　許郁翎、王筑　美術編輯　陳逸婷
出　　版　花木蘭文化出版社
社　　長　高小娟
聯絡地址　235 新北市中和區中安街七二號十三樓
　　　　　電話：02-2923-1455／傳眞：02-2923-1452
網　　址　http://www.huamulan.tw 信箱 hml810518@gmail.com
印　　刷　普羅文化出版廣告事業
初　　版　2017 年 3 月
全書字數　358994 字
定　　價　五編 6 冊（精裝）台幣 10,000 元

《五編》總目

編輯部 編

《民國歷史與文化研究》五編　書目

《民國歷史與文化研究》五編各書
作者簡介・提要・目次

第一、二冊　衝突與抉擇——辛亥鼎革之際督撫研究

作者簡介

孫紅旗，1966 年 12 月出生，河北省石家莊人。初始學歷中專，後一路進修了專科、本科；2002 年在河北大學取得歷史學碩士學位，師從已故著名學者黎仁凱教授；2012 年畢業於北京師範大學歷史學院，獲得歷史學博士學位，師從清史專家王開璽教授。現爲邢臺職業技術學院馬列部副教授，主要研究領域爲晚清政治史和思想文化史，曾參與撰寫河海大學出版社出版的《中國傳統文化概論》一書（副主編），已發表學術論文 10 餘篇。

提　要

1911 年 10 月 10 日（辛亥年八月十九日）武昌起義爆發，旬月間十四個省分回應宣告獨立（山東獨立十二天後又復取消），窮途末路的清王朝於 1912 年 2 月 12 日（辛亥年十二月二十五日）頒佈退位詔書，是爲辛亥鼎革。

宣佈獨立各省督撫在新軍、諮議局紳要求獨立之際表現不一，有逃亡者、有反正者、有死難者。從表象來看，死難者屬於對大清王朝忠貞之輩，反正者似可歸類爲「叛清」之徒。細究史料，其實不然。死難督撫中也不盡一心一意效忠清王室者，反正督撫群體中也不全然是背叛大清王朝者。死難督撫中如閩浙總督松壽、浙江巡撫馮汝騤已有或曾經有順應民意的表示，署川督趙爾豐則是在出讓政權後死於民軍之手。逃亡督撫中對大清王朝矢志忠誠者

有之，洞徹時勢、順應民意者有之，形勢逼迫、無奈而爲者亦有之。在獨立浪潮的衝擊下，未獨立省分督撫紛紛祭起保境安民的旗幟，爲清廷固守疆域（注：武昌起義後任命的追隨袁世凱的督撫另當別論），他們用自己「不合時宜」的堅持，爲清王室贏得了體面的「退場」。

革故鼎新，勢必伴隨著矛盾與衝突，地方督撫如何應對考驗著他們的應變能力與政治智慧，遜清督撫在民國後的表現，也爲解讀他們對大清王室的情感提供了佐證。

目　次

上　冊

第三冊　晚清民國時期廣東的留學教育

作者簡介

　　牛麗玲，女，1981 年 12 月，山西高平人，華南師範大學教育史博士，現在西安石油大學高教研究與評估中心工作，講師，主要從事近現代教育史、中外教育交流史及高等教育管理方面的研究。

提　要

　　留學教育史是中國教育史的一個重要組成部份，留學生促進了中外文化的交流，對現代中國社會的變革產生了深刻的影響。廣東地處中國最南端，對外貿易頻繁，受西方文明的影響較大，留學教育較早步入了全國的先進行列。

　　開風氣之先的政治變革也爲廣東的留學教育添上了獨特的色彩。辛亥革命爆發，政權更疊，中華民國建立。廣東是革命的策源地，1917 年的護法運動更增強了對中央政府的離心力，促使其與北方政權分庭抗衡。以孫中山爲首的護法軍政府在廣州成立，形成了一個國家、兩個國會、兩個政府的特殊局面。在這種社會環境下，廣東地方政府在留學生選派及管理上有很大的自主性。南京國民政府成立後，廣東的留學教育逐漸規範化。自 1929 年至 1936 年，陳濟棠統治廣東的時間長達七年以上，對三十年代廣東的政治、經濟、軍事、教育、文化等方面均產生過重大影響。陳濟棠主粵時期，他利用國內軍閥混戰的局面，使南京國民政府對廣東鞭長莫及。正是在這樣一個相對獨立、穩定的環境下，廣東的經濟和教育各方面都開始穩步發展。陳濟棠主張以「三民主義」訓育學生，提倡教育職業化，要求「悉力擴張農、礦、工、商等科」，影響著廣東留學教育發展的方向。

　　抗日戰爭爆發後，廣東的留學教育陷入停滯時期。廣東留學生多數選擇了回國，少數繼續在國外學習。抗日戰爭後期，全國留學教育開始恢復，中央教育部控制了所有留學生的考選和派遣，廣東省作爲一個地方政權喪失了派遣留學生的權力。

目　次

第四冊　民國時期廣東國語教育

作者簡介

喻忠恩（1970～），男，江西省彭澤縣人，博士，副研究員，廣東技術師範學院教師。近年來，發表教育史、職業教育領域專業論文 40 餘篇。

提　要

　　國語教育是中國語言教育現代化乃至中國教育現代化的重要組成部份。從社會歷史學的角度，深度探討國語教育與地方社會發展變動之間的關係，是教育史學界尚未深入研究的一個領域。基於這一認識，本書以民國時期廣東國語教育為切入點，試圖從區域國語教育的角度，勾勒出民國時期國語教育政策在廣東省實施的基本過程、具體形態，並對制約國語教育政策在廣東發生變形的主要因素進行分析。

　　總的來看，在 1920 至 1937 年間，無論是與中央政府國語教育政策的相關要求相比，還是與國內其它地區國語教育實施的情況相比，廣東國語教育所顯現的特點是極其明顯的滯後性。而進一步考察廣東國語教育的演進過程，人們會發現，導致廣東國語教育滯後的因素卻極其複雜。為便於考察民國時期廣東國語教育演進的基本過程，並分析其間制約其發展的諸項因素，本書結合民國時期廣東政治局勢發展的重大變化，以中央與地方之間的關係為參照點，將廣東國語教育的主要進程劃分為四個時期。

　　一、20 年代初，廣東國語教育開始了艱難的起步。這一時期廣東國語教育的基本特點是，新的語言教育思想、內容以及方式在一定範圍內被接納，但是既有的教育思想、觀念乃至做法勢力更加強大。本書認為，造成這一局面的主要原因是廣東比較特殊的政治身份。即廣東既是北洋政府治下的一個省份，又是國民黨建立獨立政權的所在地。這種特殊的政治角色與省內複雜混亂的政局，使得廣東的國語教育受到來自多種勢力及其觀念的複雜影響。

　　二、國民黨「二大」至南京政府基本統一中國時期，廣東的國語運動曾經一度形成高潮，但仍沒有走出國語教育落後的困境。本書認為，儘管從國民黨「二大」到南京國民政府基本完成全國統一之時，廣東的身份已經由「中央」演變為革命後方，但在國民黨人內部各派系爭權奪利的過程中，語言成為了革命以及革命正統的重要象徵。國語教育的一時勃興，以及國語教育不能取得應有的成效，在很程度上是因為受制於廣東籍國民黨要人與蔣介石集團之間的政治鬥爭。

　　三、陳濟棠主粵期間，廣東的國語教育處於邊緣化的地位。由於幾乎沒有受到來自南京中央政府的干預以及影響，廣東的國語教育邊緣化與語言教育多元化同時並存。一方面，文言文教育、方音教學的盛行；另一方面，英語、世界語以及拉丁化新文字的傳播與教育在這一時期的廣東盛行一時。本

書認爲，這一時期廣東政治上的半獨立狀態使得廣東具備了一個對內封閉、對外開放的文化教育環境。在這種相對獨特的文化環境下，廣東的語言教育受到來自地方當局主政者以及外來的影響大於來自中央及國內其它地區的影響。

四、「兩廣事變」解決後，作爲國民黨中央統治下的一個普通省份，廣東幾乎是不折不扣地按照教育部的相關指令推行國語教育，但成效仍然不著。本書認爲，在廣東被納入國民黨中央統治以後所開展的國語運動、國語教育，本質上這一時期廣東國語教育完全被政治化，成爲實現政令統一、意志統一的工具。另一方面，這種被異化了的國語教育政策，在很大程度上又被地方政府所利用。在此政治意圖之下，中央政府和地方當局均不大可能眞正努力推行國語教育。

民國時期的廣東國語教育是廣東相對獨特的政治、文化以及語言發展綜合影響下的產物，因此本書在結語中還從總體上對廣東國語教育滯後的原因進行了綜合分析。同時，本書認爲在一個相對統一語言的國家裏，地方方言的封閉圈只能使得本區教育難以吸納整個社會教育革新與發展的新成果，最終難免處於落後的狀態。而廣東國語教育雖然以滯後性爲特點，但在一定程度上代表了當時國內國語運動及國語教育發展的基本軌跡。最後，本書還以歷史爲參照，結合當代中國語言教育的現狀，爲國家語言規劃、語言改革以及語言教育政策的制定與實施提供一些參考性的建議。

目　次

第五冊　稻米流通與近代安徽地方社會（1877～1937）

作者簡介

　　王春芳，安徽肥西人，歷史學博士；安徽大學管理學院教授，博士生導師；安徽大學淮河流域環境與經濟社會發展研究中心研究人員。目前主要從事中國近現代社會經濟史研究。在《中國社會科學》《中國經濟史研究》《探

索與爭鳴》《安徽史學》等期刊發表學術論文十餘篇；先後主持國家社科基金專案、教育部人文社科專案、安徽省社科規劃專案各一項，參與國家級、省部級專案多項。

提　要

本文以蕪湖開埠至抗戰爆發這一時段的安徽稻米流通為主要研究內容，研究了稻米流通對近代安徽地方社會的影響。全文包括緒論和五章：

　　緒論部份主要闡述了選題的意義，回顧了自 1980 年代以來近代安徽糧食問題的主要研究成果，總結了研究特點及不足之處。

　　第一章主要討論了近代安徽稻米生產的狀況和近代安徽稻米生產的特點，論述了清代前期至近代安徽作為米源地在國內稻米供需格局中的地位變遷。

　　第二章主要闡述了近代安徽稻米的多向流動。包括在省內的餘缺調劑、外輸皖米在省內的彙聚過程及外輸路線與數量、省外稻米的輸入等內容。

　　第三章是對市場組織的研究。主要針對販運商、稻米加工業和稻米中介組織的研究。分類研究了其經營內容、內部結構、在各地分佈情況、同業組織及其在稻米流通中的作用。

　　第四章以市場體系為研究內容。首先各個市場稻米價格的聯動性驗證了近代安徽稻米市場的整合程度，並論述了稻米市場體系中存在的「容量梯度」，分析了其對市場的作用；然後闡述了蕪湖米市的發展脈絡和安徽稻米市場體系中的各類中轉市場。

　　第五章分別從近代安徽地方社會經濟生活、長江流域市鎮的發展論述了稻米流通對地方社會經濟的影響，並通過糧食危機事件分析了各階層在地方事務中的角色、作用及其地位變遷，通過糧食危機事件研究清末糧食政策困境，最後論述了在洋米傾銷背景下安徽稻米市場的改良措施及其成效。

目　次

第六冊　近代中國刑事審判制度研究（1902～1937）

作者簡介

　　施瑋，1971 年出生。2011 年畢業於中國政法大學法律史專業，獲得法學博士學位。主要研究方向：中國近代法律制度、民法。現任教於安徽巢湖學院，副教授。

提　要

　　近代中國刑事審判體系是以大陸法系國家刑事審判制度爲藍本而構建，其形成也與當時特定的社會背景相聯繫。在刑事審判制度近代化過程中，引進近代西方法治原則，提倡審判獨立、公開審判，建立新式法院，選拔培訓新式審判人員。同時在刑事審判中確立了尊重當事人人權、罪刑法定、證據裁判、控審分離等近代刑事審判基本原則，並以此作爲中國近代時期刑事審判制度的基本理念。

　　但斯時刑事審判法律淵源的多元化，使得刑事審判活動呈現複雜局面，最高審判機關運用法律解釋權，通過司法創制的形式確立了大量判例和解釋例，很好解決了審判人員的困惑，並成爲這一時期各級刑事審判機關審判案件的重要法律依據。在制度研究的基礎上，通過適當引入刑事案例進行實證分析，闡明近代時期刑事審判的實際運行，可以一窺近代西式刑事審判制度在中國的本土化進程。

目　次

衝突與抉擇
——辛亥鼎革之際督撫研究（上）

孫紅旗　著

作者簡介

孫紅旗，1966 年 12 月出生，河北省石家莊人。初始學歷中專，後一路進修了專科、本科；2002 年在河北大學取得歷史學碩士學位，師從已故著名學者黎仁凱教授；2012 年畢業於北京師範大學歷史學院，獲得歷史學博士學位，師從清史專家王開璽教授。現爲邢臺職業技術學院馬列部副教授，主要研究領域爲晚清政治史和思想文化史，曾參與撰寫河海大學出版社出版的《中國傳統文化概論》一書（副主編），已發表學術論文 10 餘篇。

提　　要

　　1911 年 10 月 10 日（辛亥年八月十九日）武昌起義爆發，旬月間十四個省分回應宣告獨立（山東獨立十二天後又復取消），窮途末路的清王朝於 1912 年 2 月 12 日（辛亥年十二月二十五日）頒佈退位詔書，是爲辛亥鼎革。

　　宣佈獨立各省督撫在新軍、諮議局紳要求獨立之際表現不一，有逃亡者、有反正者、有死難者。從表象來看，死難者屬於對大清王朝忠貞之輩，反正者似可歸類爲「叛清」之徒。細究史料，其實不然。死難督撫中也不盡一心一意效忠清王室者，反正督撫群體中也不全然是背叛大清王朝者。死難督撫中如閩浙總督松壽、浙江巡撫馮汝騤已有或曾經有順應民意的表示，署川督趙爾豐則是在出讓政權後死於民軍之手。逃亡督撫中對大清王朝矢志忠誠者有之，洞徹時勢、順應民意者有之，形勢逼迫、無奈而爲者亦有之。在獨立浪潮的衝擊下，未獨立省分督撫紛紛祭起保境安民的旗幟，爲清廷固守疆域（注：武昌起義後任命的追隨袁世凱的督撫另當別論），他們用自己「不合時宜」的堅持，爲清王室贏得了體面的「退場」。

　　革故鼎新，勢必伴隨著矛盾與衝突，地方督撫如何應對考驗著他們的應變能力與政治智慧，遜清督撫在民國後的表現，也爲解讀他們對大清王室的情感提供了佐證。

目

次

表　次

緒　論

一、選題的緣由與學術價值

　　1911 年是舊曆的辛亥年，是年 10 月 10 日（八月十九日）新軍中的革命黨人在武昌舉義，遍佈各地的革命黨人應聲而起，旬月間有十四個省分回應，窮途末路的清王朝終於 1912 年 2 月 12 日（十二月二十五日）以隆裕太后的名義頒發了退位詔書，是爲辛亥鼎革。推翻入主中原二百六十八年的清王朝，是辛亥革命最輝煌的成果，辛亥革命一度作爲史學界的顯學備受重視，研究人員眾多，成果也很豐富。然而，清王朝的覆滅，從理論上講應當是歷史合力的結果。曾幾何時我們在革命範式的框架下過份突出了革命黨人的作用，使得其它相關領域的研究顯得蒼白和薄弱。本文有意識擷取清末督撫作爲研究對象，將其置放於辛亥鼎革的背景之下，考量該時間段督撫群體的所作所爲、所思所想，以期對清末民初的政治史研究有所裨益。在相關的辛亥革命史（包括通史類）或區域性辛亥革命研究的著作、論文中，對清末督撫均有所涉及，但大多是背景式、甚至是蜻蜓點水式的，也多以省區獨立或光復爲題目來串聯督撫，描述性又居多，尚談不到是以督撫爲軸心的研究。北京大學郭衛東教授在其文章《視角轉換：清朝覆亡原因再研究——爲紀念辛亥革命 90 週年而作》中亦指出：「研究清朝的崩潰除從王朝權力結構的外部來尋找原因外，還應該從王朝自身是如何一步步地走向自我崩潰這一方面來分析。」〔註 1〕

〔註 1〕 郭衛東：《視角轉換：清朝覆亡原因再研究——爲紀念辛亥革命 90 週年而作》，《史學月刊》，2002 年第 1 期，第 54 頁。

　　作為王朝統治階層的中堅力量，辛亥鼎革之際的督撫在改朝換代、衝突激烈的階級搏殺中，與太平天國運動時期的督撫表現相去甚遠，有的甚或迥異。地方督撫在對抗太平軍時那種或堅守抵抗、或以身殉國的普遍現象，在辛亥鼎革之際竟成為鳳毛麟角，其中的原因值得深思。其一，太平天國運動時期，構成「叛異」力量的主體來自體制外部，辛亥鼎革之際督撫面臨的「叛異」力量乃由支撐體制結構的新軍、諮議局紳組成，這是兩者截然不同之處。其二，兩代督撫自身的結構原因，如督撫的政治信仰、精神面貌、應變能力、對地方各派勢力的黏合力、凝聚力等等，都值得挖掘。

　　鼎革之際督撫在變局中的表現不一，有逃亡者，有死難者，有「反正」者，也有在獨立浪潮衝擊下為清朝廷固守疆域者。應變過程中的督撫同中有異，異中有同，他們在時代劇變時分別以不同的方式演繹著自己的人生角色。辛亥鼎革之際督撫承載著清末民初社會轉換過程中的多元信息，本文力圖把所要研究的對象放在特定的時空轉換中間，以凸顯其鮮活的歷史角色，通過該時段的督撫研究使得這段歷史更加充滿立體感；在激烈的社會變革過程中，督撫的個人因素，加之其周圍多元元素的影響，使得不同省區充滿變數的選擇之共性中，孕育著極強的個性色彩，歷史研究可以使我們剖開紛繁複雜的社會現象去透視其本質，把握清末政治運作的的特點和規律；清王朝在走向覆滅的過程中，本來應該作為王朝支柱的督撫為什麼會做出不同的、甚至反差很大的選擇，加強清末督撫的研究有助於我們透視清末社會統治集團分崩離析的病因所在；清末的政治遺產對民初的政治走向產生了深遠影響，清末督撫研究將有助於我們加深對民初社會的理解。

二、學術史回顧

（一）國內外研究現狀

　　學界對清末督撫的研究以往主要是以辛亥革命副產品的形式出現，且多以背景式的介紹為主，其集大成者自然是章開沅、林增平的《辛亥革命史》，〔註2〕民國史方面當推李新主編的《中華民國史》〔註3〕，在通史類的著作中新近出版中國社會科學院近代史所張海鵬主編的《中國近代通史》

〔註2〕　章開沅、林增平：《辛亥革命史》，北京：人民出版社，1980年。
〔註3〕　李新主編：《中華民國史》第1編，北京：中華書局，1982年。

第五卷《新政、立憲與辛亥革命》〔註4〕則體現了最新的成果。區域性的辛亥革命研究（著作）集中在幾個點上，兩湖地區辛亥革命研究成果有李時岳1961年出版的《辛亥革命時期兩湖地區的革命運動》〔註5〕、美國學者周錫瑞1982年的譯著《改良與革命——辛亥革命在兩湖》〔註6〕以及霍修勇2008年的新作《兩湖地區辛亥革命新論》〔註7〕；四川方面的研究成果有周開慶的《四川與辛亥革命》〔註8〕、（美）C. H. 赫德特克的《四川與清朝的覆亡》〔註9〕；廣東方面的成果有倪俊明《辛亥革命在廣東》〔註10〕、謝文孫的《辛亥革命在廣東》〔註11〕；貴州方面有馮祖怡《貴州辛亥革命》〔註12〕、（美）威廉‧約翰遜的《辛亥革命在雲貴》〔註13〕；江蘇方面有王佩良《江蘇辛亥革命研究》〔註14〕。

　　其它專題史如關於立憲派的研究有張朋園《立憲派與辛亥革命》〔註15〕；關於新軍的研究有劉鳳翰《論新軍與辛亥革命》〔註16〕、（澳）馮兆基：《軍事近代化與中國革命》〔註17〕、（美）拉爾夫‧爾‧鮑威爾《1895～1912年中國軍事力量的興起》〔註18〕；商人社團方面的研究有朱英《辛亥革命時期新式商人社團研究》〔註19〕；財政方面的研究有周育民《晚清財政與社會變遷》〔註

〔註4〕 張海鵬、李細珠：《中國近代通史》第五卷，《新政、立憲與辛亥革命》（1901～1912），南京：江蘇人民出版社，2007年。

〔註5〕 李時岳：《辛亥革命時期兩湖地區的革命運動》，北京：生活‧讀書‧新知三聯書店，1961年。

〔註6〕 周錫瑞：《改良與革命——辛亥革命在兩湖》，南京：江蘇人民出版社，1982年。

〔註7〕 霍修勇：《兩湖地區辛亥革命新論》，長沙：國防科技大學出版社，2008年。

〔註8〕 周開慶：《四川與辛亥革命》，臺北：臺灣學生書局，1976年。

〔註9〕 赫德特克：《四川與清朝的覆亡》（博士論文，加利福尼亞大學，1968年）。

〔註10〕 倪俊明：《辛亥革命在廣東》，廣州：廣東教育出版社，2001年。

〔註11〕 謝文孫：《辛亥革命在廣東》（博士論文，哈佛大學，1969年）。

〔註12〕 馮祖怡：《貴州辛亥革命》，貴陽：貴州人民出版社，1981年。

〔註13〕 威廉‧約翰遜：《辛亥革命在雲貴》（博士論文，華盛頓大學，1962年）。

〔註14〕 王佩良：《江蘇辛亥革命研究》，長沙：國防科技大學出版社，2008年。

〔註15〕 張朋園：《立憲派與辛亥革命》，長春：吉林音像出版社，2007年。

〔註16〕 劉鳳翰：《論新軍與辛亥革命》，《辛亥革命研討會論文集》，臺灣「中央」研究院近代史研究所，1983年。

〔註17〕 馮兆基：《軍事近代化與中國革命》，上海：上海人民出版社，1994年。

〔註18〕 拉爾夫‧鮑威爾（陳澤憲、陳霞飛譯）：《1895～1912年中國軍事力量的興起》，北京：中國社會科學出版社，1979年。

〔註19〕 朱英：《辛亥革命時期新式商人社團研究》，北京：中國人民大學出版社，1991年。

〔註20〕 周育民：《晚清財政與社會變遷》，上海：上海人民出版社，2000年。

20〕等。相關領域的研究成果既為我們深入理解辛亥革命時期晚清社會開拓了視野，同時也為我們進一步研究以清末督撫為軸心的政治運作提供了更廣闊的空間。

近年來隨著清末新政研究的拓展及深入，立憲派與督撫的互動關係（如資政院、江蘇諮議局、順直諮議局的研究），督撫與憲政改革的關係越發的清晰，官制改革、財政改革的研究使我們對清末政局的走向、督撫與朝廷的權利之爭看得更加透徹，民變研究、晚清吏治腐敗問題的研究也使我們對清末社會矛盾的激烈程度有了更明確的定位，這些都有助於我們繼續和延伸清末督撫的分析和把握。

具體到對清督撫的研究，學界目前主要側重於督撫制度、督撫個體及督撫群體等三個方面，較早對清代督撫制度進行系統研究的是臺灣學者傅宗懋先生，他的代表作是《清代督撫制度》〔註21〕，大陸出版的相關著作如《清代地方官制考》和《中國政治制度通史》（第 10 卷·清代）也提及了清代的督撫制度，但研究者多從典章制度入手，探討督撫制度本身的演變、督撫職官設置及人事嬗變等問題，為我們做督撫研究提供了重要的學術前史；一些專題論文如臺灣學者魏秀梅教授撰寫的《從量的觀察探討清季督撫的人事嬗遞》〔註22〕一文，給我們提供了督撫群體研究經常採用的一種方法——計量史學法；李細珠研究員在《清末新政時期地方督撫的群體結構與人事變遷》〔註23〕、《試論清末新政時期政區變革的幾個問題》〔註24〕等文中，對清末新政時期雲南、湖北、廣東巡撫的裁撤，江淮巡撫的設置與裁廢，東三省改制及其督撫建置等進行了細化考量。晚清督撫權力擴張的問題，羅爾綱先生的《湘軍兵志》為奠基之作，但對督撫權力擴張是否達到了專政局面學者們則有爭議，清末督撫研究必然涉及到中央與地方權力之爭，前人的成果為本課題的

〔註21〕 傅宗懋：《清代督撫制度》，臺灣「國立」政治大學政治研究叢刊第 4 種，1963年。

〔註22〕 魏秀梅：《從量的觀察探討清季督撫的人事嬗遞》，臺灣「中央」研究院近代史研究所集刊編輯委員會編《「中央」研究院近代史研究所集刊》第 4 期，1974年印行。

〔註23〕 李細珠：《清末新政時期地方督撫的群體結構與人事變遷》，中國社會科學院近代史研究所編：《中國社會科學院近代史研究所青年學術論壇（2005 年卷）》，北京：社會科學文獻出版社，2006 年。

〔註24〕 李細珠：《試論清末新政時期政區變革的幾個問題》，《近代史研究》，2003 年第 2 期。

研究提供了一個歷史的發展脈絡，李細珠的大作《地方督撫與清末新政——晚清權力格局再研究》乃不可多得的上乘之選。〔註25〕

　　就督撫個案及督撫群體研究而言，個案研究成果較豐，曾國藩、左宗棠、李鴻章、張之洞、劉坤一、袁世凱、周馥、端方、錫良等人都有研究成果問世，但這些研究主要側重於少數督撫個體的政治經濟活動，對於改革業績較爲平淡甚至少有改革業績的督撫關注不夠，袁世凱、端方、錫良等人的研究成果將對本文有較大參考價值；有關督撫群體的研究，劉偉教授的《晚清督撫政治——中央與地方關係研究》〔註26〕堪稱力作，她以中央與地方關係爲主軸，運用社會群體的研究方法，大跨度、多層面爲我們剖析了晚清督撫群體的特徵和演變脈絡；賈小葉《晚清大變局中督撫的歷史角色——以中東部若干督撫爲中心的研究》〔註27〕則以督撫與近代中西文化的關係爲切入點，從思想與實踐兩個方面考察了督撫與晚清社會發展的互動過程，對督撫群體研究不無新的啓示。李細珠研究員的主攻是清末新政時期的督撫群體，與本文要探究的清末督撫最爲接近，他的很多研究成果將會對本文的創作有很大的幫助和借鑒。在督撫研究中，還有冠以晚清督撫之名，卻截取相對獨立的時間段，對督撫群體進行考察者，如 1984 年畢業於北京師範大學的碩士生孫燕京即以《地方督撫與晚清政局》爲題，對甲午戰爭至辛亥革命十七年間地方督撫與清廷矛盾、鬥爭進行了探究，考察了地方與中央矛盾變化發展對晚清政局的影響；2009 年畢業於河北師範大學的博士生李元鵬則集中研究了甲午戰後至戊戌變法前的這段時間地方督撫的自強活動。〔註28〕另外有關清王朝覆滅的學術著作《清王朝的覆滅》〔註29〕、《清王朝的崩潰：公元 1911 年中國實錄》〔註30〕等，以及清末貴族如載灃、善耆、載濤等人的研究也會爲本課題的研究提供營養。

〔註25〕　李細珠：《地方督撫與清末新政——晚清權力格局再研究》，北京：社會科學文獻出版社，2012 年。
〔註26〕　劉偉：《晚清督撫政治——中央與地方關係研究》，武昌：湖北教育出版社，2003 年。
〔註27〕　賈小葉：《晚清大變局中督撫的歷史角色——以中東部若干督撫爲中心的研究》，上海：上海書店出版社，2008 年。
〔註28〕　李元鵬：《晚清督撫與社會變革——以 1895～1898 年初督撫的自強活動爲中心》（博士論文，河北師範大學，2009 年 6 月）。
〔註29〕　房德鄰：《清王朝的覆滅》，鄭州：河南人民出版社，1996 年。
〔註30〕　王先明：《清王朝的崩潰：公元 1911 年中國實錄》，天津：天津人民出版社，2006 年。

　　具體到本文要研究的辛亥鼎革之際的清末督撫而言，成果主要集中在幾個人物上，程德全、趙爾豐、趙爾巽等。程德全，四川雲陽人，最後一任江蘇巡撫，又是江蘇第一任民軍都督，在清末督撫中他的表現最爲搶眼，過去把他當作巡撫搖身變都督的典型來否定，現今則更多的給予肯定，作爲辛亥革命研究熱潮中他也是督撫群體中受人關注較多的一個，〔註 31〕程德全的另一個研究焦點集中在了他黑龍江任上的成就與評價。東三省總督趙爾巽在辛亥革命中的表現，以臺灣學者趙中孚《辛亥革命前後的東三省》〔註 32〕一文論述較爲精深。趙爾豐的研究則主要集中在他川邊的業績上，至於他在辛亥兵變時期多重的複雜表現，研究的還遠遠不夠；孫寶琦、錢能訓則更多的是作爲民國名人而進入學人視野，其它如陳夔龍、張人駿、長庚、張鳴岐、沈瑜慶、陸鍾琦等則寥寥數篇，有的更簡單到只是人物的介紹而已。

（二）資料的收集與整理

　　中國第一歷史檔案館所藏的晚清督撫奏議，是本文研究的第一手資料。奏摺是督撫向皇帝報告政務的一種文書，它們直接反映了督撫本身的價值趨向，具有較高的史料價值。中國第一歷史檔案館還藏有大量未刊的錄副奏摺，這些奏摺是軍機處抄錄存案備查的副本。檔案館曾按內政、外交、軍務、財政、文教、交通等類別將其進行分類，這些珍貴的檔案較爲全面地記錄保存了督撫的言行，成爲研究該督撫群體最集中、最重要的資料。

　　已出版的督撫個人文集、日記及奏稿，亦是本文研究重要的資料來源。要研究的清末督撫近三十位，出版文集的有：直隸總督陳夔龍《庸庵尚書奏議》、《松壽堂詩抄》、《夢蕉亭雜記》，兩江總督張人駿《張人駿家書日記》，川督趙爾豐《趙爾豐奏議公牘全集》、《趙爾豐川邊奏牘》，雲貴總督李經義《雲貴督院李制軍電奏稿》，江蘇巡撫程德全《程將軍（雪樓）守江奏稿》、

〔註31〕 蘇貴慶：《程德全在辛亥革命時期的歷史地位》，《蘇州大學學報》（哲社版），1991 年第 3 期；陳志勇：《辛亥前後的程德全評價問題》，《學術月刊》，1993 年第 10 期；朱宗震：《江蘇都督程德全安撫會黨政策的失敗》，《民國檔案》，2000 年第 1 期；胡長青：《論辛亥革命前後的程德全》（碩士論文，揚州大學，2001 年 5 月）。

〔註32〕 趙中孚：《辛亥革命前後的東三省》，臺灣「中央」研究院近代史說研究集刊，第 11 期，1982 年。

《賜福廔筆記》，山東巡撫孫寶琦《孫慕韓（寶琦）先生碑銘手扎集》，新疆巡撫袁大化《撫新紀程》，貴州巡撫沈瑜慶《濤園集》，吉林巡撫陳昭常《廿四花風館詩詞鈔》，黑龍江巡撫周樹模《周中丞（少樸）撫江奏稿》，端方《端忠敏公奏稿》，錫良《錫良遺稿》，岑春煊《樂齋漫筆》，升允《東遊日記》，龐鴻書《歸田吟稿、歸田詩餘》。這些文集、日記及奏稿所收錄的公私文件、書札、函電及日記等，是研究督撫思想、活動較爲眞實、可靠的資料。《清史稿》、《碑傳集》（續、補、三編）、《辛亥人物碑傳集》、《民國人物碑傳集》、《辛亥殉難記》、《清代人物傳稿》、《近代名人小傳》及《中華民國名人傳》等書中均有相關督撫的傳記。這些傳記提供了傳主活動的歷史線索，有助於瞭解其生平、學術、人脈等背景。另外，與晚清督撫關係密切相關人物的文集，可與督撫本人的文集、奏稿互相參照，史料價值頗高。丁士源《梅楞章京筆記》、柯逢時《蠒翁日記》、盛宣懷《愚齋存稿》、《盛宣懷日記》、孫寶瑄《忘山廬日記》、《鄭孝胥日記》、《張謇全集》，其它如《一士類稿》、《花隨人聖庵摭憶》、《國聞備乘》、《世載堂雜憶》等清人筆記也有一定的參考價值。

　　《清實錄》、《宣統政紀》、《光緒宣統兩朝上諭檔》、《宣統己酉大政記》、《辛亥革命前十年間民變檔案史料》、《清末籌備立憲檔案史料》、《宣統朝外交史料》、《辛亥革命史資料新編》（特別收錄了英法外交與內務檔案）等檔案和官方文書，忠實記錄了督撫和朝廷相互往來、交涉的過程，反映出彼此對同一事件不同的立場和態度。《中國近代史資料叢刊·辛亥革命》所收錄的時人回憶錄等，以及當時的報刊雜誌也是本文研究的重要支柱資料。特別是報刊，它是瞭解晚清督撫動向的重要管道之一，也可以透過報刊觀察督撫與社會互動的脈搏。《內閣官報》、《清末官報》（包括各地方的官家報紙）、《申報》、《大公報》、《盛京時報》、《東方雜誌》、《國風報》等不僅有當時重要論旨、奏摺、邸鈔的記載，更兼有時評，可以直接反映社會心理的價值判斷。此外，全國政協包括各地方政協組織人力出版的文史資料更是一個讓我們瞭解當時社會現狀的豐富的大寶庫。

　　總之，本文在充分挖掘第一手資料和利用學術界已有研究成果的基礎上，希望通過研究清末督撫群體在辛亥鼎革之際的思想與言行，力求爲督撫群體與晚清社會變革這一宏大主題的研究作一些貢獻。

三、相關界定

（一）起訖時間

本書是以辛亥鼎革之際的督撫群體作為研究對象，以辛亥革命為切入點，但廣義上的辛亥革命時間跨度較長，做督撫的群體研究困難較大，也不好把握，故本文僅以武昌起義爆發至清帝遜位這一較短時間段作為一把尺子，來考量清末督撫在該期間激烈變革過程中所作所為及所思所想。

（二）研究對象

本文重點探討的是辛亥變局中實際在職任的督撫（含授、署、護三種方式），計有 23 位，他們是：直隸總督陳夔龍、兩江總督張人駿、陝甘總督長庚、四川總督趙爾豐、閩浙總督松壽、湖廣總督瑞澂、兩廣總督張鳴岐、雲貴總督李經羲、東三省總督趙爾巽、山東巡撫孫寶琦、山西巡撫陸鍾琦、河南巡撫寶棻、江蘇巡撫程德全、安徽巡撫朱家寶、江西巡撫馮汝騤、浙江巡撫增韞、湖南巡撫余誠格、陝西護撫錢能訓、廣西巡撫沈秉堃、貴州巡撫沈瑜慶、新疆巡撫袁大化、吉林巡撫陳昭常、黑龍江巡撫周樹模。至於武昌起義後任命的督撫有 19 人，其中未到任者 5 人，任職時間不超過 20 天者 8 人，月餘者 2 人（山東巡撫胡建樞任職 35 天，湖南巡撫朱溢濬任職 33 天）。根據督撫任職時間（狀況），依照常理推斷，他們不可能對地方政局的走向產生實質性的影響，故通常不作為本文研討的對象，其他個別督撫會在行文中根據需要略作取捨。

四、研究思路

清末督撫在時代劇變之際分別以不同的方式演繹著自己的人生角色，他們很多人對清王朝懷有深深的眷戀心理，然而為什麼不能竭盡全力為大清王朝拼死效忠？在這場激烈的社會變革中，原本應當出現的激烈搏殺，為什麼各省政權會出現瞬間瓦解，演變成一邊倒的態勢，督撫的作用發揮受到了哪些因素的影響和制約？本文力爭通過對史料的詳細解讀，透過紛繁複雜的歷史現象，真正把握清末督撫在鼎革之際的內心衝突抉擇，完成對清末督撫歷史角色的分析。

過去我們所涉及到的清末督撫研究史事陳述較多，且僅局限於幾個點，零散、不系統，本文力求在充分吸收前人研究成果的基礎上，以歷史唯物主

義爲指導，通過對極其分散的相關史料進行梳理，把整體研究與個案研究相結合，將點、面研究相結合，系統地探討清末督撫在辛亥鼎革之際這場社會變革中所採取的不同應對措施，深刻挖掘他們的內心矛盾及衝突，全景式展現這段豐富多彩的歷史畫卷，對清末督撫在鼎革之際的思想、言行做一個清晰地勾勒，並爭取在此基礎上能有一個合理的分析和解說。

　　本文在對這段歷史解讀的過程中將不單單局限於傳統的歷史研究方法，將輔之於社會學、心理學、政治行爲學等多學科交相滲透，在考察督撫群體時，注重分層次、多角度、全方位的研究，同時運用社會學、心理學的相關理論，來分析督撫做出抉擇時各種元素的影響，及其所具有的鮮明的個性特徵原因所在；運用政治學和經濟學相結合的方法，說明清末督撫在變局中做出的選擇儘管有強烈的區域特徵和鮮明的個性色彩，但與當時社會的政治運作軌跡、經濟發展脈搏卻是咬合在一起的。

引　言

　　督撫乃總督與巡撫之合稱，總督始設於明正統六年（1441 年），巡撫始設於明洪武二十四年（1391 年），均爲臨時差遣性質，因事而設，事畢即撤。總督終明之世未成定制，考其始設，「要皆用統軍務，……俾一省難作，則總督調近省之食與兵而合制之。」〔註1〕所以總督許可權往往超越一省，明末時有管轄五省、七省者。巡撫以「巡行天下，安撫軍民」而得名，初設之時，或督理糧稅，或總理河道，或撫治流民，或整飭邊關，任務各異，後愈以偏重軍事。自景泰四年（1453 年）始，巡撫由起初的奉使性質逐漸向地方官轉化，因其「代天巡狩」的性質依然存在，故巡撫儼然成爲地方之長官。

　　清承明制，清初督撫之建置，大多亦「因事設裁，隨地分并」，故「員額多寡不一」，〔註2〕至康熙朝清代的督撫制度格局基本形成，除滿族發源地東三省採用將軍管理體制外，關內一省或兩省設置一總督，一省設置一巡撫，計有總督九員，巡撫十八員。〔註3〕督撫成爲地方最高行政長官，不僅對地方行政事務有決定權，而且還對國家的大政方針有重大影響。

　　雍正、乾隆二朝督撫設置並無大的改變，僅在前朝基礎上稍做調整，最終形成八總督，十五巡撫的局面（直隸、四川、甘肅三省總督兼巡撫），其後歷經嘉慶、道光、咸豐三朝幾無變化，至光、宣朝，爲適應新形勢的需要，

〔註 1〕　傅宗懋：《清代督撫制度》導言，臺灣「國立」政治大學政治研究叢刊第 4 種，1963 年，第 5～6 頁。

〔註 2〕　允祿等監修：《大清會典》（雍正朝），卷 223，都察院一，《近代中國史料叢刊三編》第 77 輯，臺北：文海出版社，1994 年，第 7 頁。

〔註 3〕　傅宗懋：《清代督撫制度》，臺灣「國立」政治大學政治研究叢刊第 4 種，1963 年，第 9～16 頁。

又有所調整。光緒十年（1884年）新疆建省，增設新疆巡撫；光緒十一年（1885年）臺灣建省，改福建巡撫為臺灣巡撫，福建巡撫事則由閩浙總督兼管；光緒二十一年（1895）《馬關條約》中議定臺灣割讓給日本，臺灣巡撫缺裁；光緒二十四年（1898年）七月「百日維新」期間，分別裁去與總督同城的湖北、廣東、雲南三巡撫，以總督兼管巡撫事，是年十月又恢復舊制；光緒三十年（1904年）再次議裁湖北、雲南巡撫，光緒三十一年（1905年）裁廣東巡撫，正式確定巡撫事由總督兼管。光緒三十三年（1907年），作為「龍興」之地的東北地區設省級機構，添設東三省總督兼管將軍事務，又分別於奉天、吉林、黑龍江設巡撫一員，奉天巡撫旋於宣統二年（1910年）議裁，仍由總督兼管巡撫事。〔註4〕

　　清代督撫制度經過260多年的演變至清王朝覆亡前夕，最終形成全國22行省共設有9總督、14巡撫的新格局。清末總督計有直隸總督、兩江總督、閩浙總督、湖廣總督、兩廣總督、雲貴總督、陝甘總督、四川總督和東三省總督；巡撫計有江蘇巡撫、浙江巡撫、安徽巡撫、河南巡撫、山東巡撫、江西巡撫、湖南巡撫、廣西巡撫、貴州巡撫、山西巡撫、陝西巡撫、新疆巡撫、吉林巡撫、黑龍江巡撫。〔註5〕

　　在日常行政管理中，作為地方最高行政首長，督撫無疑對一省或數省的政治、經濟、文化的發展走向有著重大影響。同時，作為封疆大吏的督撫，在對具體行政事務做出決定前，也不得不受到所管轄區域的政治、經濟、文化環境的影響。本文擬以辛亥鼎革這一重大歷史事變為背景，討論在重大歷史關頭作為封疆大吏的督撫之行為抉擇，並對他們的行為動機做進一步的心理分析。

〔註 4〕 劉偉：《晚清督撫政治——中央與地方關係研究》，武漢：湖北教育出版社，2003年，第16～17頁。

〔註 5〕 李細珠：《清末新政時期地方督撫的群體結構與人事變遷》，中國社會科學院近代史研究所編：《中國社會科學院近代史研究所青年學術論壇（2005年卷）》，北京：社會科學文獻出版社，2006年，第155頁。（注：光緒三十年十二月（1905年1月）曾議設江淮巡撫，不及三月旋廢。同見上書第147～150頁。）

第一章　辛亥鼎革之際督撫群體分析

　　辛亥鼎革之際督撫群體共涉及 43 人，職任涵蓋授、署、護三種方式，武昌起義後任命者有 19 人，其中未到任者 5 人，任職時間不超過 20 天者 8 人，月餘者 2 人（山東巡撫胡建樞任職 35 天，湖南巡撫朱溢濬任職 33 天）。根據其任職時間（狀況），依照常理推斷，他們不可能對地方政局的走向產生實質性的影響，故通常不作爲本文研討的對象。爲行文需要，本章節有時會將 43 位督撫在作注釋的前提下全部納入討論範圍。

第一節　辛亥鼎革之際督撫結構特徵

　　所謂督撫的群體結構特徵，主要是指督撫的出身背景、旗漢比例及任職時間等。通過統計列表具體的量化分析，從中找出特定時間段或時間點督撫群體的不同屬性。

一、出身背景

　　督撫的出身背景是指其入仕前的身份。清代仕宦講究出身，一般有正途與異途之分。所謂正途是指通過科舉考試取得進士、舉人、貢生等高級學銜或由世襲特權獲得廕生的功名而入仕途徑；異途則是指通過捐納獲得監生的功名或因軍功而入任的途徑。清制對仕宦身份劃分爲八類：「凡官之出身有八：一曰進士，二曰舉人，三曰貢生，四曰廕生，五曰監生，六曰生員，七曰官學生，八曰吏。無出身者，滿洲、蒙古、漢軍曰閒散，漢曰俊秀。各辨

其正雜以分職。」〔註1〕我們先對咸豐、同治、光緒、宣統四朝督撫的出身背景做簡單統計，以期觀察不同時期督撫出身背景的變化情況。

表 1：督撫出身背景數據比對表

		咸 豐	同 治	光 緒	宣 統
進士（%）	總督	73.3	47.4	42.9	40
	巡撫	65.7	63.3	45.2	40.7
舉人（%）	總督	3・3	26.3	20	20
	巡撫	10	10.2	18.3	18.5
貢生（%）	總督	0	10.5	2.9	13.3
	巡撫	4.3	8.2	7.0	7.4
廩生（%）	總督	10	0	2.9	6.7
	巡撫	5.7	2.0	6.1	11.1
監生（%）	總督	0	0	14.3	6.7
	巡撫	8.6	2.0	10.4	3.7
生員（%）	總督	0	0	14・3	6.7
	巡撫	1.4	10.2	7.8	11.1
其它（%）	總督	13.3	15.8	2.9	6.7
	巡撫	4.3	4.1	5.2	7.4

資料來源：魏秀梅：《從量的觀察探討清季督撫的人事嬗遞》，臺灣「中央」近代史所集刊第四集，第 267～268 頁；錢實甫：《清季重要職官年表》，北京：中華書局，1959 年；魏秀梅：《清季職官表》，臺灣「中央」研究院近代史研究所史料集刊（5）；秦國經：《清代官員檔案履歷全編》，上海：華東師範大學出版社，1997 年。（注：宣統朝統計數字截止武昌起義前）

表 2：武昌起義前在任督撫出身背景統計表

	進士		舉人		貢生		廩生		監生		生員		合計	
	總督	巡撫	總督	巡撫	總督	巡撫	總督	巡撫	總督	巡撫	總督	巡撫	總督	巡撫
人數	3	6	1	2	2	2	1	2	1	1	1	1	9	14
%	33.3	42.9	11.1	14.3	22.2	14.3	11.1	14.3	11.1	7.1	11.1	7.1	100	

〔註 1〕 昆岡等編：《欽定大清會典》卷 7，上海：商務印書館，宣統元年五月再版，第 2 頁。按：引文中注釋均省略。

　　從表 1 所列數據來看，同治、光緒、宣統三朝，總督進士出身的比例有顯著下降；巡撫進士出身的比例在光緒、宣統二朝下降也較爲明顯。如果將舉人出身的督撫疊加進去，咸豐朝顯現的比例最高（76.6％、75.7％），同治朝（73.7％、73.5％）略有下降，然並不彰顯；光緒（62.9％、63.5％）、宣統（60％、59.2％）二朝較咸、同朝而言，呈大幅下降趨勢，說明天平天國運動時期所謂的「戰時督撫」扮演了重要角色。

　　在科舉取士的年代，進士出身尤爲重要，它體現了仕宦階層的素質高低，單純從資料上分析，就咸同光宣四朝督撫出身背景而言，咸豐朝以後督撫群體素質降低是不爭的事實。

　　表 2 中武昌起義前夕在任督撫出身背景資料，更直觀地顯示出該時間段督撫進士、舉人出身比例的下降。武昌起義前夕，總督中進士、舉人出身的比例（二合一）較咸豐、同治、光緒、宣統時期分別下降了 32.2％、29.3％、18.5％、15.6％；巡撫中進士、舉人的比例（二合一）分別下降了 18.6％、16.4％、6.4％以及 2.1％。

　　表 3 中所列辛亥鼎革之際四十三位督撫出身背景，又有進一步的變化，進士、舉人督撫（二合一）只占到 38.9％和 56％，較之宣統時期相差了 21.1％、3.2％，較之咸豐時期則差至 37.7％和 19.7％。

　　這一變化說明，在歷史巨變的關頭，清廷可用之才越發的捉襟見肘。此外，督撫出身的變化還透露出一些特殊信息。其一，有幾位巡撫在任職前有過出使或出洋的經歷（孫寶琦、周樹模、陳昭常、端方、李盛鐸）；其二，武昌起義之後被任命的督撫中，如張勳、吳祿貞、張錫鑾、段芝貴、王士珍、段祺瑞、張懷芝等人，或軍事學堂畢業，或行伍出身，雖然此一時期清政府對他們的任命有出於戡亂的需要，這在某種意義上也可以說預示了清廷用人行政的新方向。實際上沿著這個思路走下去，我們似乎嗅到了民國時期軍人（武人）當政的一些影子。

表 3：辛亥鼎革之際督撫出身背景統計表

	進士		舉人		貢生		廩生		監生		生員		其它		合計	
	總督	巡撫	總督	巡撫	總督	巡撫	總督	巡撫	總督	巡撫	總督	巡撫	總督	巡撫	總督	巡撫
人數	4	10	3	4	3	0	1	3	1	3	2	3	4	2	18	25
%	22.2	40	16.7	16	16.7	0	5.6	12	5.6	12	11.1	12	22.2	8	100	

注：其它類別中，總督一個爲武童，三個爲軍事學堂；巡撫一個爲行伍，一個爲軍事學堂。注：齊耀琳曾以河南巡撫兼轄安徽，故資料計算時按一人計。

資料來源：錢實甫：《清季重要職官年表》，北京：中華書局，1959 年；魏秀梅：《清季職官表》，臺灣「中央」研究院近代史研究所史料集刊（5）；秦國經：《清代官員檔案履歷全編》，上海：華東師範大學出版社，1997 年；江慶柏：《清代人物生卒年表》，北京：人民文學出版社，2005 年；卞孝萱、唐文權：《辛亥人物碑傳集》，北京：團結出版社，1991 年；清史編委會：《清代人物傳稿》，瀋陽：遼寧人民出版社，1984 年；章開沅：《辛亥革命辭典》，武漢：武漢人民出版社，1991 年；陳賢慶、陳賢傑：《民國軍政人物尋蹤》，南京：南京出版社，1991 年；徐友春：《民國人物大辭典》，石家莊：河北人民出版社，1991 年。

二、旗漢比例

督撫中的旗漢比例，實際反映了清朝廷在官員任用政策上對漢人的種族歧視。但隨著滿人漢化日深，加之滿人腐化亦日益嚴重，實在難當大任，漢人日漸得到重用。從道光朝開始，漢人督撫比例超越旗人。太平天國軍興，旗漢比例差距進一步加大，同治朝漢人出任巡撫的比例竟高達 91%。

表 4：督撫滿漢比例統計表（1851～1911 年）

	咸豐				同治				光緒				宣統			
	總督		巡撫		總督		巡撫		總督		巡撫		總督		巡撫	
	人數	%	人數	%	人數	%	人數	%	人數	%	人數	%	人數	%	人數	%
旗人	13	43.3	20	28.6	9	28.1	6	9·0	13	27.7	33	22	8	53.3	5	18.5
漢人	17	56.7	50	71.4	23	71.9	61	91.0	34	72.3	117	78	7	46.7	22	81.5
合計	30	100	70	100	32	100	67	100	47	100	150	100	15	100	27	100

資料來源：魏秀梅：《從量的觀察探討清季督撫的人事嬗遞》，臺灣「中央」近代史所集刊第四集，第 267～268 頁；劉偉：《晚清督撫政治——中央與地方關係研究》，武漢：湖北教育出版社，2003 年，第 16～17 頁。

宣統朝資料來源：錢實甫：《清季重要職官年表》，北京：中華書局，1959 年；魏秀梅：《清季職官表》，臺灣「中央」研究院近代史研究所史料集刊（5）；秦國經：《清代官員檔案履歷全編》，上海：華東師範大學出版社，1997 年。（注：宣統朝統計數字截止武昌起義前）

　　同治朝因爲鎮壓太平天國起義的特殊原因，漢人督撫比例相對較高。太平天國起義被鎮壓後，清朝廷漸漸地開始謀求從漢人手中收回權力。表 4 統計資料清晰顯示出了這一個特徵。宣統朝的總督旗漢比例爲 53.3%，超越了咸、同、光三朝，創下「歷史」來的新高。如果把巡撫加進去，宣統朝督撫旗漢比例爲 31.0%，超越光緒朝 7.6 個百分點，超越同治朝 15.8 個百分點，幾乎接近咸豐朝的督撫旗漢比例，可見宣統朝的皇族集權說並非空穴來風。辛亥鼎革之際，督撫的旗漢比例又發生逆轉，總督旗漢比例爲 38.9%，巡撫旗漢比例爲 12%。〔註 2〕此時期旗漢比例的再次下降，說明了清廷在鎮撫「變亂」過程中，只有重新採用前朝「重用漢人」政策。只是再次重用漢人，仍不能挽救已經走到末路的大清王朝，再度「中興」只能是一廂情願的夢想罷了。

三、任期時間

　　督撫在一處任職時間長短並不取決於其個人，從理論上說絕對權威仍操控於君主之手。劉廣京在《晚清督撫權力問題商榷》一文中即通過對督撫任期時間長短的探討，對晚近「督撫專權」說提出了質疑。對督撫問題頗有研究的臺灣學者魏秀梅認爲，朝廷通過升任或改調等手段，不使某一督撫長期任職一處，目的就是爲了防止地方督撫把持一方，植黨營私。同、光時期，督撫在一處任職時間長達 6 年、甚至更長時間者，數量並不多見，劉廣京對此問題也進行了解釋。〔註 3〕

表 5：督撫任期時間統計表（1851～1908 年）

		6 年以上	5～6 年	4～5 年	3～4 年	2～3 年	1～2 年	0.5～1 年	0.5 年以下	合計
咸豐	總督	3	3	1	3	6	10	6	5	37
	巡撫	4	2	3	2	20	26	13	17	87
同治	總督	5	1	2	4	1	7	5	0	25
	巡撫	11	2	8	4	10	17	8	3	63
光緒	總督	12	5	10	6	5	12	11	7	68
	巡撫	3	7	11	22	48	55	38	30	214

〔註 2〕 辛亥鼎革之際，旗人總督 7 人，漢人總督 11 人，巡撫中旗人僅 3 人，漢人爲 22 人。

〔註 3〕 劉廣京：《晚清督撫權力問題商榷》，《中國近代現代史論集》第 6 編，臺北：臺灣商務印書館，1985 年，第 358～359 頁。

資料來源：魏秀梅：《從量的觀察探討清季督撫的人事嬗遞》，臺灣「中央」近代史所
　　集刊第四集，第 274～275 頁。

　　李細珠仿傚劉、魏等人對清末十年督撫任職時間做了一個量化分析。89
任總督中任期超過 5 年以上者只有二人（直隸總督袁世凱、湖廣總督張之洞），
而在 167 任巡撫中竟沒有任期超過 5 年者。這一時期督撫任期 2 年以下者較
為集中，其中總督占總數的 83.2％，巡撫則為 83.8％〔註4〕，這與魏秀梅對咸
豐、同治、光緒三朝的統計資料相比有了更明顯的區別。

　　具體到辛亥鼎革之際的督撫而言，武昌起義前有 23 位在任督撫，他們
的任期時間統計應該接近常態資料。任期最長的是閩浙總督松壽，他的任
期長達 4 年 8 個月（接續前朝），任期 3～4 年者 5 人，2～3 年者 5 人，1
～2 年者 6 人，1 年以下者 6 人。參照李細珠的統計方法，2 年以下任期督
撫比例也僅占到 52.2％，這個資料與魏秀梅所統計的光緒朝督撫任期時間
比例相差無幾。假如把武昌起義後任命的督撫加入此前在任的 23 位督撫中
「重新計算」，二年以下督撫任期的比例則演變為 74.4％。但需要注意的
是，武昌起義後清廷任命了 19 位督撫，未到任者 5 人，任職不超過 20 天
者 8 人，其餘 6 人任期時間為 1～3 個月。即便如此集中加入任期短暫的督
撫群體，其所得比例（74.4％）仍與李細珠統計的清末十年督撫二年以下任
期者的比例（83.5％）相差了 9 個百分點。這兩組資料對比說明，武昌起義
前夕，在任的 23 位督撫是一個相對固定的「班底」。即宣統改元後，當政
者並沒有把頻繁更換督撫，當作自己樹威的一種手段，更多的是「蕭規曹
隨」。換句話說，也可以這樣理解，當權者或許還沒有培養出「效忠」自己
的督撫群。

表6：辛亥鼎革之際督撫信息統計（注：表中年齡均依照傳統的虛歲計年）

任　職	姓　名	出　身	任職年齡	滿（蒙）漢	任期時間	離職原因
直隸總督	陳夔龍	進士	55	漢	2 年 2 個月	病免
	※張鎮芳	進士	49	漢	9 天	遜清

〔註 4〕 李細珠：《清末新政時期地方督撫的群體結構與人事變遷》，中國社會科學院
　　近代史研究所編：《中國社會科學院近代史研究所青年學術論壇（2005 年
　　卷）》，北京：社會科學文獻出版社，2006 年，第 163～166 頁；咸豐、同治、
　　光緒三朝，總督二年以下任期比例分別為 56.8％、48％、44.1％，巡撫二年以
　　下任期比例分別為 64.4％、44.4％、57.5％，參見表 5。

任　職	姓　名	出　身	任職年齡	滿（蒙）漢	任期時間	離職原因
兩江總督	張人駿	進士	66	漢	2年7個月	開缺
	※張勳	武童	58	漢	19天	遜清
陝甘總督	長庚	監生	69	滿	2年8個月	遜清
四川總督	趙爾豐	文生	66	漢軍八旗	7個月	被殺
	※岑春煊	舉人	51	漢		未任
	※端方	舉人	51	滿		未任
閩浙總督	松壽	廩生	63	滿	4年8個月	被殺
湖廣總督	瑞澂	貢生	48	滿	1年11個月	革職
	※袁世凱	貢生	53	漢		未任
	※魏光燾	文生	75	漢		未任
	※王士珍	軍事學堂	51	漢	12天	病免
	※段芝貴	軍事學堂	42	漢	3天	暫護
	※段祺瑞	軍事學堂	47	漢	3個月	遜清
兩廣總督	張鳴岐	舉人	37	漢	1年1個月	逃
雲貴總督	李經羲	貢生	53	漢	2年10個月	開缺
東三省總督	趙爾巽	進士	68	漢軍八旗	10個月	遜清
江蘇巡撫	程德全	廩生	52	漢	1年6個月	民軍都督
安徽巡撫	朱家寶	進士	52	漢	3年6個月	開缺
	※齊耀琳	進士	49	漢		兼轄
	※張懷芝	監生	50	漢	12天	遜清
山東巡撫	孫寶琦	廩生	45	漢	2年6個月	開缺
	※胡建樞	舉人	不詳	漢	35天	免
	※張廣建	行伍	45	漢	19天	遜清
山西巡撫	陸鍾琦	進士	64	漢	3個月	被殺
	※吳祿貞	軍事學堂	32	漢		未任
	※張錫鑾	監生	69	漢	75天	調
	※李盛鐸	進士	53	漢	12天	遜清

任　職	姓　名	出　身	任職年齡	滿（蒙）漢	任期時間	離職原因
河南巡撫	寶棻	文生	56	蒙	1 年 7 個月	開缺
	※齊耀琳	進士	49	漢	69 天	遜清
陝西巡撫	楊文鼎	舉人	42	漢		未任
	錢能訓	進士	43	漢	3 個月	暫護
	※升允	舉人	54	蒙	3 個月	遜清
新疆巡撫	袁大化	廩生	60	漢	1 年 3 個月	遜清
浙江巡撫	增韞	蔭生	52	蒙	3 年 6 個月	開缺
江西巡撫	馮汝騤	進士	49	漢	3 年 7 個月	被殺
湖南巡撫	余誠格	進士	55	漢	3 個月	革職
	※朱益濬	進士	60	漢	33 天	遜清
廣西巡撫	沈秉堃	監生	50	漢	1 年	民軍都督
貴州巡撫	沈瑜慶	舉人	54	漢	6 個月	逃
吉林巡撫	陳昭常	進士	44	漢	3 年 7 個月	遜清
黑龍江巡撫	周樹模	進士	52	漢	3 年 11 個月	病免
	※宋小廉	附生	52	漢	7 天	遜清

資料來源：錢實甫：《清季重要職官年表》，北京：中華書局，1959 年；魏秀梅：《清季職官表》，臺灣「中央」研究院近代史研究所史料集刊（5）；秦國經：《清代官員檔案履歷全編》，上海：華東師範大學出版社，1997 年；江慶柏：《清代人物生卒年表》，北京：人民文學出版社，2005 年；卞孝萱、唐文權：《辛亥人物碑傳集》，北京：團結出版社，1991 年；清史編委會：《清代人物傳稿》，瀋陽：遼寧人民出版社，1984 年；章開沅：《辛亥革命辭典》，武漢：武漢人民出版社，1991 年；陳賢慶、陳賢傑：《民國軍政人物尋蹤》，南京：南京出版社，1991 年；徐友春：《民國人物大辭典》，石家莊：河北人民出版社，1991 年。

注：※表示武昌起義後任命的督撫，任期時間最後截止日期為 1912 年 2 月 12 日（宣統三年十二月二十五日）清帝遜位詔書頒佈，齊耀琳曾以河南巡撫兼轄安徽，故資料計算時按一人計。

四、入仕履歷

　　一個人在仕途上是否順利，其職位升階的速度是明顯的「晴雨錶」。我們所要研究的對象最終都升到了督撫職位，躋身到了職階的最高層。但每個人

的機緣不同，以他入仕爲起點升至督撫，即由低級官階升至最高官階是隨著時間變化的，用時長則說明升遷速度慢，用時短說明升遷速度快，這在一定程度上也反映了一個人的行政能力。如果要準確反映一個人的仕宦進步能力，入仕年齡因素是首先當加以考量的。

　　晚清官場沿用的是九品制，即九品十八等級（品有正從）。本文按照張玉法統計方法，將正九品至從七品五等級列爲低層，正七品至從三品八等級列爲中層，正三品至正一品五等級列爲高層。〔註5〕（特別說明：表中所列正三品是指實缺正印官而言。）

表 7：辛亥鼎革之際督撫入仕履歷統計（注：表中年齡均依照傳統的虛歲計年）

對象	出身	資（履）歷	備註
陳夔龍	進士／30 歲	30 歲入仕，以六品兵部主事爲起點，至從三品太僕寺卿，44 歲時出任正三品順天府尹，中層經歷時間跨度爲 14 年，45 歲任漕運總督，47 歲第一次出任（河南）巡撫；51 歲出任（四川）總督；53 歲任直隸總督兼北洋大臣。	
張人駿	進士／23 歲	23 歲入仕，以七品編修爲起點，任京官 20 年，44 歲外放桂平梧州鹽道，49 歲時出任正三品廣東按察使，中層經歷時間跨度 26 年，6 年時間至漕督，56 歲任（山東）巡撫；62 歲出任（兩廣）總督、64 歲兩江總督兼南洋大臣。	
趙爾巽	進士／31 歲	31 歲入仕，以七品編修起點，至協修、監察御史、候補知府等，42 歲外放貴州石阡府知府，50 歲貴東道，中層經歷 21 年；52 歲出任（安徽）按察使、布政使；59 歲出任湖南巡撫；有戶部尚書、盛京將軍經歷；64 歲任（四川）總督；68 歲由川督調任東三省總督。	漢軍八旗
張鳴岐	舉人／20 歲	24 歲入幕岑春煊，30 歲出任太平思順道，中低層經歷 7 年；31 歲出任（廣西）布政使，32 歲出任（廣西）巡撫，36 歲任兩廣總督。	
趙爾豐	文生員	30 歲入仕，以七品膽選知縣起點，58 歲始署任四川成錦龍茂道，61 歲時出任川滇邊務大臣，中層經歷時間跨度 31 年，66 歲署任川督。	漢軍八旗

〔註 5〕 張玉法：《袁世凱的仕宦階梯，1881～1991》，臺灣「中央」研究院歷史研究所編：《近代中國歷史人物論文集》，1993 年，第 29～30 頁。

對象	出　身	資（履）歷	備註
李經羲	貢生	22 歲入仕，以七品知縣爲起點，29 歲出任四川永寧道，39 歲出任（湖南）按察使，中層經歷 17 年，43 歲出任（廣西）巡撫，51 歲出任（雲貴）總督。	
長庚	監生	23 歲入仕，以八品縣丞爲起點，44 歲任伊犁副都統（正二品），中低層經歷時間跨度 21 年，46 歲任駐藏大臣，48 歲伊犁將軍，61 歲兵部尙書，67 歲出任陝甘總督。	滿洲正黃旗
松壽	廕生	18 歲入仕，以八品工部筆貼試爲起點，42 歲外放陝西督糧道，47 歲任山東按察使（正三品），中低層經歷時間跨度 29 年，50 歲出任（江西）巡撫，57 歲任（兵部）尙書，59 歲出任閩浙總督。	滿洲正白旗
瑞澂	貢生	22 歲入仕，以八品刑部筆貼試爲起點，38 歲江西廣饒九南道、蘇松太道，44 歲出任按察使（正三品）、中低層經歷跨度 22 年，46 歲出任（江蘇）巡撫、湖廣總督。	滿洲正黃旗
程德全	廩（貢）生	32 歲入愛琿副都統文全幕，後入黑龍江將軍壽山幕，41 歲擢直隸州知州加三品銜，44 歲出署齊齊哈爾副都統，中低層經歷 12 年，46 歲署黑龍江將軍，48 歲任（黑龍江）巡撫，51 歲任江蘇巡撫。	
朱家寶	進士／33 歲	33 歲選遮吉士，散館後授六品禮部主事，40 歲外放知縣，46 歲任直隸通永道，47 歲任（正三品）按察使，中層經歷 12 年，48 歲（吉林）巡撫，49 歲出任安徽巡撫。	
孫寶琦	廕生	27 歲入仕，以六品刑部主事爲起點，35 歲使館隨員，36 歲任出使法國大臣，40 歲任順天府尹（正三品），中層經歷 13 年，41 歲再度出使德國；43 歲出任山東巡撫。	
陸鍾琦	進士／41 歲	曾充直隸撫寧縣教諭，43 歲庶吉士散館授編修（七品），57 歲外放江蘇蘇松糧道，60 歲出任（正三品）按察使，中低層經歷 20 年，64 歲出任山西巡撫。	
寶棻	生員	24 歲入仕，以八品筆貼試爲起點，45 歲外放川東道，48 歲出任（正三品）按察使，中低層經歷 24 年，53 歲出任（山西）巡撫，55 歲任河南巡撫。	蒙古正藍旗人

對象	出　身	資（履）歷	備註
錢能訓	進士／30歲	30歲入仕，以六品主事爲起點，38歲出任巡警部左參議、左丞，中層經歷8年，39歲任奉天右參贊，41歲署順天府尹，42歲任（陝西）布政使，43歲護理陝西巡撫。	護撫
袁大化	廩生	30歲投效軍營，8年間因軍功保案以八品訓導、教諭用，39歲遠赴漠河金礦，差委提調、總辦，51歲署直隸清河道，52歲授奉天東邊道，56歲出任（正三品）按察使，中低層經歷26年，58歲署山東巡撫；60歲出任新疆巡撫。	
增韞	附生	廩生以七品知縣爲起點，45歲授（正三品）按察使，中層經歷近20年，49歲出任浙江巡撫。	蒙古鑲藍旗人
馮汝騤	進士／21歲	21歲入仕，以戶部主稿爲起點，36歲外放知府，43歲升任鹽法道，44歲授（正三品）按察使，中層經歷20年，45歲任浙江巡撫。	
余誠格	進士／33歲	33歲入仕，以七品編修爲起點，44歲外放知府，48歲任太平思順道，49歲出任（正三品）按察使，中層經歷16年，55歲出任（陝西）巡撫。	
沈秉堃	監生	以縣丞爲起點，28歲授知縣，38歲升知州，42歲成綿龍茂道，46歲授（正三品）按察使，中低層經歷20年，49歲廣西巡撫。	
沈瑜慶	舉人／28歲	22歲入仕，以六品主事爲起點，43歲淮揚海道，46歲出任（正三品）按察使，中層經歷24年，54歲任貴州巡撫。	
陳昭常	進士／27歲	27歲入仕，刑部部屬用，30歲出使隨員，39歲郵傳部右丞，中層經歷12年，40歲署琿春副都統，41歲任吉林巡撫。	
周樹模	進士／30歲	30歲入仕，以七品編修爲起點，46歲隨五大臣出洋考察憲政，47歲江蘇提學使，48歲任奉天左參贊，中層經歷18年，49歲黑龍江巡撫。	

資料來源：資料來源：錢實甫：《清季重要職官年表》，北京：中華書局，1959年；魏秀梅：《清季職官表》，臺灣「中央」研究院近代史研究所史料集刊（5）；秦國經：《清代官員檔案履歷全編》，上海：華東師範大學出版社，1997年。（注：陝西巡撫楊文鼎未及上任陝西即宣告光復，故涉及鼎革督撫陝西以護撫錢能訓納爲統計人數，以下同。）

表 7 中所列督撫，中（低）層經歷 20 年以上者 13 人，15 年以下者 7 人，3 人介於兩者之間。最具代表性的督撫群爲 15 年以下者，該 7 人中升階最爲迅速的兩位是張鳴岐、錢能訓。張鳴岐，舉人出身，24 歲入岑春煊幕府，獲賞識與重用，31 歲出任廣西按察使，短短 7 年時間升至三品大員，32 歲出任巡撫，如此經歷即便是由幕府出身的中興名臣左宗棠也難以望其項背；錢能訓，30 歲中光緒戊戌科（1898 年）進士，後得到徐世昌提攜，38 歲出任巡警部左丞（正三品）。該二人以資歷和年齡論，其升階之快，異於常人。一方面固然緣於貴人相助，但不可否認的是，他們的個人行政能力也屬於超群者。

除卻張、錢二人外，入仕後升階迅速，據第二陣營的有 4 位。他們躋身三品大員行列的升級年限爲十二年，其中程德全極具典型意義。程德全，廩生，32 歲入愛琿副都統文全幕，後入黑龍江將軍壽山幕，因庚子年（41 歲）在與俄人辦理交涉時大顯身手，光緒二十九年（1903 年、44 歲）蒙特旨賞道員，旋加副督統銜署齊齊哈爾副都統（正二品），兩年後又升署黑龍江將軍。程德全起點低、起步晚，然因機緣三四年間，即獲得快速升遷，其速度令人瞠目結舌，且「以漢員而任旗官，爲有清一代所罕見。」〔註 6〕程德全之獲「超擢」，一是得力於當權者慈禧太后的賞識，二是因清廷出於特殊區域（東北）對特殊人才的特殊需求（與俄國人交涉），程德全適逢其會。

另外一個獲得「超擢」機會的人是山東巡撫孫寶琦，他是曾作過光緒帝師的晚清名臣孫詒經之子，以廩生入仕，有兩度出使的經歷，40 歲出任順天府尹（正三品），43 歲授山東巡撫。孫寶琦仕宦升遷，其家世只提供了一個平臺，更重要的是其人脈關係，他與清末的幾位「大佬」都有淵源，與袁世凱是盟兄弟、親家，與盛宣懷、慶王奕劻也是兒女親家，孫寶琦官場升遷多得力於慶王奕劻對他的幫助。

與程德全、孫寶琦中層經歷同爲 12 年的另外兩位是朱家寶、陳昭常。朱家寶，33 歲中光緒壬辰科（1892 年）進士，選庶吉士，40 歲外放知縣，赴直隸任職，結緣當時的直隸總督袁世凱，由知縣、知州、知府、道臺，7 年時間一步一階升至按察使（正三品），可謂官場得意，仕途風順。朱家寶在官場走的是務實路線，除了「貴人」袁世凱相助之外，朱家寶還通過讓自己的兒子拜慶王之子載振爲「義父」的方式，搭上奕劻的船，可謂爲自己的仕途上了

〔註 6〕 鮮于浩：《程德全》，李文海、孔祥吉：《清代人物傳稿》（下編）第 5 卷，瀋陽：遼寧人民出版社，1989 年，第 123 頁。

一道雙保險。陳昭常，27 歲中光緒甲午科（1894 年）進士，混跡官場十餘年有差無缺，後結緣當時的吉林將軍富順，成爲兒女親家，官場開始起步。又通過「賄賂」方式搭上慶王奕劻，由郵傳部右丞（正三品）、署暉春副都統（正二品）、任吉林巡撫，三年間完成「華麗蛻變」，超凡脫俗。

在第二陣營中有一位以「巧宦」譽世的人物引人注目，他就是陳夔龍。陳夔龍 29 歲中光緒丙戌科（1886 年）進士，混跡官場 14 年得授正三品的順天府尹職。他自稱自己得助於兩位貴人，即《夢蕉亭雜記》中所云「一生知己兩文忠」，一位是晚清重臣李鴻章、一位是慈禧近臣榮祿。實際上陳夔龍在清末官場上的守護神乃是慶王奕劻。奕劻之貪婪，有清末「和紳」之稱，陳夔龍爲了向奕劻行賄方便，通過「夫人外交」成爲慶王的乾女婿，這在清末還引發過一段「公案」。〔註7〕

辛亥鼎革之際督撫群體中，旗人督撫的仕宦升遷都中規中矩。中低層經歷多爲 20 年及其以上者，獲得快速升遷機遇的督撫群（中低層經歷 15 年以下者）無一旗人。對比之下，說明漢人獲得不次升遷的機遇比旗人還多。

除卻升遷速度，研究個體的任職年齡在其仕宦經歷中也是需要考量的一個很重要的指標。陳德鵬 2008 年撰寫了一篇文章《晚清新授督撫的年齡結構》，我們把陳文中晚清新授、署、護督撫合成後列表看一看資料顯示的結果。

表 8：新任總督（包括授、署、護）年齡統計

	35～39	40～44	45～49	50～54	55～59	60～64	65～69	70以上	不詳	合計
咸豐	1	7	11	21	15	9	7	1	4	76
同治	1	9	9	9	9	3	7	1	2	50
光緒	1	8	11	18	20	26	15	9	5	113
宣統	2	1	6	4	2	4	2		1	22
合計	5	25	37	52	46	42	31	11	12	261
%	1.9	9.6	14.2	19.9	17.6	16.1	11.9	4.2	4.6	100

〔註 7〕 所謂公案即御史江春霖彈劾慶王奕劻案，其中涉及陳夔龍爲奕劻乾女婿、奕劻子載振收朱家寶之子朱綸爲乾兒子。

表 9：新任巡撫（包括授、署、護）年齡統計

	30～34	35～39	40～44	45～49	50～54	55～59	60～64	65～69	70以上	不詳	合計
咸豐	2	3	10	26	25	23	9	2	0	12	112
同治	2	7	16	16	17	10	5	2	0	6	81
光緒	2	6	15	25	50	48	49	15	5	13	228
宣統	1	0	6	7	5	2	4	1	0	3	29
合計	7	16	47	74	97	83	67	20	5	34	450
%	1.6	3.6	10.4	16.4	21.6	18.4	14.9	4.4	1.1	7.6	100

表 8、表 9 中，新任督撫的年齡結構出現了兩個正相吻合的年齡段高峰——50～54、55～59，我們以此為中標向兩側移動，上移可以視為老齡化，下移視為年輕化。新任總督年輕化（50 歲以下）比例為 26.9%，新任巡撫年輕化（50 歲以下）比例為 34.6%，兩者相差 7.7 個百分點，以此方式計算新任總督老齡化比例又高出新任巡撫 11.6 個百分點。顯而易見，晚清新任巡撫的年齡結構較之督撫更合理一些。

如果以上述表 8、表 9 作參考，單就宣統短短二年多的時間裏新任命的督撫而言（武昌起義前），共計有 17 人次，60 歲以上者 4 人，新任總督即占去了 3 席，新任總督計有 6 位。從比例資料上看宣統朝新任總督年齡老化嚴重，超越了表 8 中該總督年齡段比例 16.3 個百分點。而另外 3 位新任總督竟然都在 50 歲以下，甚至還有一位 34 歲的總督。宣統朝新任總督年輕化程度，也較之表 8 中同時段總督年齡比例上升 23.1 個百分點。從資料上分析，宣統朝新任總督年齡呈兩極化發展態勢。

以同樣方法比對宣統朝新任巡撫任職年齡，老齡化下降明顯，同比差 13 個百分點，但年輕化同樣表現得也很突出，同比竟然差到了 19.9 個百分點。

表 10：宣統朝新授（署）督撫統計

姓　名	任職時間	任職年齡	任職職位	任職前職務
李經羲	宣統元年正月	48	雲貴總督（授）	前廣西巡撫
長庚	宣統元年五月	66	陝甘總督（授）	伊犁將軍

姓　名	任職時間	任職年齡	任職職位	任職前職務
袁樹勳	宣統元年五月	61	兩廣總督（署）	山東巡撫
瑞澂	宣統元年十月	45	湖廣總督（署）	江蘇巡撫
張鳴岐	宣統二年九月	34	兩廣總督（署）	廣西巡撫
趙爾豐	宣統三年三月	65	四川總督（署）	川滇邊務大臣
瑞澂	宣統元年五月	45	江蘇巡撫（授）	江蘇布政使
孫寶琦	宣統元年五月	42	山東巡撫（署）	順天府尹
丁寶銓	宣統元年十月	40	山西巡撫（授）	山西布政使
楊文鼎	宣統二年三月	42	湖南巡撫（署）	湖北布政使
何彥升	宣統二年七月	49	新疆巡撫（授）	甘肅布政使
沈秉堃	宣統二年九月	49	廣西巡撫（授）	雲南布政使
袁大化	宣統二年十月	59	新疆巡撫（授）	前署山東巡撫
沈瑜慶	宣統三年四月	53	貴州巡撫（授）	河南布政使
陳寶琛	宣統三年五月	50	山西巡撫（授）	內閣學士
陸鍾琦	宣統三年六月	63	山西巡撫（授）	江蘇布政使
余誠格	宣統三年閏六月	54	陝西巡撫（授）	湖北布政使

　　就武昌起義前督撫群體而言，他們第一次授、署總督的年齡在 50～59 歲之間者 4 人，所佔比例 44.4%；60 歲以上者為 3 人，所佔比例 33.3%；50 歲以下者為 2 人，所佔比例 22.2%。單純從資料上分析，這一時期總督群體老齡化程度較之晚清新任（署、護）總督不遑多讓，年輕化程度又顯不足，少於晚清新任（署、護）總督該年齡段比例 4.7 個百分點。

　　辛亥鼎革之際，巡撫群體中 50～59 歲新任（授、署）者為 7 人，所佔比例為 33.3%；60 歲以上新任（授、署）者為 1 人，所佔比例為 4.8%；50 歲以下新任（授、署）者為 13 人，所佔比例為 61.9%。就此資料而言，去老齡化趨勢明顯。與表 11 巡撫任職相較，下調 16 個百分點；然 50 歲以下巡撫任職年齡段的比例下降更為明顯，下調了 27.3 個百分點。且該群體中 45 歲以下者有 6 人，如果將 45 歲以下的年齡段視為極度年輕化，則該年齡段所佔比例顯得過高，竟超出均值 11.8 個百分點。

表 11：辛亥鼎革之際督撫第一次出任督撫年齡統計

姓　名	巡撫任職時間	任職年齡	總督任職時間	任職年齡
陳夔龍	光緒廿九年三月	47	光緒卅三年七月	51
張人駿	光緒廿七年九月	56	光緒卅三年七月	62
長庚			宣統元年五月	67
趙爾豐			宣統三年三月	66
松壽	光緒廿四年五月	50	光緒卅三年正月	59
瑞澂	宣統元年五月	46	宣統元年十月	46
張鳴岐	光緒卅二年十一月	32	宣統二年九月	36
李經羲	光緒廿七年三月	43	宣統元年正月	51
趙爾巽	光緒廿八年十二月	59	光緒卅三年三月	64
程德全	光緒卅三年三月	48		
朱家寶	光緒卅三年三月	48		
孫寶琦	宣統元年五月	43		
陸鍾琦	宣統三年六月	64		
寶棻	光緒卅三年十二月	52		
錢能訓	宣統三年閏六月	43		
袁大化	光緒卅四年二月	57		
增韞	光緒卅四年四月	49		
馮汝騤	光緒卅三年七月	45		
余誠格	宣統三年閏六月	55		
沈秉堃	宣統二年九月	49		
沈瑜慶	宣統三年四月	54		
陳昭常	光緒卅四年六月	41		
周樹模	光緒卅四年二月	49		

　　督撫作為地方大員需要一定的年齡和資歷，但年齡過大，精力就會不足，在處理地方政務時難免會懈怠。年齡過輕，經歷過少，經驗就會不足，工作情緒化，對地方政務也會產生不良影響。清末十年，是大清王朝經歷暴風驟雨的時期，特別是自光緒三十一年（1905 年）新政進入第二階段之後，地方政務更加紛繁複雜。表 10、表 11 所列督撫，恰好是該階段督撫群體的主要支柱，總督老齡化，巡撫又日趨年輕化，顯然這時期的督撫在精力和經驗方面，

都不足以應對劇烈變革時期繁雜的地方行政管理的挑戰。應當說這是光宣交錯時，當政者在用人方面的一個敗筆。

第二節　辛亥鼎革前督撫權力空間的膨脹與被擠壓

　　清康熙朝督撫建置由臨時差遣向地方官轉化，自雍正元年（1723 年）議准施行的兼銜制度〔註8〕（順治、康熙年間的督撫兼銜爲非常態）至清末亦長期存在（光宣之交官制改革之際曾有議論廢除）。兼銜制度一方面強化了督撫身份的雙重性，一方面加重了督撫的職權。如何避免中央派出官員地方化之後出現「弱幹強枝」的局面，如漢之刺史、唐之藩鎮，以及又如何避免出現因中央過於集權而導致地方積弱無力抵禦外侵的結果，如趙宋王朝，是清初統治者煞費苦心的事情。清代督撫制度經過百餘年的歷史演變，最終形成了一整套行之有效的行政運作模式，可以簡單的概括爲八個字，即「大小相制，內外相維」，其核心是對督撫權力的制衡。

　　就「大小相制」而言，有以大制（制約）小，又有以小制（牽制）大。其一，以大制小或曰以上制下，是指督撫在地方上所擁有的各項權力，均與中央各六部一一對應，其一舉一動均須以「咨部」形式向中央報請。督撫權力的運作，因此完全處於中央政府的監督之下，以收統馭之功。其二，以小制大或曰以小分大，是指督撫名義上爲地方最高行政長官，然中央爲防止督撫權力過大，又仿傚明制於地方上設置三司以分其權（承宣布政使司分其財政、民政權，提刑按察使司分其司法權，指揮使司分其兵權），三使司直接向中央對應各部負責，督撫權力因受到牽制而不敢妄爲。

　　至於「內外相維」，是指在權力分配上實行的綜理與分寄相結合的原則。中央以六部綜理最高行政之權，此爲「部臣守經」；外則將治理地方之權分寄於督撫，此爲「疆吏達權」〔註9〕，羅爾綱先生有如是解釋：「清代國家統治是運用集權與分寄的原則……集權便是將國家的事權集中於中央政府，分寄便是將國家一部份的職權分寄於地方最高長官的督、撫。」〔註10〕由此可見，處於中央集權體制下的督撫權力並非完全獨立的。嚴格意義上說，督撫只不

〔註 8〕　允祿等監修：《大清會典》（雍正朝），卷8，吏部文選司，《近代中國史料叢刊三編》第 77 輯，臺北：文海出版社，1994 年，第 2 頁。
〔註 9〕　朱壽朋：《光緒朝東華錄》，北京：中華書局，1958 年，第 1296 頁。
〔註 10〕　羅爾綱：《綠營兵志》，北京：中華書局，1984 年，第 239 頁。

過是中央皇權的傳聲筒、代言人，這一行政運作模式的核心是皇權，督撫處於承上啓下的中間層次。很長一段時間內，督撫只具有從屬屬性，而不具有獨立屬性。但進入近代以來，原本行之有效的行政運作模式遇到了前所未有的挑戰，中央與地方保持了 200 多年的權力制衡機制被打破了。

一、太平軍興後督撫權力的膨脹

很多學者都已注意到，太平軍興是督撫權力膨脹的起點，它首先是以財權下放做爲突破口的。眾所周知，戰爭是最耗資財的「政治遊戲」，然清政府的戶部存銀至道光三十年（1850 年）已少到只有 187 萬兩。咸豐元年（1851年）爆發的太平天國運動無疑更使得本已經拮据的政府財政雪上加霜，咸豐三年（1853 年）清戶部存銀已降至可憐的 22.7 萬兩。〔註11〕

爲應付日漸窘困的財政危機，清政府故伎重施，倡辦捐輸。清之捐納始於康熙朝，然舉辦權操之中央，後地方偶有行之，但並未成爲「定例」。傳統的集權體制之下，地方原本無獨立財政，地方上經手的所有款項均需報備戶部，督撫非經中央調撥不得擅自動用一絲一毫。但在咸豐初年，試辦的捐輸一開始就出現了一個不同尋常的變化。

咸豐二年（1852 年）戶部議定《推廣捐例章程》，由戶部預頒空白文武職銜及貢監執照，發交各省軍營糧臺，以便隨時塡發捐生，〔註12〕帶兵大員自行辦捐籌款，在集權財政體制上扯開了一個口子。繼而釐金的出現與推行，才是眞正引發中央與地方財權變異的種子。釐金始於咸豐三年夏秋之間，是一種「變通捐輸」，即它以捐輸爲名，而對商賈強制徵收的貨物「捐稅」，咸豐四年（1854 年）十一月推行於全國，後成爲地方督撫手中掌控的重要財源。

地方督撫就地自籌軍餉繞過了戶部考稽，朝廷原始的奏銷制度漸漸地名存實亡，出現了一種完全由督撫藩臣代理中央獨立自主核銷新籌款項支用的外銷制。

眞正讓地方督撫坐大的根源來自於兵權的下移。作爲王朝統治支柱的經制兵八旗、綠營由於承平日久，弊竇叢生，遠不能適應戰爭需要。太平

〔註11〕 中國第一歷史檔案館：《清實錄·文宗顯皇帝實錄》第 41 冊，北京：中華書局，1986 年，第 391 頁。

〔註12〕 彭澤益：《十九世紀後半期的中國財政與經濟》，北京：人民出版社，1983 年，第 146 頁。

軍在短短兩年的時間裏從廣西打到南京，八旗綠營之腐敗無能、不堪一擊已暴露無遺。咸豐帝乃傚仿嘉慶朝鎮壓白蓮教的做法，命令各地在籍官紳倡辦團練以圖自保，此舉原本也是權宜之計，但爲湘淮軍的崛起提供了契機。晚清兵制也因此經歷了一次蛻變，由世兵制向募兵制轉化，傳統的將不專兵進而爲兵爲將有，大批統兵將領亦隨著清廷用人政策的改變躍升至督撫行列。

事權與兵權歸「壹」於督撫，爲督撫專權提供了可能。在鎮壓太平軍、捻軍的過程中，湘淮集團領袖們的努力讓一個瀕臨崩潰的王朝「死裏求生，再延續了六十年」。〔註13〕但從某種程度上講，這也爲數十年後埋葬清王朝的墓穴挖下了第一鍬土。

伴隨著兵權、財權的下移，地方督撫在人事權方面也獲得了較大的空間。清制，藩司、臬司與督撫同爲地方大吏，均由皇帝特簡而來，本爲分督撫之權而設。然戰時體制要求事權歸一，布政使、按察使漸漸演變成服務於督撫的屬員，「罔不惟督撫令是聽」〔註14〕，支配兩司是督撫行政人事權擴張的重要標誌。另外，督撫例有三品以下官員的保舉權，但額數向有定規。軍興以後，大批地方官員因兵敗或黜或罷或死，戰區乃至「光復」之地銓選任官均視爲畏途，多推諉不就，後咸豐帝不得不明降諭旨：「遇有克復地方，即由軍營派員暫爲管理。」〔註15〕大批軍功出身的人員藉此獲得官缺機會，督撫「保案踵起」，且有保必准，很少駁議，列保人員經皇帝特旨允准，吏部照摺註冊即可任官，保舉任用程序也大大簡化，資格條件限制亦異於常規。不僅如此，三品以上大員乃至鄰省督撫的任命，朝廷有時也會徵詢強勢督撫的意見，薛福成《駱文忠公遺愛》有云：「當是時，曾文正公督兩江，凡湖廣、兩粵、閩浙等省大吏之黜陟及一切大政，朝廷必以諮之；駱公督四川，凡滇、黔、陝、甘等省大吏之黜陟及一切大政，朝廷必以諮之。二公東西相望，天下倚之爲重。」〔註16〕內輕外重已無可避免。

〔註13〕費正清：《劍橋中國晚清史》上卷，北京：中國社會科學出版社，1983年，第517頁。

〔註14〕薛福成：《書編修吳觀禮論時事疏後》，丁鳳麟、王欣之編：《薛福成選集》，上海：上海人民出版社，1987年，第248頁。

〔註15〕中國第一歷史檔案館：《清實錄·文宗顯皇帝實錄》第43冊，北京：中華書局，1987年，第100頁。

〔註16〕薛福成：《庸庵筆記》卷2，南京：江蘇人民出版社，1983年，第38頁。

　　督撫權力擴張過程中，對司法權的侵蝕主要表現在「就地正法」方面。依照清制，死刑案件審判程序複雜，地方初審、督撫複審、咨刑部會審、「秋審」覆核，最終交由皇帝裁決執行。軍興後，各地案件增多，涉及死刑案件若按照正常程序往返批複審核，緩不濟急，也會延緩誤事，於是地方大員和統兵將領紛紛要求「就地正法」，最終由朝廷批覆認可。「就地正法」遂成為督撫的一項重要事權。起先「就地正法」僅涉及土匪，之後範圍漸漸又有所擴大，如滋事擾民之士兵，持械搶劫、強姦、販賣人口等涉罪人犯。「就地正法」經由地方官審訊，稟明督撫即可執行，辦案程序簡化，無須事先奏報和覆核。

　　為贏得戰爭的需要，清政府迫不得已放權給督撫，地方督撫權力膨脹的同時，其滿漢比例亦發生較大變化。僅以同治三年（1864 年）為例，當時全國總督缺額計有 10 名，漢人佔據了 8 名，巡撫缺額 15 名，全部為漢人所有。放權、重用漢人本是戰時的權宜之計，同治三年（1864 年）太平天國運動被鎮壓，滿清統治集團在危機過後也曾試圖收回失落在漢人督撫手中的權力，然事過境遷，朝局幾經變遷，已物是人非。

　　咸豐十一年七月（1861 年 8 月）咸豐帝病逝熱河，欽命肅順等八大臣輔佐年僅 6 歲的幼帝載淳。慈禧太后與恭王奕訢聯合發動政變，推翻了以肅順為首的王大臣贊襄政務體制，建立了兩宮垂簾、親王議政的新機制，是為「辛酉政變」。政變後的最初幾年，「垂簾、議政」機制運轉良好，兩宮太后與議政王奕訢為平息內憂外患基本上做到了精誠團結。然「蜜月」期過後，權力欲極強的慈禧太后，利用自己皇帝生母的特殊身份，玩弄權術，不斷打擊恭親王奕訢。同治四年（1865 年）四月革除奕訢議政王名目，「以示抑裁」。奕訢人雖聰明，但在皇權體制下，為了自己的身家性命，不得不收斂鋒芒，委曲求全。

　　同治十三年十二月（1875 年 1 月）同治帝載淳病故，慈禧出於攬權的目的，立年僅 4 歲的載湉為帝，是為光緒帝。光緒十年（1884 年）中法戰爭爆發，慈禧太后藉左庶子盛昱彈劾奕訢的摺子，將奕訢領班的軍機全部罷黜，是為「甲申易樞」。「甲申易樞」對晚清政局影響頗大，時人有如是評說：「同治中興而後，湘鄉曾文正，合肥李文忠諸公，夾輔於外，而恭忠親王密運樞機於內，雖外患漸侵，國事猶不至遽壞，樞府得人故也。至光緒甲申三月，恭王屏出軍機……時局日非，遂如江河之日下矣。」〔註17〕寥寥數語，顯而易見，在甲申

〔註17〕 黃濬：《花隨人聖盦摭憶》，上海：上海書店出版社，1998 年，第 508 頁。

易樞前的二十年間，地方督撫曾國藩、李鴻章等人作為「藩王」與「朝臣」奕訢相互唱和，外患漸侵，國事猶可為，及至「易樞」，時局日非，遂如江河日下。奕訢「柄政」時，或出於對時局清醒的認知，或出於挾督撫之勢與慈禧權力鬥爭的需求，並沒有主觀故意遏制漢人督撫的意願。慈禧在與恭王奕訢集團鬥法的過程中，也不情願地方督撫完全倒向自己的對手一邊，所以對曾、李等漢人督撫採取的是拉、打結合的政策。因是之故，曾國藩、李鴻章等人憑藉宮廷矛盾，加之自身勇於任事、敢於擔當的魄力，自 1860 年代揭櫫的「自強」新政反而為自身發展贏得了更大的空間。地方督撫的軍權、財權、人事權不僅沒有被壓縮，竟呈現出不斷擴張的態勢，各種局所林立，其用人行政繞過朝廷所謂的「缺額」設置，札委「私人」，有差無缺現象竟成為晚清一道獨特的風景，諸多「要人」由差得缺甚或進身封疆者亦不在少數。

「甲申易樞」後入主中樞的醇王奕譞，包括其後的榮祿諸人，在內憂外患日急的情形下，應對乏術，大多不過是承旨行事而已。重權在握的慈禧太后，雖有玩弄權術之才，卻無興國安邦之智，所以對漢人督撫一方面不得不使用，一方面又要進行遏制，數十年的同光新政〔註 18〕成效甚微與此有莫大關係。儘管新政成效不大，但地方督撫打著「自強」的招牌，以興辦「洋務新政」為手段，使得原本許多戰時的「權宜之計」，隨著時間的推移，漸漸被轉化成既得權益鞏固下來。即使在康梁為旗手的維新運動中，地方督撫也以自己不同的個性，廁身其間，及至庚子事變「東南互保」事件出現，有人更驚呼地方督撫開始與清廷「分庭抗禮」。

在皇權時代，地方督撫還不可能真正敢於與朝廷分庭抗禮，但地方督撫權力擴張卻是不爭的事實。王朝統治者最初不無擔憂的內輕外重局面還是不可避免地出現了，甚至有學者用督撫專政一詞來形容。〔註 19〕雖然督

〔註 18〕 夏東元：《略論洋務運動》，《歷史教學問題》，1981 年第 2 期。夏東元認為：洋務運動（同光新政）……從 19 世紀 60 年代初開始包括它的尾聲在內，共經歷了 40 年之久。1895 年到 1901 年應是洋務運動的尾聲。

〔註 19〕 「督撫專政」說發端於羅爾綱先生。見羅爾綱：《湘軍兵志》，北京：中華書局，1984 年，第 217 頁；劉偉、朱東安、朱英等亦持此說。劉偉：《甲午前四十年間督撫權力的演變》，《近代史研究》，1998 年第 2 期；朱東安：《太平天國與咸同政局》，《近代史研究》，1999 年第 2 期；朱英：《晚清地方勢力的發展與中央政府的對策》，《探索與爭鳴》，1996 年第 1 期。不同觀點可參閱劉廣京：《晚清督撫權力問題商榷》，《中國近代現代史論集》第六編，臺北：臺灣商務印書館，1985 年。

撫專政、分庭抗禮之說有待商榷，但「洋務」督撫、「維新」督撫、互保事件之後出現的「東南」督撫越來越被人們所認可，督撫的獨立屬性也愈加彰顯。

中央集權與地方分權貫穿於歷朝歷代統治集團的矛盾鬥爭中，慈禧太后作爲晚清的掌權者，在湘淮集團督撫坐大後，也採取了一些「補救」措施，如在湘系內部搞分化，或在湘淮集團外部培養競爭對手，或利用所謂的御史「清流」進行牽制。曾國藩在攻克南京後主動裁撤湘軍以示「清白」，李鴻章在恭親王奕訢被黜後也不得不尋找各種機會向慈禧「輸誠」。至於「戊戌政變」、「庚子事變」中清廷的政治走向，地方督撫更是莫之奈何。繼曾、李之後崛起的袁世凱，雖然可以借編練新建陸軍之機，權重一時，但朝廷仍然能夠「輕而易舉」地剝奪其對新建「北洋軍」的軍事指揮權，甚至可以「足疾」爲藉口將其開缺回家。

經歷了庚子事件的清末督撫，隨著直隸總督李鴻章、兩江總督劉坤一相繼過世，湖廣總督張之洞、繼任直隸總督袁世凱成爲督撫群體中的領頭羊。清廷對後續督撫，不論滿漢，充分使用還牢固掌握在自己手中的「任用黜陟」權力，對督撫展開了走馬燈式的調換，以防止其長久任職一地而坐大。據李細珠統計，清末十年，除了張、袁二人外，督撫任職一地超過 5 年者空缺，4～5 年者僅占 2.3%，2 年以下任職者的比例高達 83.5%，最集中的任職比例竟然爲半年以下者。如果把任職半年以下者與未到任者比例合計，則超過 50%。〔註20〕除此之外，借新政之機朝廷與地方督撫展開了新一輪的權力之爭。清末督撫的權力空間，較之前輩呈現出被壓縮的趨勢。

二、清末新政中督撫權力空間被壓縮

清末新政大致可分兩個階段，光緒二十七年（1901 年）～光緒三十一年（1905 年）爲第一階段——體制內改革；光緒三十二年（1906 年）～宣統三年（1911 年）爲第二階段——體制本身的改革，即預備立憲階段。清末新政第一階段的指導思想與同光新政是一脈相承的，而湖廣總督張之洞、兩江總督劉坤一於光緒二十七年（1901 年）五、六月聯銜上奏的《江楚會奏變法三

〔註20〕 李細珠：《清末新政時期地方督撫的群體結構與人事變遷》，中國社會科學院近代史研究所編：《中國社會科學院近代史研究所青年學術論壇（2005 年卷）》，北京：社會科學文獻出版社，2006 年，第 164～165 頁。

摺》成爲指導變法的綱領性文件。這一時期的新政改革雖然從廣度、深度上較同光新政有了很大的提升，但仍然可視爲同光新政的延續。清末新政第二階段所進行的政治體制改革的嘗試，是第一階段體制內變革發展過程中的必然要求，但顯然它已經超越了王朝決策者以及地方督撫的認知水準，新政的第二階段終於沒有成爲推動社會進步的動力，反而成爲清廷中央和地方督撫雙方爭權逐利的藉口。清廷以改革官制爲名，行中央集權之實，從財政統一、編練新軍以及重新確定督撫在官僚體系中位置三個方面，壓縮因太平軍興而膨脹起來的地方督撫權力，地方督撫當然也做了堅決的抗爭。此外，預備立憲活動中地方諮議局的成立，逐漸增強的地方士紳勢力也大大擠壓了地方督撫的權力空間。

1、財政權的爭奪

　　眾所周知，太平軍興打破了清制中原有的地方例向戶部報批的奏銷制度，地方財政收支一分爲二，出現了「內銷、外銷」之別。「內銷」指各省財政支出的「正項」部份，即按國家定例應報部備核的款項；「外銷」即正項之外不向戶部報備核銷的部份，即各省自留自用的款項。

　　外銷的來源包括：釐金存留、附加徵收、庫存積款、銅元、銀元餘利、雜捐雜稅等，這些或是爲了籌措戰爭經費，戰時權宜之計，或是爲了籌措「洋務新政」需款，地方督撫自行開闢的財源，但都轉化成地方財政的收入部份。鑒於各省外銷實際存在的狀況，戶部於光緒二十三年（1897 年）十二月曾奏准要求各省將外銷數目據實報部，並表示：「准外銷最要之款切實聲明，臣部量於留支。」〔註 21〕實際上就是通過給予各省外銷以合法地位的同時，摸清地方財政的實際收入狀況。但地方督撫應者寥寥，因爲外銷制度使得地方督撫獲得了財政收支上的最大自由，他們不想給自己的頭上套上「緊箍咒」。所以名爲財政「總匯」之地的戶部，「各處之虛實不知也，外省所報冊籍，甲年之冊，必丙年方進，已成事後之物，更有任催罔應者。孰應准、孰應駁、孰應撥、孰應停、孰應減、孰應止，皆未聞部中下一斷語，皆以該督酌量辦理，兼籌並顧一籠統之詞而已。」〔註 22〕

〔註 21〕擷華書局編：《諭摺匯存》第 7 冊，臺北：文海出版社，1967 年，總第 5317 頁。
〔註 22〕《生財不如理財論》，何良棟輯：《皇朝經世文四編》卷 17，《近代中國史料叢刊》第 77 輯，臺北：文海出版社，1972 年，第 290 頁。

　　甲午之後，清政府的財政狀況日益惡化，巨額的賠款使得清王朝從中央到地方都陷入了萬劫不復的深淵。爲籌措款項清政府責令各省與各海關分攤，攤派成爲清廷財政籌款的一種常態〔註23〕。攤派本身並不是建立在科學估算的基礎上，往往有「硬性」攤派的嫌疑，地方督撫常會以各種理由與中央政府討價還價，或拖欠或少解派款。

　　爲摸清地方財政的底牌，光緒二十九年（1903年）三月，清廷頒佈上諭稱：「方今時局艱難，財用匱乏，國與民俱受其病。自非通盤籌畫，因時制宜，安望財政日有起色。著派慶親王奕劻、瞿鴻禨會同戶部整頓，將一切應辦事宜，悉心經理。」〔註24〕同年九月，又正式設立財政處，作爲中央專管的財政機構，命外務部尙書那桐、會同奕劻、瞿鴻禨管理該處事務；十二月戶部提出整頓財政章程，整頓項目包括錢糧、雜稅、兩淮鹽斤、兩浙鹽務、甘肅鹽釐、四川土藥稅釐等，並要求「此次整頓各款，均自光緒三十年爲始，無論新增若干，均即全數提出。」〔註25〕部頒嚴令並不能杜絕地方督撫長期以來形成的敷衍、因循疲玩之風，實際上這也是督撫爲保證地方財政正常運轉，不得已而採取的一種自我保護式的消極反抗。光緒三十年（1904年）六月清廷又諭令各省「三個月內開列簡明表冊」，據實上報其「經徵錢糧」之收入，「倘敢敷衍搪塞，從重懲處。」〔註26〕但在實際運行過程中，卻是另外一種情形，以光緒二十九年（1903年）十一月攤派各省籌措練兵經費款項爲例：

表 12：1903 年各省攤派情況（單位：萬兩）

省　分	浮收攤派額	中飽（稅）攤派額	認　解　額	追　認
江蘇	35	50	161	
廣東	35	50	15	15

〔註23〕 周育民：《晚清財政與社會變遷》，上海：上海人民出版社，2000 年，第 387 頁。注：攤派就是掌握財政中樞的戶部（度支部）在無法指撥的款的情況下，通過中央政府的命令，強迫地方督撫籌解中央政府所需要的款項。

〔註24〕 第一歷史檔案館編：《光緒宣統兩朝上諭檔》第 29 冊，桂林：廣西師範大學出版社，1996 年，第 71 頁。

〔註25〕 朱壽朋：《光緒朝東華錄》，北京：中華書局，1958 年，總第 5139 頁。

〔註26〕 第一歷史檔案館編：《光緒宣統兩朝上諭檔》第 30 冊，桂林：廣西師範大學出版社，1996 年，第 109 頁。

省　分	浮收攤派額	中飽（稅）攤派額	認解額	追　認
直隸	30	80	110	
四川	30	50		80
山東	25	30	19.2	
河南	20	20	20	10
江西	20	30	20	
浙江	20	30	91.44	
湖北	20	30	103	
湖南	20	20	40	
安徽	15	20	10	15
山西	10	40	10.06	
陝西	10	20	15	
廣西	10	10		
雲南	10	10	12	
福建	10	30	2	
新疆		10		
甘肅		10	10	
貴州		6	1	
東三省		（奉天）80		
		（吉林）20		
合計	320	646	639.7	140

資料來源：周育民：《晚清財政與社會變遷》，上海：上海人民出版社，2000 年，第393 頁；第一歷史檔案館編：《光緒宣統兩朝上諭檔》第 29 冊，桂林：廣西師範大學出版社，1996 年，第 336～338 頁；滄父：《中國政治通覽》，《東方雜誌》第9 卷第 7 號，第 68～70 頁。

　　兩項攤派總額共計 966 萬兩，其中浮收攤派因爲新疆甘肅貴州及東三省地方瘠苦，免其籌解；煙酒稅攤派中奉天、吉林爲日俄交戰之地，廣西有天地會造反等因，三省奏明緩解，新疆則免解，其餘 17 省共派銀 836 萬兩，江蘇、湖北、浙江認解超額，直隸、湖南、甘肅足額認解，其它各省實際認解額僅爲攤派額的 25.3％。在京的湖廣總督張之洞發給鄂撫兼署總督的端方一

封密電，極能代表督撫之心態：「練兵處派各省餉款九百六十萬，駭人聽聞，眾論皆不以爲然」，端方回電中即表示「方今天下商民疲困，人心渙散，償款萬難久支，豈可再滋擾累？……惟有婉切瀝陳，爲民請命耳。」〔註27〕但朝廷毫不讓步，如安徽省應認攤 35 萬兩，只認 10 萬兩，經朝廷嚴催，續認 10 萬兩，餘 15 萬兩懇免，但朝廷的答覆是：「著仍遵前旨，照數撥解」。到光緒三十一年（1905 年），各省在嚴催之下又追認 140 萬兩，但與原派定之數仍差 56.3 萬兩。

　　既然嚴旨勒催遭遇督撫軟抵抗，清廷決定改換手法，試圖把「失落」的財政權力收回中央，如光緒二十九年（1903 年）清廷採納江西巡撫柯逢時的奏請，議改釐金爲統捐推行各省。地方督撫爲保護既得利益，紛紛以各種理由予以拒絕。如山東、雲南認爲：該省釐金向來只抽一次，與統捐辦法沒有什麼兩樣，毋庸仿傚江西的做法；福建等省則以各省地理情形不同，不能盡如江西只在交通要衝設卡抽收一次釐金，否則必將大大減少釐金收入。戶部因不敢承擔釐金收入減少的責任，不敢堅持，試辦統捐以失敗而告終。又如，清廷爲覬覦流落各省的銅元餘利，〔註28〕光緒三十一年（1905 年）五月，戶部奏請，希望把鑄造銅元的權力收歸部管，「以一幣制而重財政」。〔註29〕此舉激起地方督撫強烈反對，兩廣總督岑春煊稱：廣東「積欠鉅款、全恃運銷餘利」；〔註30〕閩浙總督崇善則宣稱：福建銅元的餘利「分作二十成，以七成撥充兵費，三成撥充學費，其餘十成留爲本省舉行新政之用。」〔註31〕在各省督撫的反對之下，戶部被迫於光緒三十一年（1905 年）變通政策，即允許在市面上流通使用，但不准大宗的販運，同時還要限制各省鑄造銅元的數量。

〔註27〕 苑書義、孫華峰、李秉新編：《張之洞全集》第 11 冊，石家莊：河北人民出版社，1998 年，第 9118、9121 頁。

〔註28〕 1900 年 7 月兩廣總督李鴻章爲解決傳統鼓鑄銅錢不足出現的「錢荒」問題，仿照香港銅仙之例開鑄銅元，銅元重 2 錢 7 分，銅錢重 1 錢 2 分，流通時 1 銅元幣值等於 10 銅錢。各省看到鑄銅元有餘利可圖，紛紛仿照推行，至光緒末年，各省已設立的開鑄銅元局共有二十餘處，直隸、奉天、吉林、山東、河南、安徽、江西、四川、廣東、廣西、雲南十一省，每省各設一局，餘如浙江、湖南各設有兩局，湖北、江南、福建各設有三局。

〔註29〕 中國人民銀行總行參事室編、佚名輯：《中國近代貨幣史資料》（下）第 1 輯，北京：中華書局，1964 年，第 928 頁。

〔註30〕 中國人民銀行總行參事室編、佚名輯：《中國近代貨幣史資料》（下）第 1 輯，第 949 頁。

〔註31〕 中國人民銀行總行參事室編、佚名輯：《中國近代貨幣史資料》（下）第 1 輯，第 948 頁。

這又引起了湖廣總督張之洞、兩江總督周馥等人的反對，皆強調本省情況的特殊，「恐市面因之牽動」，請求「暫行免定限制」。〔註32〕

在中央與地方關於財政控制權的爭奪過程中，中央政府屢不得手，不得已借助官制改革之機，於光緒三十二年（1906年）九月，將戶部改為度支部，財政處一體併入該部，規定改組後的度支部為全國財政最高管理機關，轄田賦、漕倉、稅課、莞榷、通阜、庫藏、廉俸、軍餉、制用、會計等十司，管理各省田賦、關稅、鹽課、漕倉、公債、貨幣、銀行及會計度支一切事宜，並可隨時派員調查各省財政。

「綜理全國財政」與原本的戶部職能相同，此處最核心的信息是「派員調查」，為此度支部作了一些相應的鋪墊。光緒三十四年（1908年）十二月，度支部奏請出臺了《清理財政章程》，依照章程規定，清理財政「以截清舊案、編訂新章，調查出入確數，為全國預算、決算之預備」〔註33〕為目的。隨後度支部又議定清理財政辦法六條，中央設立清理財政處，令各省設立清理財政局。經過一番準備，宣統元年閏二月（1909年4月），度支部終於向各省奏派了財政監理官，監理官向度支部負責，不受地方督撫轄管。監理官離京赴任前，度支部尚書載澤訓話，道出了清理財政的主旨：「專重調查各省財政歷史沿革，每年出入的真實數目，不論向來已報部或從不報部的出入款項，（即所謂外銷款項）皆須令各省合盤托出，不究既往。」〔註34〕顯然是要做光緒二十九年（1903年）想做而沒有做到的事。雖然規定監理官的主要職責「只在稽察督促，而非主要綜覽」各省財政事宜，且載澤也一再告誡：「不得干涉本省財務行政，如有意見，可用函電提到度支部，或與督撫藩司洽商辦法。」但監理官附加的職責〔註35〕使得其職權已大大超出清理財政的範圍，中央與地方關於財權的爭奪戰進入到短兵相接的地步。

〔註32〕 中國人民銀行總行參事室編、佚名輯：《中國近代貨幣史資料》（下）第1輯，第954～957頁。

〔註33〕 戴逸、李文海：《清通鑒合集》卷265，太原：山西人民出版社，2000年，第8985頁。

〔註34〕 張運譜：《清末清理財政的回憶》，全國政協文史委員會：《文史資料存稿選編》（晚清北洋・上），北京：中國文史出版社，2002年，第43頁。

〔註35〕 劉子揚：《清代地方官制考》，北京：紫禁城出版社，1988年，第161頁。（監理官附加之職責：各省州、縣病故人員任內所欠公款，應賠應免，俟後不由本管督撫派員勘查，改歸監理官查報；各省劃一幣制後，平餘一項折銷，由監理官預行統籌抵補之項收入之辦法，並辦理劃一幣制事宜；代行勘察各省鹽政奏銷；監理官到省後，嚴汰藩署書吏，以清積弊；令監理官赴省後徹查各省虧空，等等。）

當時的《時報》曾發表這樣一條消息：度支部現在清理財政，各省督撫大員多懷疑懼。當度支部請旨任命的各省財政監理官赴任後，更是屢起紛爭，地方官控告監理官如何驕橫，監理官控告地方官如何阻撓。爲達到清理財政的目的，度部挾朝廷之力將阻撓清理財政的甘肅布政使毛慶蕃革職，以期收到殺一儆百的效果。或如很多學人論著中談及晚清督撫有專權問題，但地方督撫之「擅權」，畢竟還沒有達到公然對抗中央權威的地步。因此，在清理財政的過程中，地方督撫或以敷衍的態度拖而不辦，或在無可奈何的情形之下力爭尋求「變通」的方式來維護自己的既得權利。通過對各省的財政收支狀況進行梳理，儘管各地報表中歲入歲出的資料不盡皆可靠，然終於使得中央政府對地方財政有了一個大致的全面瞭解，其中最大的收穫就是把地方財政中被督撫隱匿的外銷款項挖掘了出來，至宣統二年（1910 年）秋各省的財政收支情況匯總到度支部，計光緒三十四年（1908 年）全國歲入約爲 2.3 億餘兩，較之光緒二十九年前增二倍。

此外，鹽務整頓也成爲地方與中央財權爭奪的一個焦點。同治以前鹽稅收入不過一千一二百萬兩，至宣統三年預算時，各省鹽稅收入已增加到四千多萬兩。因此，清政府決定改革鹽政官制，將鹽政權收歸中央。

宣統元年（1909 年）十一月，清政府成立以度支部尙書載澤爲督辦大臣的鹽政處。諭令「凡鹽務一切事宜，統歸該督辦大臣管理，以專責成。其產鹽省分各督撫本有兼管鹽政之責，均著授爲會辦鹽政大臣，行鹽省分各督撫於地方疏銷緝私等事，考核較近，呼應亦靈，均著兼會辦鹽政大臣銜。」〔註36〕次年正月，督辦鹽政處又奏准暫行章程三十五條，將原有鹽務各省督撫的用人、理財權全部收歸中央，當時即有人指出，中央「集權之事以財政爲最顯。督撫對於地方之事，無一不與財政有關。財政既爲中央所干涉，即無事不受中央之干涉。督撫即抱此惡感，於是督撫與中央情意分離。而督撫與督撫，因同病之故，乃相憐相親焉，蓋一人之力不足與中央抗，思互相聯合，以爲與中央爭持之基礎也」。〔註37〕

果不其然，地方督撫陳夔龍、張人駿、趙爾巽、袁樹勳、李經羲、程德全、丁寶銓、增韞等在東督錫良帶領下聯銜致電鹽政處，力爭用人、用款及

〔註36〕 中國第一歷史檔案館：《清實錄‧附宣統政紀》第 60 冊，北京：中華書局，1987 年，第 482 頁。
〔註37〕 論說：《宣樊：〈政治因果關係論〉》，《東方雜誌》，第 7 年第 12 期，第 291 頁。

奏事等權力，聲稱：「疏銷、緝私責之督撫……（督撫）而無用人行政之權，是猶束縛手足使之運動也」，「若僅集權中央，而不揆諸吾國歷史及地方各種之關係，以求適用，恐新章頒佈後，督撫之命令既有所不行，督辦之考察又有所不及，機關窒滯，庶務因循，將成以痿痺不仁、散渙無紀之鹽政。理辭益紛，其患害有不勝言者。」〔註38〕督撫們對中央集權憤憤不平「縱爲中央集權起見，不知督撫之權皆係中央之權，未有可專制自爲者。若至督撫無權，恐中央亦將無所措手。時方多故，獨奈何去其手足而自危頭目乎？」〔註39〕御史胡思敬站在旁觀者的角度對載澤把持鹽政、力行集權表示了不滿：「度支部尙書載澤奏定鹽務章程三十餘條，將鹽運使以下各官歸其任用……有旨著督辦鹽政大臣會同各督撫詳議具奏，該尙書並不會商，堅持初議，且不准各督撫單銜條陳鹽務利弊，阻遏封疆建書之路，乃知該尙書憑藉宗支，違旨專擅，寢露驕蹇之態，較各部把持爲尤甚也。」〔註40〕

　　在鹽政大臣與地方督撫的爭執中，載澤寸步不讓，攝政王載灃最終選擇了站在自家兄弟的一側。宣統二年（1910 年）三月初四日先是下了一道溫和諭旨：令各省督撫與鹽政大臣就鹽務「和衷辦理」；緊接著次月十一日則在上諭中對督撫鬥喋喋不休的爭執給予嚴詞「申斥」，飭令「所有鹽務用人行政一切事宜仍照奏訂章程辦理」。〔註41〕同樣爲立威起見，宣統二年（1910 年）十月上諭中以「欺罔藐玩」的罪名將福建鹽法道陳瀏革職。宣統三年（1911 年）八月，清政府又決定將督辦鹽政處改爲鹽政院，設鹽政大臣一員，管理全國鹽政，統轄鹽務各官；地方上則將產鹽省分轉運使改爲鹽務正監督，鹽運使爲副監督，各省督撫毋庸再兼會辦鹽政大臣及會辦鹽政大臣銜，然清政府的這一集中鹽政權的計劃由於隨後的武昌起義夭折。

2、兵權的爭奪

　　軍興以後，湘淮勇營漸漸取代八旗、綠營成爲清王朝主要軍事力量。戰事平定之後，清廷開始裁減湘淮軍，曾國藩所部湘軍動作較大，而李鴻章所

〔註38〕　文牘：《各督撫爲鹽政新章請軍機處代奏電》，《國風報》，第 1 年第 10 期，第 1～4 頁。

〔註39〕　文牘：《各省督撫爲鹽務致鹽政電》，《國風報》，第 1 年第 11 期，第 13～16 頁。

〔註40〕　胡思敬：《劾度支部尙書載澤把持鹽政摺》，《退廬全集》，《近代中國史料叢刊》第 45 輯，臺北：文海出版社，1970 年，第 851～852 頁。

〔註41〕　第一歷史檔案館：《光緒宣統兩朝上諭檔》第 36 冊，桂林：廣西師範大學出版社，1996 年，第 55、99 頁。

部准軍卻只是象徵性的應付了一下，基本上原封不動地保留下來。勇營之所以大部份被保留主因是綠營腐敗不堪，兵不可恃，清廷迫不得已改變政策，改裁爲留，將勇營變爲防軍，實際上承認勇營爲國家經制兵的組成部份，但勇營的控制權仍在地方督撫手中。此外，清廷還加快了綠營的改造，直隸首倡，從綠營兵內挑選精壯按照湘軍營制、營規編練軍隊，是爲練軍，其後各省紛紛倣仿。練軍雖由綠營演化而來，但經過編練，化兵爲勇，反成爲地方督撫直接掌控的軍事力量。勇營和練軍被地方督撫掌控，作爲掌管全國兵政的兵部，反不知各省兵力之虛實。

　　1894～1895 年甲午戰敗，清政府上下都認識到舊軍之窳陋，用西法編練新式軍隊成爲當務之急。張之洞的江南自強軍、袁世凱的直隸新建陸軍開其端緒。光緒二十年（1894 年）十月設立了以榮祿爲中心督辦軍務處，至二十四年（1898 年）武衛軍成軍，計有 7 萬餘人。〔註 42〕袁世凱之新建陸軍劃入武衛軍序列，稱武衛右軍。但是這次軍事集權的努力，在庚子國變中被擊得粉碎。八國聯軍之役，武衛軍全行潰散，唯袁世凱的武衛右軍因開赴山東得以保全，遂成爲北洋軍肇始之基礎。

　　清末新政伊始，清廷再次祭出練兵的幌子，希望通過編練新軍的管道，以「汰舊練新」的方式，藉此收回或者削弱督撫手中兵權。光緒二十七年（1901年）七月，清廷發佈上諭：「著各省將軍督撫將原有各營嚴行裁汰，精選若干營，分爲常備、巡警等軍，一律操習新式槍炮，認眞訓練，以成勁旅。」〔註43〕各省新建陸軍尚未全面展開，清廷已經擺出要軍事集權的架勢。光緒二十九年（1903 年）十月清廷打著「統一軍政、更好地編練新軍」的旗號，特設練兵處，作爲全國練兵統籌機構，諭令奕劻爲總理大臣，直督袁世凱會辦大臣、戶部侍郎鐵良爲襄務大臣。

　　光緒三十二年（1906 年）九月清政府將兵部改組爲陸軍部，練兵處併入該部，鐵良出任陸軍部尚書，其職責是掌管全國的陸軍事務，是年十月上諭中又明確規定「所有各省軍隊均歸該部統轄」。〔註44〕第二年陸軍部又下設軍

〔註42〕 劉鳳翰：《榮祿與武衛軍》，臺灣「中央」研究院近代史研究所集刊第六期，
　　　　第 33 頁。

〔註43〕 第一歷史檔案館：《光緒宣統兩朝上諭檔》第 27 冊，桂林：廣西師範大學出
　　　　版社，1996 年，第 173 頁。

〔註44〕 第一歷史檔案館：《光緒宣統兩朝上諭檔》第 32 冊，桂林：廣西師範大學出
　　　　版社，1996 年，第 235 頁。

諮處、海軍處，軍諮處職能仿日本軍制，相當於參謀本部，「握全國軍政之樞要」。〔註45〕這樣，陸軍部成為中央最高軍事指揮機構，全國的海陸軍名義上也歸統於陸軍部管轄之下。

宣統改元後，攝政王載灃又以上諭的形式自封為「陸海軍大元帥」。軍諮處與陸軍部分離，其職能進一步得到強化，軍諮處「為贊助皇上通籌全國陸海各軍事宜之所，凡關涉國防用兵一切命令、計劃，胥由該處擬案奏請，由皇帝親裁之後，飭下陸海軍部遵辦。」〔註46〕隨即載灃又任命自己的兩個弟弟載濤、載洵分管軍諮處、海軍處，不久軍諮處、海軍處分別升格為軍諮府和海軍部，形成弟兄三人分攬軍政大權的局面。

在編練新軍的過程中，中央限於財力，把編練任務交由地方督撫負責，但又想把新軍的操控權握在自己手裏。光緒三十一年（1905年）前後相繼頒佈了《新軍官制》、《陸軍人員補官體制》，新軍官制分為三等九級，同時劃分了軍官的任免許可權，中等第一級以上各官簡派，下等第一級以上奏補，下等第二、三級咨補。《補官體制》中則規定，上等第一、二級軍職簡派，上等第三級至中等第二級軍職由各督撫具奏委任，練兵處考核奏補，中等第三級以下軍職由各督撫任免；光緒三十四年（1908年）陸軍部又奏定：「各省將軍督撫調任他省，不准將原省各項軍官率行奏調，亦不得將前任所派之員無故撤換。」〔註47〕這是清廷為約束地方督撫在軍隊中安置私人親信所採取的雙管齊下的措施。

載灃當政後，在收回督撫軍權方面更是不遺餘力。宣統元年（1909年）九月頒佈陸軍軍官新官制，新制軍官分為九品四等十四級，完全比照文官體制辦理，並且對新制中軍官出身、任命都作了詳細規定。軍官任職資格要求新式陸軍學校的畢業生，任命則分為特任、簡任、薦任、委任等，督撫無權參與高級軍官的任命。宣統二年（1910年）十一月，又將各省督撫所例兼之陸軍部尚書、侍郎銜裁撤，〔註48〕進一步從制度上剝奪了督撫越界指揮新軍

〔註45〕　朱壽朋：《光緒朝東華錄》，北京：中華書局，1958年，總第5578頁。
〔註46〕　《大清光緒新法令》第7冊，轉引李鵬年、朱先華、劉子揚：《清代中央國家機關概述》，哈爾濱：黑龍江人民出版社，1983年，第336頁。
〔註47〕　遲雲飛：《載濤》，李文海、孔祥吉：《清代人物傳稿》（下編）第8卷，瀋陽：遼寧人民出版社，1989年，第110頁。
〔註48〕　中國第一歷史檔案館：《清實錄‧附宣統政紀》第60冊，北京：中華書局，1987年，第792頁。

的權力。海軍處也針對過去由督撫調度指揮兵艦的舊例做出新規定，各兵艦未得海軍處命令，不准擅離原駐地。

這自然引起督撫的強烈不滿，河南巡撫寶棻強調：「督撫許可權分晰宜加慎重……軍事一項，宜勿奪其統屬之權，以資調遣。」〔註49〕湖廣總督瑞澂上摺謂：「一省之治亂，朝廷責成於督撫。督撫所以安治而定亂者，惟軍人是賴……督撫若無軍事實權，即將無從擔負疆圻責任。」〔註50〕兩江總督張人駿等同樣以「督撫不能命令管下的兵艦，何以綏靖地方」〔註51〕為由，質疑海軍處。兩廣總督袁樹勳於奏摺中更是明令反對「各項官、佐必須由陸軍學堂出身方准補充」的規定，〔註52〕不少的督撫也有與袁氏相同意見者，只是為避免得罪朝廷，而未明確上奏而已。在實際操作中新軍軍官任用仍沿用未經學堂出身的舊營伍兵弁出任新軍官佐，各地新軍並不認真執行新官制中的規定。

為杜絕地方督撫欺上瞞下的作風，清廷決定派員參與新軍的編練工作。宣統元年（1909年）八月陸軍部出臺《陸軍參謀章程》，對陸軍參謀人員的任用、職掌等作了規定說明。該章程明確指出參謀官直隸於軍諮大臣，隨後陸續往各鎮、協及各省督練公所奏派了一批參謀官。清廷企圖通過派遣參謀官把新軍的編練工作抓到自己手裏，進而達到控制新軍的目的。

宣統三年（1911年）三月載灃等人又推出《督練公所暫行官制綱要》，欲進一步搶抓軍權。督練公所設督辦一員，以各該省原管之將軍督撫兼充，設軍事參議官一員，以協都統或正參領充。督練公所下設籌備科、糧餉科、軍械局、測地分局，各科局的事務，統歸軍事參議官核辦，督撫等不過居監督之地位，實權則操於軍事參議官之手，軍事參議官由陸軍部奏派，直轄於部，非督撫屬官。〔註53〕清廷借參議官之手架空督撫，冀達收集權之實效。

地方督撫對陸軍部奏派督練公所軍事參議官一事紛紛表示反對。河南巡撫寶棻致電各省督撫倡議聯銜電駁，各省督撫群起回應：「陸軍部奏請派各省

〔註49〕中國第一歷史檔案館：《清實錄‧附宣統政紀》第60冊，第821頁。

〔註50〕中國第一歷史檔案館：《清實錄‧附宣統政紀》第60冊，第995～996頁。

〔註51〕楚雙志：《利益集團爭鬥與大清王朝滅亡》，《中央黨校校報》，2005年第4期，第108頁。

〔註52〕劉錦藻：《清朝續文獻通考》第3冊，卷221，王雲五：《萬有文庫》第2集，上海：商務印書館，1936年，考9679。

〔註53〕羅爾綱：《晚清兵志》，北京：中華書局，1984年，第233～234頁。

軍事參議官，殊屬不知外省情形，各督撫既有守土之責，自應有兵馬之權，如徒希中央集權之美名，而不知以地方為緊要，將變起倉促，調遣為難，禍亂所至，不堪設想。前明設置監軍以速亡，咸同年間曾、袁以京秩督師毫無成效，殆後曾、左、李以行政官握有兵權始能成中興之業是其明證也。」〔註54〕甚至有人憤言：「徒設參議一官以掣督撫之肘，名雖僚屬，然既直隸軍部，長官徒擁虛名，不如裁去督撫者。」〔註55〕

　　督撫的意氣之爭未能改變載灃親貴集團的決定。宣統三年五月二十七日（1911年6月23日）借助煌煌上諭，陸軍部向湖北、浙江、直隸、江蘇、湖南、安徽、江西、山西、陝西、江北等省區奏派了督練公所軍事參議官，〔註56〕地方各督撫無可奈何之下，只得退而求其次，陝甘總督與新疆巡撫在十一督撫聯銜未蒙准奏後，兩人再次會奏，承認軍事參議官自應敬候簡派，「惟邊境遼闊，與內地不同，若新軍巡防統歸軍事參議官管轄，則提鎮參副諸宿將幾同虛設，甘肅新疆內雜諸部，外逼強鄰，督撫虛膺疆寄，手無實權，其危險不可勝言，所有巡防軍隊仍請由舊將管轄，以保地方。」〔註57〕無獨有偶，四川總督亦以同樣理由強調：「無論陸軍部奏設軍事參議官與否，川省萬難照辦，並聲明川省防營於地方防務深資得力，一時未便輕議裁撤。」〔註58〕陸軍部與軍諮府經過商議決定暫行變通：暫留督撫調遣軍隊權；各軍用人暫准督撫切實保薦，惟黜陟職權仍操之部署；凡新軍尚未成鎮之省分，其督撫對於軍事之權責准暫仍舊，俟成鎮後再定辦法。〔註59〕然添派軍事參議官一事仍須進行，閏六月十三日（8月7日）又是以上諭的形式頒發了福建、廣東、江寧等處督練公所軍事參議官，〔註60〕並計劃於八月前除了雲南、奉天外，一律奏派。

〔註54〕　要聞：《十一督撫反對軍政中央集權》，《大公報》1911年6月21日；緊要新聞一：《十一督撫夢想軍權》，《申報》1911年6月24日。

〔註55〕　言論：《論各督撫電爭軍事獨立問題》，《大公報》1911年6月22日。

〔註56〕　第一歷史檔案館：《光緒宣統兩朝上諭檔》第37冊，桂林：廣西師範大學出版社，1996年，第143頁。

〔註57〕　要聞：《甘新督撫合爭兵權》，《大公報》1911年6月24日。

〔註58〕　要聞：《川督反對軍事集權》，《大公報》1911年6月30日。

〔註59〕　要聞：《軍事集權之籌議》，《大公報》1911年7月3日。

〔註60〕　第一歷史檔案館：《光緒宣統兩朝上諭檔》第37冊，桂林：廣西師範大學出版社，1996年，第188頁。

　　地方督撫在無法改變事實的情形之下，為維護自己的權益，又開始爭奪督練公所軍事參議官的任用權。鄂督認為：督撫既然身為督辦，軍事參議官「尤必督辦相知素深，於本省軍事情形最熟之員方能勝任，應由督辦奏派，以資浹洽。」豫撫觀點：軍事參議官既然稟呈督辦督率科局經理軍事之責，自非研精軍學且為督辦素所深信之人，不足以膺重寄而資贊助，故直接奏請派充留日士官生陸光熙為河南督練公所軍事參議官。結果鄂督豫撫的奏請遭到陸軍部議駁，〔註61〕且以上諭的形式重申「嗣後各省督練公所應派軍事參議官以下各員⋯⋯仍由陸軍部奏充」，令「各督撫知之」。〔註62〕但是，湖廣總督瑞澂仍不死心，不僅在軍事參議官問題上堅持己見，且試圖染指新軍用人事權：「督撫既奉派督辦，若所用之人素不相知或無權舉劾，竊恐督撫將視督辦為名譽之職，遇事推諉，不擔責任。督練公所各員誤會宗旨，亦將視督辦為無足重輕之人，推其流弊所及，軍事之敗壞，軍士之囂橫，日將日甚一日矣。一省之治亂朝廷責成於督撫，督撫所以安治而定亂者惟軍人是賴。今則以軍事機關不負完全責任，譬猶使臂而去其指，深所未喻⋯⋯我國幅員遼廓，交通未便，文報往返淹旬累月⋯⋯加以伏莽甚多，事機萬變，如督撫事事受成於部臣，並節制調遣之權亦漸歸於消滅，是部臣得統一之虛名，而地方受無窮之實禍⋯⋯督撫若無軍事實權，即將無從擔負疆圻責任⋯⋯部臣苦心規劃，事事方駕列強，但中外形勢既有不同，則經始之初自無從強為符合⋯⋯此不獨督練公所用人之權督撫仍應參與，即各省新軍人之責，督撫亦似應與聞者也⋯⋯請於原章略加變通，嗣後凡一省軍事重要人員，遇有應行補充之缺，應先由部臣、疆臣文電相商，斟籌定妥，再由部臣會同督撫列銜奏明請旨派用。」〔註63〕陸軍部議覆意見：會商一節，事實上一直在實行之中，況且諭旨亦有「和衷共商」之語，至於「會銜」奏請事實上難以做到，「應請毋庸置議」。〔註64〕

〔註61〕　要摺：《陸軍部奏鄂督擬派督練公所人員核與定章不符摺》、《陸軍部奏豫撫擬派督練公所人員核與定章不符摺》，《申報》1911 年 7 月 1 日。

〔註62〕　中國第一歷史檔案館：《清實錄・附宣統政紀》第 60 冊，北京：中華書局，1987 年，第 979 頁。

〔註63〕　緊要新聞一：《鄂督再爭軍事用人權》，《申報》1911 年 7 月 20 日。（第一歷史檔案館：《清實錄・附宣統政紀》第 60 冊，第 995～996 頁。）

〔註64〕　劉錦藻：《清朝續文獻通考》第 2 冊，卷 204，王雲五：《萬有文庫》第 2 集，上海：商務印書館，1936 年，考 9530。

正因爲地方督撫與中央政府在編練新軍方面的矛盾，大多數督撫對編練新軍表現爲消極的「抵制」。儘管練兵處於光緒三十年（1904 年）即提出了在全國編練三十六鎮常備兵之計劃，但據統計至辛亥武昌起義前止除禁衛軍外，全國只編練成軍十四鎮十五混成協。〔註 65〕這其中還包括直隸總督兼練兵處會辦辦大臣袁世凱集全國之力，練就的北洋六鎮。

拉爾夫・鮑威爾在評判三十六鎮成軍計劃時，即一針見血地指出其弊端所在，中央政府既然沒有財力直接供應一支龐大的國家軍隊，就勢必在很大程度上按各省的力量，甚至須看各省是否情願，來分配各鎮新軍。〔註 66〕果不其然，由於地方督撫不配合，在編練新軍過程中，他們大多以籌餉困難爲由推三阻四，如兩廣總督張人駿奏稱：「惟有就餉力所及陸續徵募，……至如陸軍部咨，期以五年練成兩鎮，則斷非廣東財力所及。」四川總督趙爾豐上奏時也聲稱：「餉力萬分困難，一協尙未觀成，兩鎮而限三年，實覺斷難就緒。」〔註 67〕這其中既有地方督撫針對中央集權採取的軟對抗在起作用，當然也眞實地反映出地方財政困窘所帶來的無奈。

3、官制改革

光緒三十二年（1906 年）清政府開始進行官制改革，改革官制的目的是希望藉此理順關係，重建秩序。由於各方利害不同，特別是外官改制涉及到督撫身份、許可權問題，官制改革遂成爲中央各部與地方督撫關係矛盾鬥爭的焦點。

光緒三十二年七月，憲政考察大臣戴鴻慈等呈遞《奏請改定全國官制以爲立憲預備摺》，出使德國大臣楊晟亦隨後呈遞《條陳官制大綱摺》，官制改革序幕拉開，由此也引發了一場大討論。清政府選派參與外官制改革者分成兩派，各推出一套方案，載澤、戴鴻慈、世續、瞿鴻機、徐世昌等人主張「全體改定」，孫家鼐、王文韶、鹿傳霖、榮慶、葛寶華等人則主張略改。

光緒三十二年九月，編制局以釐定官制大臣的名義致電各省督撫，徵求各地方大員對兩套外官制改革草案的意見。第一套方案採「三權分立」法則，

〔註 65〕劉鳳翰：《辛亥革命前後全國軍事壇變》，《辛亥革命與二十世紀的中國》上冊，北京：中央文獻出版社，2009 年，第 147～161 頁。
〔註 66〕拉爾夫・鮑威爾（陳澤憲、陳霞飛譯）：《1895～1912 年中國軍事力量的興起》，北京：中國社會科學出版社，1979 年，第 225 頁。
〔註 67〕劉錦藻：《清朝續文獻通考》第 3 冊，卷 220，王雲五：《萬有文庫》第 2 集，上海：商務印書館，1936 年，考 9673、9674。

每省設總督一員，綜理一省之民政、財政，其下分設戶禮兵刑工各司，各院司合署辦公，稱行省衙門，督撫總理本衙門政務，略如各部尚書，省設高等審判廳，使行政、司法各有專職。第二套方案「係按照現行官制量為變通」，以督撫直接管理外交、軍政，並監督一切行政、司法；另以布政司管民政、按察司掌司法行政，另設財政司，而學、鹽、糧、關、河各司道仍沿舊制。〔註68〕兩套方案意在剝奪削弱督撫的權力，結果除陝甘總督升允和湖廣總督張之洞明確表示反對外，其餘則以人民程度不及、財力不足等為藉口，來抵制清廷這次的集權行為。特別是張之洞的態度至為關鍵，時任湖廣總督的張之洞如是說：「外官改制，窒礙萬端，若果行之，天下立時大亂。」〔註69〕

由於阻力較大，清廷只好對地方官制改革採取變通辦法：除原先設立的布政、提學兩使不變之外，將按察使改為提法司，專管司法上之行政，監督各級審判，不再兼管驛傳事務。在省城設置巡警道一員、勸業道一員，巡警道專管全省警政事務，勸業道負責全省農工商業及各項交通事務，兼管現有之驛傳。〔註70〕變通後的外官改制，主要是司法與行政的形式分離，及原有行政體制內外兩套機構系統的整合，較少觸及督撫的許可權，而在人事權方面，地方督撫反而較既往有所擴大，故支持或贊同改制者居多數。〔註71〕為穩妥起見，清政府決定地方官制改革先從東三省入手，此外，「江蘇直隸兩省，風氣漸開，亦應擇地先為之試辦。」其餘各省亦「統限十五年內一律通行」。〔註72〕

隨後進行的東三省改制，引爆了統治集團內部一場激烈的爭權奪利鬥爭，因其發生在 1907 年即舊曆丁未年，故稱之為「丁未政潮」。東三省作為「龍興」之地，一直推行著一套和內地不同的管理模式，這次以官制改革為契機開始在東北推行省級地方建制。此次改革官制，盛京將軍改為東三省總

〔註68〕 侯宜傑：《清末督撫答覆釐定地方官制電稿》，《近代史資料》總第 76 號，北京：中國社會科學出版社，1989 年，第 51～53 頁；《編改外省官製辦法及各疆臣之意見》，中國史學會主編：中國近代史資料叢刊《辛亥革命》（四），上海：上海人民出版社，1957 年，第 20 頁。

〔註69〕 胡鈞：《張文襄公年譜》卷六，臺北：臺灣商務印書館，1978 年，第 654 頁。

〔註70〕 朱壽朋：《光緒朝東華錄》，北京：中華書局，1958 年，總第 5686 頁。

〔註71〕 關曉紅：《從幕府到職官：清季外官改制中的分科治事》，《歷史研究》，2005 年第 5 期，第 96～98 頁。

〔註72〕 第一歷史檔案館：《光緒宣統兩朝上諭檔》第 33 冊，桂林：廣西師範大學出版社，1996 年，第 91 頁；朱壽朋：《光緒朝東華錄》，北京：中華書局，1958 年，總第 5688 頁。

督兼管三省將軍事，每省又各設巡撫一員。已經權勢薰天的袁世凱為擴充個人（集團）勢力，在東三省督撫任命問題上與慶親王奕劻沆瀣一氣，光緒三十三年三月八日（1907 年 4 月 20 日）朝廷明發上諭，任命名單中的東三省總督徐世昌、奉天巡撫唐紹儀、吉林巡撫朱家寶、黑龍江巡撫段芝貴等盡屬袁黨派系。與奕劻、袁世凱積不相能的協辦大學士、外部尚書、軍機大臣瞿鴻禨起而與之抗爭。為加強自身力量，瞿鴻禨與岑春煊（時任雲貴總督）結盟。岑因為庚子事件中「護駕」有功，深得慈禧太后寵信。岑對奕劻、袁世凱納賄攬權極為不滿，瞿、岑二人因擁有共同的敵人把手握在了一起。國學大師陳寅恪對丁未政潮對立的兩大派系有如是評價：「至光緒迄清之亡，京官以瞿鴻禨、張之洞等，外官以陶模、岑春煊等為清流；京官以慶親王奕劻、袁世凱、徐世昌等，外官以周馥、楊士驤等為濁流。」〔註73〕

　　清、濁之間的政爭由一場參案揭開了序幕。黑龍江巡撫段芝貴本為一捐班道員，因向慶親王奕劻、載振父子行賄而驟升巡撫，在當時實屬罕見。瞿、岑即授意言官就此事上奏參劾。清廷雖然派人就參案展開調查，但由於袁世凱等人的精心布置，自然是查無實據。參案的處理結果則以段芝貴被革職，奕劻被申斥，載振辭去御前大臣、農工商部尚書及一切職務告以段落。從處理結果表面上看，奕劻、袁世凱一方受到了一些損失，但奕劻、袁世凱集團的根本並未動搖。接下來圍繞官制改革展開的競爭，已偏離了改革本身的正常軌道，完全為角逐權力的陰謀詭計所左右，這場政爭最終以奕劻、袁世凱一派獲勝告終。瞿鴻禨開缺出軍機，已進京出任郵傳部尚書、且有希望入主軍機參政的岑春煊外放兩廣總督，亦被排擠出局。

　　丁未政潮之後，老於世故權術的慈禧太后對於奕劻、袁世凱集團勢力的過度擴張也採取了一些抑制措施。調醇親王載灃入軍機，藉以分奕劻之權；然後又以官制改革為藉口，採取明升暗降的方式將袁世凱調入軍機，同時又調張之洞入軍機處，希望藉此牽制袁世凱。在此之前還曾迫使袁世凱辭去了身上的一些重要兼職，並交出北洋六鎮中的四鎮軍事指揮權。官制改革中摻雜了政爭，增加了內耗，瞿、岑的落敗使得對通過改革實現「革新政治」的朝野人士大為失望；袁世凱、張之洞等上調軍機被削權的事實，又使得地方督撫對清廷集權產生了莫名的恐懼。

〔註73〕陳寅恪：《寒柳堂集》，臺北：文海出版社，1984 年，第 171 頁。

　　官制改革中集權與分權的矛盾並沒有解決。光緒末年，京城已四下流傳「近支排宗室，宗室排滿，滿排漢」之諺語。〔註74〕光緒三十二年（1906年）九月成立「滿族內閣」，滿族親貴專權的現象顯露無疑，這使得一些地方督撫不得不聯合起來。光緒三十四年（1908年）國會請願活動中，地方督撫紛紛奏請速開國會，顯然是想借官制改革的機會，用法律形式來保護自己的既得權利，力圖打破滿清貴族集權、把持朝政的局面。民眾的請願活動雖然被鎮壓，但清廷還是於八月朔頒佈了《欽定憲法大綱》、《議院法要領》、《選舉法要領》及《九年籌備立憲清單》等重要文件。正當改革進行到關鍵時刻，光緒皇帝、慈禧太后於十月份相繼離世，醇親王載灃被推到大清王朝的政治前臺。接管了權力的載灃以宣統皇帝的名義連續發佈了《重申以宣統八年為限實行憲政諭》、《重申實行預備立憲諭》，蕭規曹守，改革在艱難中繼續。

　　載灃乃醇親王奕譞第五子，光緒皇帝之胞弟，攝政之初「中外咸望其有所作為」。〔註75〕然載灃生性懦弱，遇事優柔寡斷，缺少政治頭腦，根本就不是一個能夠掌握大局的政治人才。他的親弟載濤曾這樣評價他「遇事優柔寡斷，人說他忠厚，實則忠厚既無用之別名。他做一個承平時代的王爵尚可，若仰仗他來主持國政，應付事變，則決難勝任。」載灃攝政後做的第一件事就是「放逐」袁世凱，向來有人傳言，認為載灃此舉實為替其兄光緒帝報戊戌告變之仇。其實關於載灃罷黜袁世凱的原因，載濤的分析很能說明問題：「載灃雖無統馭辦事之才，然並不能說他糊塗。他攝政以後，眼前擺著一個袁世凱，處於軍機大臣的要地；而奕劻又是叫袁使金錢餵飽了的人，完全聽袁支配。近畿陸軍將領以及幾省的督撫，都是袁所提拔，或與袁有秘密勾結。他感到，即使沒有光緒帝的往日仇恨，自己這個監國攝政亦必致大權旁落，徒擁虛名。」〔註76〕由此可見，載灃罷黜袁世凱的動機一方面在於維護自己監國攝政的權力，另一當面也反映出清廷與袁世凱等地方勢力爭權的態勢加劇。

〔註74〕劉體智：《異辭錄》，《近代中國史料叢刊》第18輯，臺北：文海出版社，1968年，第371頁。

〔註75〕印鸞章：《清鑒》，下冊，北京：中國書店，1985年，第939頁。

〔註76〕載濤：《載灃與袁世凱的矛盾》，中國人民政治協商會議全國委員會文史資料研究委員會：《晚清宮廷生活見聞》，北京：文史資料出版社，1982年，第79頁。

　　宣統元年（1909 年）五月，出使日本考察憲政大臣李家駒上奏「考察立憲官制敬陳管見」摺，〔註 77〕拉開了新一輪官制改革的序幕。李家駒認為中國地大物博，且有滿漢回蒙等各族，故不宜採取日本之府縣體制，但可以借鑒日本國務大臣副署之責任制。在中央與地方關係問題上，他提出直接官治與間接官治等概念，強調國家行政與地方行政的劃分。至於地方督撫是否列名國務大臣，他採取了一套折中的辦法，即凡中央行政與地方行政有關聯者，令相關督撫與聞，「仿日本地方長官會議之意，每年定期督撫咸集京師，會同國務大臣集議一次」，因故不能與會的督撫可派次官代行。

　　清制，兼銜使得督撫享有了中央部堂官員特權，其尊貴威武洵足為天子之代表，故其威望或遠出各部行政大臣之上，但受治於君主，不屬隸於閣部。官制改革中首先要解決督撫地位問題。按照立憲精神，設立責任內閣，督撫唯有紆尊降貴隸屬於內閣而擔地方行政事務之責任。實際上，早在光緒三十二年（1906 年）七月出使德國大臣楊晟在《條陳官制大綱摺》中即明確提出罷請督撫原有兼銜制度，降低督撫品級，置於各部長官之下，使督撫成為單一的地方行政長官。

　　有些督撫或為權力或為面子，對此展開自然而然的爭論。宣統二年（1910年）五月，署理粵督袁樹勳在奏摺中回顧了督撫制度的淵源，強調「督撫者，即中央之代表」，「天下事安有權之不屬而能負責任者乎？」然官制改革中使督撫權力受到削奪，致「內外幾無負責之人，又何以對耽耽環視者之協以謀我乎？」希望政務處、憲政編查館能夠「仰體內外相維之論旨，通盤籌畫，斟酌損益，以裨事實而救艱危。」〔註 78〕同一時期，山東巡撫孫寶琦也上奏表達了自己對官改制的看法和意見，官制改革的前提是盡快確定集權和分權的原則，但官制改革「不宜太驟」。〔註 79〕正是因為地方督撫已經感覺到載灃兄弟集權之心太過強烈，才有如此這般變相的說法。

　　實際上，二次外官制改革啟動之前，督撫權力被削奪的現象已經引起社會廣泛關注，比如伴隨中央官制改革，各部院仿照憲政原則，調整各級職能

〔註77〕　記載一：李家駒：《考察立憲官制敬陳管見》，《東方雜誌》，第 6 卷第 7 期，第 344 頁。

〔註78〕　文牘：《署粵督袁樹勳奏中央集權宜先有責任政府及監察機關摺》，《國風報》，第 1 年第 13 期，第 11～16 頁。

〔註79〕　文件第一‧奏牘：《山東巡撫孫寶琦奏釐定直省官制謹陳管見摺》，《東方雜誌》，第 7 年第 2 期，第 21～28 頁；文牘：《山東巡撫孫寶琦奏釐定直省官制敬陳管見摺》，《國風報》，第 1 年第 4 期，第 1～12 頁。

機構的關係，確立了上下有序的行政方式。督撫原有的權力，在中央各部對司道許可權的新規定中大幅縮水。報刊時論直言不諱：「各省提學使直轄於學部，昨歲更進而謀統一財政，乃由度支部派員往各省監理財政；又巡警道歸民政部管轄，而海陸軍則由軍諮處、海軍處統掌，此皆最近之變局也。」〔註80〕同時社會上屢有傳聞，各省提法使、度支使及巡警道、勸業道，均要直屬中央部院。〔註81〕

　　集權與分權本身就是矛與盾，向來就很棘手。一般而言，中央（朝廷）強勢，尚集權；地方強勢，尚分權。很有意思的是，清末內輕外重局面已經形成，且當時滿族新權貴大多平庸之輩，只是憑藉傳統皇權的餘威，而一味集權，督撫離心自然也在情理之中。御史胡思敬曾於宣統二年（1910 年）一月的奏摺中指責中央若過於集權，將有不良影響：「侵奪外吏守土之權，其初不無小利，其繼必且大擾。」〔註82〕晚清督撫坐大已是不爭的事實，清廷改革方案中所謂司道由中央各部直屬，在實際層面上難以操作，故有人建議欲「挽回尾大不掉之勢，則尤非裁撤督撫不可……否則任何分權的方案，不過是築室道謀。」〔註83〕裁撤督撫自然是難以實現的事，然東三省總督錫良確曾奏請，以各司道直接中央各部，藉省文牘之繁，如裁撤督撫，因為京津密邇之故，不如先裁撤直隸總督作為實驗，無弊後可推行於各省。〔註84〕憲政編查館也曾有過「裁督為撫」的設想，然由於督撫去留問題頗為棘手，「辯論數四，還不得要領」，〔註85〕故外官改制方案再度擱置。

4、「民意」機關諮議局

　　在地方督撫與中央就權力分配紛爭之際，依照預備立憲程序，源於西方憲政原則設立的資政院、諮議局也出現在公眾的眼前。光緒三十四年（1908 年）六月，清政府頒佈了《資政院章程》、《諮議局章程》、《議員選舉章程》等，並諭令地方督撫「限一年內」完成。

〔註80〕 本國紀事・宣統元年大事記：《中央集權之進步》，《國風報》，第 1 年第 1 期，第 4 頁。

〔註81〕 《督撫將來之政權》，《盛京時報》1910 年 3 月 9 日。

〔註82〕 胡思敬：《退盧全集》，《近代中國史料叢刊》第 45 輯，臺北：文海出版社，1970 年，第 832 頁。

〔註83〕 言論：《論中央集權宜裁撤督撫》，《大公報》1910 年 3 月 23、24 日。

〔註84〕 緊要新聞一：《錫督請裁直督》，《申報》1911 年 1 月 3 日。

〔註85〕 汪榮寶：《汪榮寶日記》，《近代中國史料叢刊三編》第 63 輯，臺北：文海出版社，1991 年，第 529 頁。

　　《諮議局章程》第六章對諮議局的職權作出說明：（1）議決本省應興應革事件；（2）議決本省歲出入預算、決算事件；（3）議決本省稅法、公債事件；（4）議決本省擔任義務增加事件；（5）議決本省單行章程規則之增刪修改事件；（6）議決本省權利之存廢事件；（7）公斷和解本省自治會之爭議事件；（8）收受本省自治會或人民陳請建議事件等。諮議局並不具備西方憲政體制中地方議會性質，其職權終處於督撫監督之下，如《章程》第八章中規定：各省督撫對「諮議局之議案有裁奪施行之權」，「對諮議局有勒令停會、奏請解散之權」。〔註86〕

　　然作為新生事物出現的諮議局，對地方督撫的權力還是表現出一定的制約作用。如按照章程規定諮議局議定可行事件得呈候督撫公佈施行、議定不可行事件得呈請督撫更正施行，若督撫不以為然，應說明原委事由，令諮議局覆議；諮議局覆議後，若仍執前議，督撫得將全案咨送資政院核議。諮議局有「質問」本省行政事件及會議廳議決事件之權利，督撫認為必當秘密者，應將大致原由聲明。本省督撫如有侵奪諮議局許可權或違背法律等事，諮議局得呈請資政院核辦。本省官紳如有納賄及違法等事，諮議局得指明確據呈候督撫查辦。由此可見，地方督撫與諮議局之衝突禍根已見萌芽，或許正如有的學者所言，諮議局與督撫之關係，在某些方面起著「動搖地方督撫的作用」，從另外一個角度旨在鞏固中央集權，這或許正是清王朝最高統治者「苦心孤詣」之所在。〔註87〕

　　宣統元年九月初一日（1909年10月14日），除新疆外各省諮議局第一屆年會如期召開。議員們的政治熱情極為高漲，以江蘇為例，諮議局共收集議案184件。其中督撫交議15件，議員提議98件，民眾請議71件。最終議決129件，包括督撫交議案15件，議員提議案88件，民眾請議案26件。〔註88〕在第一屆常年大會上，議員與督撫發生衝突的案例並不多見，僅有吉林諮議局因提議《質問外交失敗案》與巡撫陳昭常產生些許摩擦。然而第二屆年會一些省分的諮議局與督撫爆發了「激烈」衝突，成為當時世人關注的焦點。如湖南公債案、江西改徵銀圓案、廣西禁煙案、廣東禁賭案、雲南鹽斤加價案等。

〔註86〕孟森、杜玉泉：《各省諮議局章程注釋》，上海：商務印書館，1945年，第12～16頁。

〔註87〕于伯銘、馮士缽：《清末諮議局》，《社會科學戰線》，1983年第1期，第154頁。

〔註88〕記載一：《各省諮議局議案紀略》，《東方雜誌》，第6年第13期，第484～485頁。

　　湖南公債案：湖南巡撫楊文鼎舉辦公債，未交諮議局議決，逕自奏准發行；湘省諮議局因之控告巡撫楊文鼎「侵權違法」，要求資政院核辦。江西改徵銀圓案：江西巡撫馮汝騤奏請將統稅改徵洋碼（即銀圓），每年可增加稅收 40 萬兩；諮議局認為此舉有暗增本省稅法之意圖，然「馮巡撫不先定辦法，提交局議，逕行入奏，實為侵奪許可權，因電資政院照章核辦」。廣西禁煙案：廣西諮議局第一屆年會曾議決全省分區分期「禁煙議案」；而巡撫張鳴岐於臨、桂等廳州縣將屆禁期之際，「忽有展期之舉」；議員認為是「摧殘議案」，因而全體辭職，以示抗議。廣東禁賭案：廣東諮議局議員年會提出限期禁賭議案，並要求總督袁樹勳在三日內奏請朝廷允准，否則停議力爭，或全體辭職；袁樹勳以尚未確定籌抵賭餉辦法為由，而表示不便即行電奏，議員當即以停議抗爭；最後迫使總督袁樹勳不得不據情電奏，議員始照常開議。雲南鹽斤加價案：雲貴總督李經羲未經局議擅自示諭將「腹鹽」每百斤加馬腳銀一兩，諮議局認為鹽斤加價事關增加稅法，照章應交局議決，於是三日內兩度呈請總督將「前示」取消，並聲言「如不得請，即全體辭職」；後李經羲批答改為每百斤加價五錢，暫行試辦，諮議局乃開議，但仍電請資政院核辦。

　　此外，廣西諮議局因高等巡警學堂限制外籍學生議案與巡撫「異議」。直隸因鹽斤加價、續募公債，總督不交局議，諮議局常駐議員於年會閉會後提請臨時會，特提出《陳總督侵權違法案》，呈請資政院核辦。四川諮議局還發生與官府委員饒鳳藻衝突事，饒鳳藻在諮議局會議期間被指「侵越監督及議長許可權……全局憤激，當即照章請總督核辦，如不得請，即決意辭職，電院力爭」。〔註89〕

　　各省諮議局與督撫衝突還表現在審核宣統三年預算案方面。據《諮議局章程》規定，各省預算案須交局議決公佈施行。後一度有傳聞，度支部以三年預算案乃試辦為由，預算案不必交局議。各直省諮議局成立聯合會，公決如何應對。經商議形成辦法六條：督撫不交預算案對待方法；預算內容但有出入總表而無分表對待方法；預算案但有歲出經費而無歲入款目對待方法；預算案不分別國家稅、地方稅對待方法；支出款目有不當者對待方法；預算

〔註89〕記載第一：《中國大事記》，《東方雜誌》，第 7 年第 10 期，第 126～127 頁；中國大事記補遺：《續記各省諮議局與行政官爭執事》，《東方雜誌》，第 7 年11 期，第 87 頁；中國大事記補遺：《三記各省諮議局與行政官爭執事》，《東方雜誌》，第 7 年 12 期，第 106 頁。

案外不列入總冊者對待方法。〔註 90〕聯合會所列條目幾乎涵蓋了諮議局與督撫衝突的所有方面。

福建諮議局即因閩浙總督拒不交議預算案之歲入，致使全體罷議；〔註 91〕順直諮議局則直接上書直督，陳請要求速將歲出入預算案交與局議，且在陳請書中有「抵死力爭，甚至提議停議」威脅。〔註 92〕天津《大公報》對順直諮議局在預算案核議過程中的表現，給予了全面追蹤和報導。〔註 93〕其它各省諮議局亦大多在基本接受原定預算的前提下，削減了一些明顯浮濫的開支給予認可的。即便如此，有的督撫不是抱怨「窒礙難行，實有不敷」，〔註 94〕就是堅持「不能照減」。〔註 95〕更有甚者，江蘇諮議局在討論江蘇寧屬預算案時，與兩江總督張人駿爭持不下，竟導致議員辭職以示抗議。〔註 96〕

清末地方督撫面臨著滿清親貴「集權」以及諮議局「爭權」的雙重擠壓，他們既不能與仍有強大慣性勢力的皇權相抗衡，又不能不對日益覺醒的地方紳權有所讓步，左右難以逢源的地方督撫，其權力空間被壓縮已是不爭的事實。

三、督撫聯銜抗爭

很多學人都已經關注到清末督撫聯銜會奏問題，追根溯源，這是因為在傳統的皇權體制下，地方督撫憑一己之力很難改變朝廷決策。故在同一問題上，有時各督撫單獨入奏之際，為擴大聲勢，督撫之間亦函電往返，商討聯銜會奏。

督撫聯銜會奏在清末成為了一種常態，初見端倪始於《馬關條約》的廢約問題。光緒二十一年（1895 年）春李鴻章與日本談判簽訂《馬關條約》之際，地方督撫始終給予關注。三月二十一日（4 月 15 日），李鴻章在春帆樓與

〔註 90〕 中國紀事：《諮議局聯合會對於各省督撫不交預算案之準備》，《國風報》，第 1 年第 25 期，第 1 頁。

〔註 91〕 中國大事記補遺：《續記各省諮議局與行政官爭執事》，《東方雜誌》，第 7 年第 11 期，第 87 頁。

〔註 92〕 本埠：《諮議局紀事》，《大公報》，1910 年 11 月 3 日。

〔註 93〕 《順直諮議局公佈文件・議決試辦宣統三年地方行政費歲出預算案、預算酌加裁減清折》，《大公報》，1910 年 12 月 30 日～1911 年 1 月 7 日。

〔註 94〕 軍機處・錄副奏摺：《浙江巡撫增韞奏》，宣統三年二月二十四日。

〔註 95〕 中國科學院歷史研究所第三所主編：《錫良遺稿》第 2 冊，北京：中華書局，1959 年，第 1326 頁。

〔註 96〕 朱批奏摺：《奏報江蘇諮議局辦理決議預算行政經費情形事》，宣統三年四月初九日。

日本人舉行了最後一次談判，定於二十三日簽字畫押。這一消息傳回國內，以張之洞、劉坤一、李秉衡、唐景崧等人爲代表的地方督撫立刻行動起來，紛紛電奏朝廷，反對和約。至四月初十日七省督撫聯銜會奏前，單獨入奏者有十一督撫，電奏計達二十二人次，〔註97〕儘管如此，仍不能挽回「聖聽」。四月初八日傳出光緒帝「鈐用御寶」批准和約的消息，督撫們無奈之下只得聯合起來作最後一博，希望能展期換約，以待時局發生對我有利之變化。四月初十日，由張之洞主稿，閩督邊寶泉、鄂撫譚繼洵、贛撫德馨、魯撫李秉衡、臺撫唐景崧、桂撫張聯桂等七省督撫聯銜會奏電發出，儘管此次督撫聯電會奏未能改變最終的結果，但在當時所造成的聲勢影響深遠。

　　1900 年庚子事件中的地方督撫大員，對朝廷「招團禦侮」決策感到困惑，其內心明顯表現出對朝廷決策的不認同甚至抗拒，遂廣泛採取聯銜會奏的方式表達了他們的主張。張之洞、劉坤一仍是其中的要角。義和團運動的爆發有其特定的歷史背景和社會原因，但構成義和團主體的是農民、手工業者、社會遊民等。地方督撫出於其階級本能，自然生出對義和團的一種反感，剿殺義和團也成爲督撫主張中的應有之義。督撫單獨入奏不計外，自光緒二十六年五月十九日（1900 年 6 月 15 日）至光緒二十七年十一月十六日（1901 年 12 月 26 日），督撫聯銜會奏達 25 次，僅光緒二十六年半年時間裏即有 19 次，十名以上督撫聯銜會奏者達六次之多，有 29 名督撫將軍捲入其中。聯銜會奏涉及問題有義和團剿撫、救護使臣、洋款停解、東南互保、議和、懲辦釀禍諸臣、和約、賠款等問題，〔註98〕這段時間督撫聯銜會奏的密度可以用空前絕後來形容，更成爲清末督撫效法的樣板。清末督撫聯銜會奏主要集中在以下幾個議題上。

1、國會與內閣

　　第一輪官制改革，由於清廷內部的權利紛爭，致使責任內閣制胎死腹中，最終生出一個四不像的「滿族內閣」。第二輪官制改革運行後，地方督撫借助當時朝野風行的預備立憲思潮，希望以責任內閣來抵制親貴過度集權。

　　吉撫陳昭常首倡責任內閣制。宣統二年（1910 年）二月陳昭常奏請裁

〔註97〕 賈小葉：《晚清大變局中督撫的歷史角色》，上海：上海書店出版社，2008 年，第 144～146 頁。

〔註98〕 可參閱苑書義、孫華峰、李秉新編：《張之洞全集》（石家莊：河北人民出版社，1998 年）中此一時期各地督撫函電稿件。

撤軍機處，設立責任內閣。他認為這是現政府「見信於民」的首要條件，並詳細解說了設立責任內閣的三大好處：政務系統可以分明，施政方針可以確定，政務之執行可以敏捷，最後陳言「願以設立責任內閣為請者，實因目擊時局之艱危日甚一日，非著手於政治之根本無以圖憲政之實行，非力求夫憲政之實行無以繫天下之人望。」〔註99〕隨即署理兩廣總督的袁樹勳從迎合親貴欲實行中央集權的角度出發，亦須設立責任內閣，及相應的監察機關——國會。〔註100〕

真正引發督撫們對責任內閣熱議的是四月御史趙炳麟「確定行政經費摺」和六月湖北布政使王乃徵的「籌備憲政酌分緩急摺」，朝廷諭令各督撫就此議覆。最先做出反應的是雲貴總督李經羲。他在奏摺中提出了籌備憲政應設立責任內閣的問題，設立內閣可以保證「政策統一，責任分明，一切無所隔閡，內不至徒以畛域之政見為牴觸之吹求，外不至違乎本省之所宜耗精力於應付，進行有序，綱領不紛，監督機關立於對待之地位，亦得因時成立，憲政或可完全期望。」〔註101〕

隨即李經羲把自己的意思委婉地通電轉達給各督撫，而這一時期在京城陛見的東三省總督錫良和鄂督瑞澂在議覆趙炳麟和王乃徵的摺子時，則開出了一個和李經羲大相徑庭的方子：「議者必謂我國家今已籌備立憲矣，政治兵力將欲求爭勝於各國矣。臣等愚見，則謂欲以政治兵力爭勝於各國，一時萬難倖勝，故上下內外今日種種之設施，俱非解決根本之論，尤屬緩不濟急。為今之計，惟有實行借債造路，可為我國第一救亡政策。」並展望十年之後鐵路盡通，「御中控外，勢增百倍，斯時採用各國行政之法，決無扞格難行之慮。」〔註102〕錫、瑞二督隨即也把自己的條陳通電給各督撫，堅持借款造路為籌備憲政「重要簡單辦法」。錫良之所以提出這樣的建議，是因為他所坐鎮的東三省日漸遭

〔註99〕 文件第一・奏牘：《吉撫陳昭常奏請設立責任內閣摺》，《東方雜誌》，第7年第3期，第33～36頁。

〔註100〕 文牘：《署粵督袁樹勳奏中央集權宜先有責任政府及監察機關摺》，《國風報》，第1年第13期，第11～16頁。（文件第一・奏牘：《署兩廣總督袁樹勳奏中央集權宜先有責任政府及監察機關摺》，《東方雜誌》，第7年第7期，第83頁。）

〔註101〕 文件第一・奏牘：《雲貴總督李經羲奏請設立責任內閣摺》，《東方雜誌》，第7年第7期，第88頁。

〔註102〕 錫良：《錫清弼制軍奏稿》，《近代中國史料叢刊續編》第11輯，臺北：文海出版社，1974年，第1204～1205頁。

到日俄兩國之攘奪利權，禍變日亟，他曾多次建議朝廷募借外債，修鐵路、辦實業、興墾殖，以圖抵制日俄的侵略，但都被朝廷敷衍過去，於是利用進京面聖的機會，聯合瑞澂再次提出，並藉希望得到各省督撫的支持。

對於錫良和瑞澂的借債造路救亡之論，很多督撫不以爲然。兩江總督張人駿與直隸總督陳夔龍明確表示反對，兩廣總督袁樹勳與山東巡撫孫寶琦則提出了更重要的責任內閣與國會問題。李經羲對此表示積極支持，八月十九日（9月22日）李在通電各省督撫時聲稱借債造路固然重要，「惟此等大計劃似非疆臣電函集議而成」，且借款造路「行之於未有內閣、國會之前，轉慮足以速禍」，故李經羲認爲「欲求籌備實際，非有國會內閣不可；欲救現行失著，非有國會內閣不可」。他還對袁樹勳所說的國會成立困難可先期組織內閣的提議進行了反駁，他認爲國會與內閣「二者如車兩輪，不可缺一。有內閣無國會，恐當國者非攬權營私，即延滯痿痺」。李經羲提議請錫良等主稿，各督撫聯銜入告。〔註103〕

然各督撫間意見並不甚統一，兩江總督張人駿以「民間久無政治思想」爲由，斷言開國會引發「舉國騷然」的後果，設內閣亦會起「蕭牆之禍」，故認爲主張閣會者「操切急進」，並用「參茸良藥，誤投適以殺人」的諷喻來表達自己的擔憂。〔註104〕陝甘總督長庚更是明確聲明，「祖宗成法萬不可廢」而電奏阻開國會、設內閣。〔註105〕直隸總督陳夔龍則以日本爲例，聲稱內閣與國會「宜循序漸進，非可一蹴而幾（成）」，依照中國目前情形，內閣與國會同時並舉「不啻治絲而先棼之」，所以陳夔龍建議先設立責任內閣，宣統五年後再召集國會，這樣內閣與國會「既收相輔爲用之功，復免淩節而施之弊。」〔註106〕陝西巡撫恩壽亦有同樣先設內閣後開國會的主張。山西巡撫丁寶銓則對內閣國會問題曾經一度搖擺，但最終還是投了贊成票。廣西巡撫張鳴岐起初不贊成「聯銜」會奏，提議「各省分奏」，因爲他認爲各督撫的政見「勢不

〔註103〕 記載第三：《各省督撫會商要政電》，《東方雜誌》，第 7 年第 10 期，第 271～
　　　　272 頁。
〔註104〕 記載第三：《中國時事匯錄》，《東方雜誌》，第 7 年第 10 期，第 276～277 頁；
　　　　《龐鴻書討論立憲電文》，中國科學院近代史研究所近代史資料編輯組：《近
　　　　代史資料》總 59 號，北京：中華書局，1985 年，第 46～47 頁。
〔註105〕 專電（電三），《申報》1910 年 11 月 2 日。
〔註106〕 文牘：《直督陳夔龍請先設立內閣電》，《國風報》，第 1 年第 27 期，第 21～
　　　　22 頁。

能於一疏之內包括靡遺，（且）往返商榷稽延時日」，〔註107〕不過最後還是與大多數督撫站到了一起。

　　經過一個多月的函電往返，九月二十三日（10 月 25 日），以東三省總督錫良、湖廣總督瑞澂領銜，18 位督撫將軍參與的聯銜會奏電達軍機處，就「設內閣、開國會」問題懇請代奏。〔註108〕這次會奏，當時合計 23 名地方督撫中，僅有 7 名督撫（直督陳夔龍、江督張人駿、川督趙爾巽、閩督松壽、甘督長庚、浙撫增韞、陝撫恩壽）沒有參與聯奏。實際上，在地方督撫聯銜入奏之前，各省諮議局發動民眾搞的第三次大規模國會請願活動也進行到高潮。請願代表甚至入京運動聯絡王公大臣，但由於清廷內部矛盾重重，對設內閣、開國會問題的態度並不甚明朗，且有先設內閣而緩開國會的傳聞。李經羲感到朝旨一發，更難挽回，便催促錫良於奉旨前再聯電續陳，以免被動，九月三十日（11 月 1 日）夜錫良又以各督撫的名義再次派發加急的聯銜會奏電，批駁了「先立內閣，遲至宣統五年乃行召集國會」的主張，仍然堅持「內閣、國會同時並舉」。〔註109〕這次電奏增加了閩浙總督松壽和四川總督趙爾巽，但刪去了張鳴岐、寶棻、廣福等人。

　　督撫的這兩次會奏，終於使得清廷於宣統二年十月三日（1910 年 11 月 4 日）下詔宣佈縮短預備立憲期限，定於宣統五年（1913 年）召開國會，並立即釐定官制，設立內閣。上諭中將此番變動完全歸功於各督撫的聯銜電奏：「此次縮短期限，係採取各督撫等奏章，又由王大臣等悉心謀議，請旨定奪，洵屬斟酌妥協，折衷至當，一應即作為確定年限，一經宣佈，萬不能再議更張。」〔註110〕

　　地方督撫之所以聯銜奏請速開國會設內閣，並非真正對國會與內閣情有獨鍾；而是因為時局日艱，軍政、民政受厄於財政窘困無一起色，然新崛起的親貴集團只知一味集權，督撫權力空間日益壓縮。為謀求解脫自身困境，

〔註107〕文牘：《各省督撫籌商國會內閣電》，《國風報》，第 1 年第 26 期，第 20 頁。

〔註108〕文牘：《各省督撫合辭請設內閣國會奏稿》，《國風報》第 1 年第 26 期，第 28～32 頁；緊要新聞：《各督撫請設內閣國會之章奏》，《申報》1910 年 11 月 2 日；中國大事記：《東方雜誌》，第 7 年第 11 期，第 151～156 頁。（說明：《國風報》督撫聯銜會奏記載有浙撫增韞。）

〔註109〕文牘：《各省督撫第二次聯銜奏請國會內閣同時設立電》，《國風報》，第 1 年第 27 期，第 22～24 頁。

〔註110〕第一歷史檔案館：《光緒宣統兩朝上諭檔》第 36 冊，桂林：廣西師範大學出版社，1996 年，第 377 頁。

維護既得利益，督撫聯銜奏請閣會進而成為表達自身政治訴求的一種策略。故時人則有如此之論：「此次縮改國會年限之動機，蓋有遠因、有近因焉。其遠因則因近年中央集權，事事掣督撫之肘，督撫之不慊於中央之所為非一日矣；中央、地方意見既分離，而各省督撫彼此同病，自易於結合，此遠因也。各省督撫既有結合之勢，而各省督撫中之翹出（楚）者，則有東督錫、鄂督瑞二公；瑞與度尚有姻婭之親，故對中央政府號敢言，錫則身受東省之禍變，大有不堪終日之勢；而機會恰至，二督同時入覲，乃合謀國是，倡借債之議，通電於各省，以徵意見；各省督撫既受度支部之牽掣，日苦無方，驟聞此論，而又重以錫瑞二公號稱最開明、最有力者之所倡，則雖有或慮其議之不行，然動機自此發矣；於是因謀借債而防流弊，因防流弊而思及國會、內閣之不可緩，及其結果乃捨借債之問題而有聯合電請速開國會之舉；請願代表從而援之於下，資政院同時具奏，而此事乃告成熟，此其近因也。」〔註111〕

2、外官制改革

內外環境、加之朝廷內部的派系紛爭成就了督撫閣會會奏，這無疑也變相刺激了地方督撫的政治熱情。在第二輪官制改革問題上，樞府的各位大佬以「建官設職謂君主大權，非臣下所能干預」為由，原不擬督撫們與聞，「惟俟奏定後請旨頒行」而已。〔註112〕

然官制改革朝野上下都非常關注，且按照修正籌備清單，宣統二年（1910年）應頒佈內外官制方案，翌年進入施行階段。時間接近年末歲尾，各種版本的改制方案漸漸有流傳到社會上，宣統二年十月二十七日（1910年11月28日）《申報》披露了一條官制改革草案信息：各省督撫名稱一律改稱巡撫，其藩臬兩司、鹽巡兩道全行裁撤，改為度支、提法、鹽運、民政等各使；各省已經試行新官之者，即行分別裁併辦理；其有尚未設齊新官制之省分，先於各巡撫衙門中設科辦事；同城州縣則一律裁撤，以期使全專一，得以趕辦籌備各政，日內即將具奏施行。〔註113〕裁督置撫，目的在於降低督撫品級，把督撫完全轉換成地方行政長官，接受閣部領導，這樣的方案早就有過議論，只是難度太大曾予以擱置，這次又舊事重提，樞府似乎真的要下決心實施了。

〔註111〕論說：《籌備憲政問題》，《東方雜誌》，第7年第11期，第278～279頁。

〔註112〕要聞：《外官制爭端之開幕》，《大公報》1911年1月10日；要聞：《樞臣中央集權之政見》，《大公報》1911年1月14日。

〔註113〕緊要新聞一：《內外新官制擬定草案》，《申報》1910年11月28日。

　　宣統二年十一月十四日（1910 年 12 月 15 日）直隸總督陳夔龍《釐定直省官制敬陳管見摺》中即表示：「今日之弊，各省對於中央，病在情形壅隔，必使督撫預聞乎閣議，斯法令利於推行而政策亦歸於畫一。」〔註 114〕言外之意，沒有督撫認可，官制改革只能停留在議案程度上。而浙江巡撫增韞在《奏陳新內閣事宜》的電奏中更是明確表示：各省督撫宜加入國務大臣，〔註 115〕不願成為閣部僚屬的意願也很強烈。鑒於督撫和樞臣在外官制改革方面存有重大分歧，清廷只好下令要求各省督撫「請即各抒己見……以憑查核。」〔註 116〕

　　督撫們在討論外官制改革方案時，又是利用同樣的手法，先私底下函電商詢，最後再聯銜會奏，利用督撫聯合的強大壓力迫使朝廷來接受自己的主張，或部份採納自己的主張。

　　這次活動的發起人仍然是雲貴總督李經羲。宣統二年（1910 年）十月下旬，李經羲擬定了一份「內外統籌」的三級官制草案，電致東督錫良及各省督撫，仍有聯銜會奏的提議。很快鄂督覆電表示願意附名，並仍請滇督主稿，「寄由清帥拜發」。李經羲三級官制的具體設想：第一級為內閣與各部，其權責在計劃國務，統一政綱；第二級為督撫，其權責在秉承內閣計劃，主決本省行政事務；第三級為府廳州縣，各治一邑，不相統轄，其權責在稟承督撫命令，整理本屬行政。三級官制雖然使得督撫名義上完全轉換為地方行政長官，但其權力並沒有削弱，一省之行政得失，督撫負完全責任，各司對於督撫分事負責，各司由督撫辟薦用捨，府廳州縣之進退亦決於督撫。

　　李經羲的官制草案引發了各督撫的熱議，直督陳夔龍以「（直隸）行政區域分隸熱河、順天，與各省情形微有不同，尚擬妥籌改制良法，具疏入告」為詞拒絕聯銜會奏。陝西巡撫恩壽也以該省「地瘠民貧，擬另疏陳請」為由予以拒絕。〔註 117〕其它大多數督撫則是在表示贊同的同時，提出了一些補充意見，主要還是圍繞督撫的地位、許可權等問題展開討論，甚至在某些枝節問題上彼此還發生了爭議。在這場電報戰中，錫良一度灰心，曾致電滇督、

〔註 114〕陳夔龍：《奏為釐定直省官制敬請管見事》宣統二年十一月十四日（錄副奏摺），故宮博物院明清檔案館：《清末籌備立憲檔案史料》上冊，北京：中華書局，1979 年，第 545～547 頁。
〔註 115〕專電（電一），《申報》1910 年 12 月 13 日。
〔註 116〕《改訂外省省製辦法》，《盛京時報》1911 年 1 月 6 日。
〔註 117〕函電類，《浙江官報》宣統二年，第 9 期，第 8 頁；函電類，《浙江官報》宣統二年，第 10 期，第 11 頁。

鄂督表示放棄聯奏，讓督撫們「各自陳奏」，鄂督瑞澂覆電中則力主「聯奏」，他認為當下中央集權，督撫權力日漸縮小，「似與國勢未洽」，督撫為維權需要，更應統一行動。經過月餘的函電往返，十二月初八日（1911 年 1 月 8 日）有李經羲主稿，綜合各方面意見，再次由錫良領銜的 15 位督撫聯名會奏電上達軍機處，懇請代奏。

實際上，根據東督錫良十一月十三日轉發給黑龍江巡撫周樹模的元電，可以看出督撫之間在某些問題上的分歧，實際上也是督撫斤斤計較的利益之所在。

國務大臣問題：這是官制改革中比較棘手的問題，清制督撫本帶有國務大臣性質，故有部份督撫不願放棄既得權益，極力主張保留該項特權者，如吉林巡撫陳昭常、山西巡撫丁寶銓、浙江巡撫增韞等；當然也有一些督撫從立憲的原則出發，堅持督撫必屬地方行政長官，不應入國務大臣之列，如兩廣總督張鳴岐、湖南巡撫楊文鼎等。然最後會奏電中沒有把督撫列入國務大臣，應當說符合憲政精神。不過，在以後的官制改革中雙方就這項爭論並沒有徹底結束，就在皇族內閣成立前後，仍未有定義，《申報》中曾有披露：「閣制未發表以前，樞府諸大臣對於各省督撫應否列入國務大臣問題迭議不決；茲聞十三、十四兩日，各部院大臣在舊軍機處仍開會議，某樞相建議謂舊日各省督撫均加有尚書侍郎銜，今官制既改，若將各省督撫屏之國務大臣之外，恐內外不能聯絡。惟查各國閣制無此辦法，吾國情形與東西洋不同，不能不變通辦理，請將各督撫賞加國務大臣銜，既可不負連帶之責任，又得調和內外之意見，各大臣均極贊成，惟須取決慶總理方可定議。」〔註118〕

司法權問題：各督撫原則上同意司法獨立，所爭者時下督撫手中所掌控的「就地正法」權。「就地正法」原本是中央政府臨時授權督撫所行使的一種權力，但太平軍興之後，臨時授權漸漸演化成一種常態，清末司法改革之際曾議收回，但地方督撫大多以靖亂為由強力堅持。這次官制改革討論時，為爭取保有手中的這項權力，有督撫建議變通說法，把該項權力歸結為軍事範圍以符憲政精神；錫良自己總結時亦云審判自係獨立，若地方有司法行政事務，必於經費有關，督撫亦難放棄不理。

外交權問題：山東巡撫孫寶琦謂督撫對於外交應負完全之責任。吉林巡撫陳昭常則謂一省外交，督撫得直接受君主之委任，行其職務。兩廣總督張鳴岐

〔註118〕緊要新聞一：《內閣與弼德院》，《申報》1911 年 5 月 17 日。

堅持外交應集權中央。而湖南巡撫楊文鼎稱各省交涉皆係外人私相糾葛，將來法律改良，仍屬內務行政。意見如此分歧，故在會奏中進行了分類說明。

軍事權問題：各督撫對軍事權爭議尤甚。孫寶琦、陳昭常主張與外交同；而楊文鼎適與之反。張鳴岐對各督撫的爭議簡而言之，謂各省所爭非國防之新軍，乃省防之巡防隊，故防軍權責宜專歸督撫，新軍權責可直接中央。清廷限於中央財力把編練新軍的任務交給地方督撫，又想坐享其成，欲將指揮權收歸中央，地方督撫抱著不爲他人做嫁衣的心態，對編練新軍事宜暗中拖延，亦自在情理之中。就巡防隊而言，其本身存在即是一時「權宜之計」，在清政府的規劃中巡防隊也在裁撤之列，然地方督撫對巡防隊往往以「靖亂」爲藉口，要求緩裁、少裁，至武昌「兵變」，地方督撫又紛紛奏請招募防營，這樣迫使清廷不得不下令：各省防軍「一律暫免裁減」。〔註119〕不過仍有督撫對於新軍權力完全放棄耿耿於懷，在會奏中要求恢復「兼銜」制度即是明證。

地方各司主管事務應否直接京部，以及各司應否由督撫酌薦問題：這涉及到地方與中央爭奪用人權的關鍵所在。既然官制改革中裁撤督撫不具備現實操作性，那麼樞臣所設想的通過設立度支、提學、提法、巡警、勸業、交涉等司（道）分督撫權力、架空督撫以達到集權目的，當不失爲一個理想的辦法。李經羲洞澈時局，在官制草案中明確表態，各司應對督撫分事負責，督撫應當保有對各司的辟薦用捨之權。聯銜會奏中基本上沿用了李督的主旨，直接官治可由京部自辦，其餘間接官治，地方官治，皆爲外省之事，間接官治雖屬於京部委任地方辦理者，亦應督撫一人負責，無庸各司直接京部，這是督撫對各部借假中央集權名義插手地方事務的強烈反彈。至於各司之辟薦用捨，黑龍江巡撫周樹模認爲李經羲的倡言恐有受集權派攻擊「把持用人」的嫌疑，主張改爲預保，浙江巡撫增韞也表示各司「宜預保資格，皆防政府之疑阻」。當然大多數督撫對李經羲的主張給予了支持和認可，皆謂各司既爲督撫分負責任，則進退之權應歸督撫；若與內閣共之，恐政出多門，事權不一，仍有隔閡牽制之弊；況中國幅地遼闊，交通不便，若事事直接京部，萬里請命，妨礙良多。這在當時樞府只知爭權，遇事推諉的情形下，誠不易之論。

〔註119〕第一歷史檔案館：《光緒宣統兩朝上諭檔》第37冊，桂林：廣西師範大學出版社，1996年，第256～257頁。

　　當然地方督撫爲了掌控各司用人實際事權，還會以種種藉口不令部派司員赴任，如直隸巡警道舒鴻儀、湖北巡警道全玉如均由部簡派，直隸總督陳夔龍以該道迭經順直諮議局彈劾「諷令他去」，迫使舒道不得已請假回籍，陳督在奏報中則稱舒道「不洽輿情」，故另派員署理；而湖廣總督瑞澂對「在京辦理警務有年」的全道則以「不熟情形」爲由不令上任，〔註 120〕更見地方督撫與中央各部對立情形。雲貴總督李經羲還曾以「爲地擇人」的理由，因雲南迤西道、提法使究竟由魏家驊、沈曾桐二人誰補署更爲合適與閣部發生爭執。〔註 121〕

　　十二月初八日的聯銜會奏稿中主旨採滇督的三級官制思想，惟特別提出解釋說明者外交、軍事兩項：外交視情況不同分爲三類，「外交事件其純係乎外人私權上之利益者，固爲該管督撫之責；其關乎國權及私權上利益而涉及國權者，應由京部主決負責；如京部因辦事上之便利，指定事件委託督撫（者），督撫亦應於委託各部分對部負責。」軍事許可權主要涉及新軍與（巡）防軍，新軍因有國防性質，「權責可直接中央」，而防軍目前實所以代地方巡警之用，故「權責宜專歸督撫」；不過督撫們對新軍並沒有完全放棄，仍想染指，所以請求「仍帶兼銜，俾得節制調遣，以備變起非常，因機應付」。除了外交、軍事外，會奏中還根據個別督撫的建議加進「邊省」與「腹省」情形有異，其組織外交、財政、軍事、司法各權「均宜酌量加重」的請求。最後懇請「欽派督撫數員」能夠參與官制編訂工作。〔註 122〕聯銜電奏兩天後，各省督撫收到軍機處寄電：「奉旨：錫良等電奏，釐定官制宜內外統籌，分爲三級，及現有巡防軍隊斷難裁減等語。著該衙門知道，欽此。」〔註 123〕緊接著十二月十三日又明發上諭：著派錫良、陳夔龍、張人駿、瑞澂會同憲政編查館王大臣悉心參酌釐訂外省官制，遇有緊要節目，隨時電商。〔註 124〕地方督撫能廁身與聞第二輪官制改革，表明朝廷已經對內輕外重的局面給予了默認，同時也把官制改革的部份主導權出讓給了地方督撫。

〔註 120〕緊要新聞一：《部簡警道外省無權撤換》，《申報》1911 年 1 月 12 日。

〔註 121〕要聞：《李經羲爲地擇人之聲請》，《大公報》1911 年 8 月 4 日；緊要新聞一：《滇中司道竟無一可用耶》，《申報》1911 年 8 月 10 日。

〔註 122〕文牘：《各督撫會陳改訂官制原奏》，《國風報》第 2 年第 3 期，第 1～4 頁；《清末籌備立憲檔案史料補遺》，《歷史檔案》1993 年第 3 期，第 61～62 頁。

〔註 123〕《清末籌備立憲檔案史料補遺》，《歷史檔案》1993 年第 3 期，第 63 頁。

〔註 124〕第一歷史檔案館：《光緒宣統兩朝上諭檔》第 36 冊，桂林：廣西師範大學出版社，1996 年，第 524 頁。

地方督撫參與部份官制改革決定作出後，社會上很快即流傳出有關四督參與官制改革的傳聞：「監國意見原擬各省督撫一律參預，嗣由那（桐）相國建言，此事朝廷既爲慎重官制起見，只有一二人參預已可，若均許其置喙，則築室道謀，無所折衷，轉滋糾葛，……各樞臣以爲然，決定於錫（良）督、瑞（澂）督入保，其後陳（夔龍）督係慶邸所添，江督（張人駿）係監國所派，逐明降諭旨云。」〔註125〕傳聞未必確眞，但無疑眞實地映襯出時人對朝局的一種深刻認知，原本安排的錫督、瑞督都是滿人，當時盛行的「滿排漢」自然可以得到印證，而隨後雲貴總督李經羲「預聞」外官制就更暴露了樞臣與疆臣之間的隔閡與衝突，據聞：「監國本擬將李督一併簡派，惟某相國與該督意見不愜，力稱此事毋庸多人參議，轉致紛擾，逐將該督撤下，殆日前錫、瑞兩督電奏呈進，立即批准，並未與各樞臣會商。並聞監國曾諭某相國云：『時局如此，嗣後辦事務當破除成見，勿互生疑嫉。』」〔註126〕

五督參與外官制已見諸於上諭，屬於「分內之事」，但五督並不僅僅滿足於此。宣統三年初春，當內閣官制草案風聞有議定訊息時，五督竟聯銜電請將草案大綱詳示，電中有云：「良等奉命會商外省官制，於閣部草案本不應有所參預，惟閣部制度對於各省關係實爲改訂外省官制之權輿，是以良等上年會奏內有內閣官制不能與各部分而爲二，且不能與外省各別獨立等語。竊以督撫秉承內閣因有一定辦法，惟對於各部之關係未知若何規定，良等推論此事當就國務與各省行政分別觀之，國務爲統籌全國計劃，內閣權責所在，自應力謀統一，各省行政但使不背內閣政綱，因時因地應由督撫主決。上年會奏案內亦曾與閣部及督撫權責詳析聲明在案，若邊遠督撫似宜更有特別之規定。倘蒙將草案大綱全行詳示，設有一得之見，謹當隨時陳述，用備採擇。」〔註127〕五督要求「與聞閣議」，表現出在維權過程中的積極進取意識。

五督在官制改革過程中，曾因督撫專摺奏事權被剝奪與樞府發生過爭執。清制：督撫均有專摺奏事權力，這在皇權體制下是督撫享有的一種特權，

〔註125〕要聞：《四督參預外官制之續聞》，《大公報》1911 年 1 月 17 日。

〔註126〕要聞：《添派李督參預外官制之曲折》，《大公報》1911 年 1 月 21 日。

〔註127〕要聞：《五督要求參預閣部官制之原電》，《大公報》1911 年 5 月 10 日；緊要新聞一：《五督要求參預閣部官制原電》，《申報》1911 年 5 月 16 日；中國紀事：《五督爲閣部與直省權責致憲政館電》，《國風報》第 2 年第 8 期，第 5 頁。

也表現出一種榮譽。新官制議定草案中規定：督撫除請安、請訓及特旨召見外，其餘關於國務之陳述應先商明內閣大臣，或主管各該王大臣會同入對；關於國務陳奏事件，除依內閣官制規定外，向例准專摺奏事者，應具摺交內閣代呈。五督對此頗多辯論：「我國督撫萬不能擬諸日本府縣，若事事秉承中央各部命令，而無上奏之權，微論上下情形揆阻，且各部辦事迂闊，緩不濟急；若剝奪上奏之權，是自束縛其手足也。」〔註 128〕五督力爭換回的結果是：「除緊急軍務並他項重要政事不及會閣代遞之摺電等件准由各疆臣自行具奏外，其餘例行公務各摺仍歸內閣代遞，惟自行具奏之摺電一面入告外，仍應隨時電咨內閣。」〔註 129〕鬥爭再次以妥協的形式而告以結束。

官制改革本身既要解決權力鬥爭上衝突，又要蕩滌舊觀念上的束縛，「內外相維」之分權制衡機制，本身即是爲了維護專制皇權而服務的，機構重疊、職能混淆才便於皇帝專權；然三權分立之憲政精髓乃是爲防止專制，提高行政效率而設計。地方督撫們既不願失去舊制度中皇權代表和國家政務官的雙重身份與利益，又想要追求享有憲政制度下地方長官的實惠；而載澧集團等新權貴僅襲得西方立憲思想之皮毛，改革只成爲他們意欲集權的藉口，加之載澧集團內部亦是派別林立，改革過程中不同既得利益集團各懷鬼胎，將本應有益於社會進步的改革，演變成爭權奪利的鬧劇，地方督撫們的聯銜會奏一定程度上維護了自己既得權利。

3、行政公費案

伴隨著官制改革的風雲，地方督撫在與朝廷的角力中，聯銜電爭公費案也成爲時人關注的焦點。

事件起因緣於宣統二年核減各省宣統三年預算案時，因入不敷出甚巨，資政院對各省冊表中所列歲出專案大加削減，這其中涉及到各省行政經費，即督撫爭議中的各官公費。督撫因爲預算案削減過甚與資政院發生爭議，其後就資政院核減各官公費一事以一道上諭「著俟編定官俸章程時，候旨實行」結案。〔註 130〕不久，京外各官行政公費，方案曝光，督撫們認爲司道以下各科員等公費削減過甚，爲此又公推東督錫良領銜電爭：「查各

〔註 128〕緊要新聞一：《五督抗爭上奏權》，《申報》1911 年 5 月 4 日。
〔註 129〕要聞：《外官制疆臣奏事權之議定》，《大公報》1911 年 5 月 16 日。
〔註 130〕第一歷史檔案館：《光緒宣統兩朝上諭檔》第 36 冊，桂林：廣西師範大學出版社，1996 年，第 556 頁。

省裁員裁薪，業經數次送部，預算表冊力求核實。復奉部飭核減若干，已屬竭蹶萬分，勉為其難，資政院又於經部核減之款大加芟削。其關於他項經費，雖減無可減，總當勉遵去年十二月十八日諭，極力減削，惟於各官公費萬難遵照。查司道等官，少者數千，多者一萬，現新政方促進行，而使行政官日有竭蹶虧累之患，似匪所宜，恐流弊所至，賢者引退，不肖者設法取盈，關於吏治民生尤非淺鮮。至督撫司道處科員類，皆所延聘宿學名幕以資助理，該員等既無職守可言，又無調劑可期，並有情甘淡泊，即保舉虛榮，亦有不願者，是以非薪俸優厚實難維繫。今不分等級，督撫司道科長蓋以八十兩依次遞減，恐願就者或濫竽充數或藉端招搖，轉損無益……督撫無法搜羅人才，政治必大受影響……前經部咨奏定維持預算案內開，部與各省商定核減之款不得翻異等因。經部核定之款自不宜翻異，而今部定院減且屬必不可減者，亦即不能強從。」〔註131〕很快又是以上諭的形式終結了爭執：「各省各官公費暫照部定預算數目辦理。」〔註132〕這樣算是給督撫們的「電爭」有了一個交待。

不數日又扯出督撫公費爭議的話題，原始導火索在於東督錫良為爭執預算案時，曾電度支部傾訴，認為資政院核減行政公費過甚，窒礙難行，力請維持，但其中有云「總督公費尚可照減」。度支部即以錫良該電奏作為核減各督撫公費的依據，「官員公費，此次各省電奏，第言司道以下，而督撫公費並未提及，是否業已商定均照錫良上年十二月二十五日來電，謂該督公費可照資政院覆減之數辦理，應請飭下奏明立案。」資政院核減數目與度支部奏定章程中督撫公費出入甚巨。以總督為例，度部奏定章程總督公費四千兩（四萬兩），照九成支領，每年共銀三萬六千兩，而資政院核減後，總督分繁、簡任，繁任歲支銀二萬四千兩，簡任二萬兩。

兩者的出入超出了督撫們的心理承受範圍。湖廣總督瑞澂首先發難，稱「奉省總督公費照資政院核減之數辦理，此該督一人之見，並未互商。蓋各省情形不同，繁簡各異，自不能強使從同，……合我國二十二行省，督撫公費即令全行照減，綜計不過省銀三四十萬，曾何裨於預算不敷毫末。而種種弊端因緣以生，……惟念此事無益於民生，有害於吏治，所關甚巨，安忍緘

〔註131〕 中國紀事：《各督撫反對外官公費》，《國風報》，第2年第3期，第1～2頁；緊要新聞一：《各督撫反對公費原電》，《申報》1911年3月17日。

〔註132〕 上諭：《申報》，1911年3月25日。

口不言。況似此辦理，如遇廉潔自持尚能力行節儉，勉效前賢；設遇不肖者，轉多藉口，勢必設法取盈，後患更不堪設想。」〔註133〕東督錫良急急忙忙電奏解釋：司道以下各員公費只因資政院冊表內「削減過甚，實於用人行政竭蹶滋多，各省情形相同自不能不聯銜聲請，以備憲政編查館編定官俸時參酌辦理，庶異日不致同一為難，此係為大局起見。其督撫公費原未計及，是以未經互商，即上年電部照減之議，亦係良個人之見。現經接准部文督撫公費應奏明立案，所有東三省總督公費良任內自接到部文之日起，查照資政院核減之數辦理，至各省督撫公費曾否電部認減，無從懸揣，當由各督撫自行斟酌情形，分別奏咨立案。」〔註134〕

　　隨即各督撫之間函電商討如何應對，兩江總督張人駿認為瑞澂未免過於緊張，小題大做，因為「錫制臺所論公費可減之說亦只發議之詞，並非決議之語」，且督撫公費曾奉有「各省各官公費著暫照部定預算數目辦理」之上諭做保證，不妨靜觀其變。然江蘇巡撫程德全另有解釋：前次各督撫聯銜電爭公費時，督撫公費「未經議及，職是之故，部奏轉以為各省督撫默認院議，請飭奏明理案，前奉諭旨轉覺無所適從，各省情形不同，自當據實奏明」。山東巡撫孫寶琦雖表示支持江督的說法，但仍願意「請安帥挈銜陳復以維全案」。各督撫間既見函電往來，也有督撫直接電部質問者，很快朝廷再降諭旨「各省督撫公費著暫照部定豫算數目辦理」。〔註135〕

　　清末督撫聯銜會奏是地方與中央爭權奪利的一種表現形式，地方督撫在與載灃親貴集團政爭的過程中，往往以一己之力當各部要衝，實是力有不殆，同時鑒於親貴集權，事事掣肘，「督撫不慊於中央之所為非一日矣，中央地方意見既分離，而各省督撫彼此同病，自易於結合。」〔註136〕故清末督撫對政務通過函電往商，彼此溝通，最終做到求同存異，形成聯銜會奏，迫使朝廷讓步。

　　聯銜會奏大到內閣、國會、官制，小到公費、會計年度等，甚至在一些無關緊要、非全局性的議題上，督撫們也會採用這種方式，如片馬問題，雲

〔註133〕緊要新聞一：《瑞制軍力爭總督公費》，《申報》1911 年 4 月 15 日；湖北：《力爭公費之電奏》，《大公報》1911 年 4 月 15 日。

〔註134〕錫良：《錫清弼制軍奏稿》，《近代中國史料叢刊續編》第 11 輯，臺北：文海出版社，1974 年，第 1291～1292 頁。

〔註135〕第一歷史檔案館：《清實錄‧附宣統政紀》第 60 冊，北京：中華書局，1987 年，第 899 頁。

〔註136〕論說：《籌備憲政問題》，《東方雜誌》，第 7 年第 11 期，第 278 頁。

貴總督李經義指責外部敷衍塞責，而外部亦因爲李經義態度過於強硬，指責他遇事「張惶」，雙方發生爭執，李經義爲尋求聲援，即電致各督撫通告片馬事態。〔註137〕各督撫聲氣相同紛紛電陳片馬交涉意見，向政府變相施加壓力，甚至當樞府爲了實現妥協外交欲撤換李經義時，各督撫亦紛紛爲其說項，致使樞府不敢輕易李督。

　　清末督撫身處窘境，既要應對惡化之時局，還要與親貴集團勾心鬥角，不少督撫對官場產生了倦怠之情，請辭之聲不絕於耳。在督撫閣會聯銜會奏之後即曾廷寄各督撫「值此時事多艱，尤應振刷精神，力圖報稱，更不得託故辭官，希圖諉卸。」〔註138〕然進入宣統三年之後，督撫們請辭者日甚一日，東督錫良竟至三請四請，去志甚堅。清廷對此相當惱火，於宣統三年三月十三日（1911 年 4 月 11 日）發佈上諭對督撫給予警告：「乃近來京外大臣，動輒託詞請假，幾於無日無之，甚有一再續請者，殊屬不成事體。……倘再有託故請假，藉圖安逸者，一經查出，定即嚴行懲處。」〔註139〕《大公報》曾對此現象作過一番評論：「近來疆臣奏請開缺者時有所聞，非曰財政困難，即曰外交棘手，而其所藉爲口實者，一歸之於病。夫財政困難，貧也，非病也；外交棘手，怕也，亦非病也。假令朝廷准如所請，公等之計固得，公等之病自愈。然試問內外臣工，謀作疆臣者誠多，誰是能經畫困難之財政，辦理棘手之外交而不病者乎？」〔註140〕

　　內外交困，無所展布，這就是身處改革困境中清末督撫的真實寫照。宣統三年（1911 年）四月初十日皇族內閣成立，親貴集團蔑視民瘼，甚至對地方督撫的反對之聲也置若罔聞，硬是把自己推倒了眾叛親離的境地，正如市古宙三教授所言，任命皇族內閣是清廷在行將崩潰時的「最後一個孤注一擲的行動」。〔註141〕

〔註137〕緊要新聞一：《滇督因英兵入界事致各省督撫電》，《申報》1911 年 2 月 17 日；雲南：《滇督關於界務交涉諮商各督撫電》，《大公報》1911 年 2 月 27 日。

〔註138〕緊要新聞一：《廷寄不許疆臣乞退》，《申報》1911 年 1 月 7 日。

〔註139〕第一歷史檔案館：《光緒宣統兩朝上諭檔》第 37 冊，桂林：廣西師範大學出版社，1996 年，第 63 頁；第一歷史檔案館：《清實錄・附宣統政紀》第 60 冊，北京：中華書局，1987 年，第 906 頁。

〔註140〕閒評一：《大公報》1910 年 9 月 1 日。

〔註141〕費正清、劉廣京：《劍橋中國晚清史》下卷，北京：中國社會科學出版社，1993 年，第 457 頁。

第二章　武昌起義後各省督撫應變之舉措

　　在辛亥革命的著述中，凡提及變局中的督撫，無不譏諷他們心無鬥志、潰逃成風，輕易地將大清王朝拱手讓人。督撫作爲王朝統治的中堅力量，其地位、出身決定了他們不可能成爲自覺的「革命者」。實際上，武昌起義爆發後，地方督撫均積極行動起來，爲朝廷「剿撫變亂」建言獻策；江蘇巡撫程德全、山東巡撫孫寶琦等還從政治高度立論，爲朝廷「弭亂」，奔走呼籲，且不論他們的建議有沒有實施的空間或操作性，他們所表露出來的維護王朝統治較爲積極的心態是顯而易見的。與此同時，各地方大員還竭盡所能爲保境安民籌謀應變舉措，爲朝廷固守疆域，履行督撫應盡之職責。

第一節　督撫的政治取向及處置建議

　　1911 年 10 月 10 日（宣統三年八月十九日）武昌起義，在清官方檔案裏對該事件大多以「武昌兵變」或「鄂亂」稱之。從清廷的詞彙用語中也可以看出，官方起初只是把武昌起義當作地方突發性事件來看待或處理的。事變發生後，各地督撫大多也是從應變角度採取對策，能夠站在全局高度，審視事態發展的督撫僅有一二。

一、督撫對突發事變的應對措施及建議

　　武昌「兵變」後，湖廣總督瑞澂即刻向鄰近的河南巡撫寶棻、湖南巡撫

余誠格、江西巡撫馮汝騤三人致電求援。從瑞澂發給寶棻的告急求援電報中可以得知，八月十九日夜亥（夜21～23時）刻，即「兵變」發生不久，瑞澂就向外界發出了求援的告急電。寶棻於二十日子（夜23～1時）初接到該電，二十日巳（9～11時）刻寶棻又接到瑞澂十九日晚的告急「續電」。其時瑞澂已逃離武昌（瑞澂出逃時間為二十日凌晨2時左右），登上了楚豫兵艦，「仍乞派兵速援」。〔註1〕湘撫亦得到瑞澂十九日夜的兩封告急求援電，〔註2〕估計瑞澂的兩封求援告急電應該同時也發給了贛撫。

三位巡撫接電後，都派出了赴鄂援軍。河南援軍最早到達，據統帶官張錫元報告，河南援軍五十八標第三營二十日出發，二十一日（10月12日）凌晨三時抵達灄口，經請示後駐漢口劉家廟，保護車站。隨後到達的援軍是湖南方面的巡防隊兩營。〔註3〕江西方面援軍本擬由水路乘輪赴援，因輪船不便，又擬改陸路進發，後得知漢口、漢陽相繼失陷，漢陽兵工廠不保，援軍槍械成為「畫餅」，不得已滯留九江。〔註4〕

其它督撫直接得自瑞澂電告者，如直隸總督陳夔龍、兩江總督張人駿、東三省總督趙爾巽以及安徽巡撫朱家寶，即瑞澂二十日所發之「號電」是也。除此之外，各地督撫多由清廷二十一日電寄密諭中被告知武昌新軍發生了「兵變」事件。

清末地方督撫在聯銜會奏過程中，形成了就某一重大事件彼此電商機制。武昌「兵變」後這一機制又被調動起來，成為地方督撫間訊息溝通的平臺。如閩浙總督松壽得知武昌變亂消息後，於二十二日（10月13日）致電江督張人駿：「武昌警耗，現在情形如何？貴省如探有確信，望速示為盼。壽。養。」〔註5〕江西巡撫馮汝騤由於地緣關係，二十一日後亦迭次接獲鄰省督撫

〔註1〕 中國科學院歷史研究所第三所：《近代史資料》總第1號，北京：科學出版社，1954年，第57頁。

〔註2〕 湖南巡撫余誠格致內閣總協理大臣請代奏電，宣統三年八月二十日（1911年10月11日），外務部收電薄。

〔註3〕 《張錫元關於在劉家廟反撲武漢戰敗情形報告》，中國第二歷史檔案館：《中華民國史檔案資料彙編》第1輯，南京：江蘇人民出版社，1979年，第180～181頁。

〔註4〕 江西巡撫馮汝騤致內閣總協理大臣請代奏電，宣統三年八月二十三日（1911年10月14日），外務部收電薄。

〔註5〕 《兩江總督張人駿辛亥電檔選輯》，《歷史檔案》，1981年第3期，第34頁。（該期《歷史檔案》收錄的「兩江總督張人駿辛亥電檔選輯」披露了大量督撫間關於「鄂亂」問題進行咨詢或商討的電報文檔。）

咨詢「鄂耗」之電報，馮撫「均已按次覆電」。〔註6〕後因鄂亂各地謠言四起，清廷遂於二十四日諭令各省督撫實行「每日報告制度」，無事即報平安。宣統三年八月三十日（10 月 21 日）的《申報》刊發一組官電「蘇撫接各處電」，其中涉及六位督撫，他們的電文或通報情況或只是簡單的「報安」而已。〔註7〕可見督撫在電告清廷的同時，彼此也頻繁地進行訊息交換。

　　地方督撫雖然意識到武昌兵變的危害，但大多數沒有想到這竟然是壓跨駱駝的最後一根稻草。除卻豫、湘、贛有派兵動作外，還有一些督撫從臨事應變的角度給出了自己的建言。

　　直隸總督陳夔龍因地緣關係，得到武昌兵變消息較早，按照他自己的說法，他認為武昌兵變之新軍「係烏合之眾」，如能迅速厚集兵力，乘「叛兵」人心未定之際，當收復不難。他在向清內閣代奏電中極力保舉「計時已在鄂中」的「川督」岑春煊，「督率南湖一帶各軍，並漢口駐紮軍隊」，加上現駐保陽之陸軍第二鎮一協全部迅速南下，即可收功，可惜「樞府不報也」。〔註8〕蟄居河南彰德的袁世凱於八月二十三日（10 月 14 日）被起用任命為湖廣總督，估計陳夔龍的這次奏請當在袁世凱被任命鄂督的上諭頒佈之前，只是由於陳夔龍保薦的岑春煊與樞府理想的人選袁世凱不一致，故「樞府不報」。八月二十九日（10 月 20 日），陳夔龍再次電奏陳述自己關於武昌用兵的建議，此時漢口、漢陽已相繼失陷，清廷組建的派赴湖北「剿叛」的第一軍也已抵達漢陽附近，陳夔龍依然認為「鄂省叛兵，勢同烏合，一聞大軍南下，必致動搖，自非拼死之亡命之徒可比。」因此，第一軍應「以迅雷不及掩耳之勢，驅逐漢口叛黨，一面分派軍隊規復漢陽……據有根據之地，即行渡江，合圍武昌，則匪勢挫，匪膽必寒，各處人心，不難大定。」所慮者，「匪黨」上擾下竄，「比年以來，水火頻繁，饑民土匪，所在皆是」，故「切膚之患，不在武漢，而在各省蔓延。為今之計，一面急圖武漢，一面厚集兵力，待機因應」。武漢方面，應以新任湖廣總督袁世凱全權負責，督率剿撫事宜的陸軍大臣蔭昌「責在統籌全局，為全國人心所繫，似應居中調度，未宜輕置前敵，偏顧

〔註6〕　要聞二：《三江兩浙感受鄂亂之恐慌》（南昌），《申報》1911 年 10 月 20 日。
〔註7〕　官電：《蘇撫接各處電》，《申報》1911 年 10 月 21 日。
〔註8〕　陳夔龍：《夢蕉亭雜記》，北京：北京古籍出版社，1985 年，第 111 頁。（注：陳夔龍此處回憶有誤，當時岑春煊只是奉命赴川負責剿撫事宜的大臣，並未授予「川督」，岑春煊被任命為川督見於宣統三年八月二十三日的上諭中。）

一隅」，準備派赴前敵的第二軍「鄂匪尚無潰竄情事，似應留備後用。」〔註9〕

東三省總督趙爾巽接到武昌「兵變」訊息時，正在出巡黑龍江的途中，趙即刻電內閣陳奏自己對武昌用兵的看法：「宜迅調南洋兵艦保漢埠及兵工廠為要，並飭汴防鐵路，……再攻鄂之策，宜先佔據洪山，從前進攻，皆由此得手。」〔註10〕

湖南巡撫余誠格因湘鄂唇齒相依，非常擔心鄂亂波及湘省，在二十日之後連日間數電內閣請示機宜，二十七日電奏中陳述了兜剿解散兩法：「宜飭督兵大臣等將武漢東岸布置以杜其竄湘竄贛，漢陽西岸布置以杜其入皖、入荊襄、圖蜀豫，再由海軍上下游往來截擊，以絕其水路逃竄。否則，武漢用兵得手，（革匪）勢窮四竄，湖南，安徽，江西立潰決矣。」〔註11〕

廣西巡撫沈秉堃八月二十三日（10月14日）電奏中提出治標四策：「一、擬請明降諭旨，宣佈朝廷剿匪安良德意，有能擒斬主謀、投誠出首者，立予不次之賞。凡屬協從，蓋免究治；一、擬請停止秋操，分別防援，以備緩急；一、擬請分派可恃軍隊，專護漢口商場，免外人乘隙藉口啓事；一、擬請設有製造槍械局廠省分多派得力軍隊認真防守，固軍儲而防劫濟。」〔註12〕

貴州巡撫沈瑜慶八月二十三日、二十四日電奏中均提及應加強對漢陽兵工廠的保護，「漢廠危，軍械路絕，全局可慮」。沈瑜慶並不知曉漢陽業於二十日夜失守之事，可見當時雖然已有電報傳遞訊息，但邊遠省分仍存在訊息不暢問題。沈瑜慶電奏中一相情願的聲稱，解決武昌問題「非飭薩鎮冰督海軍前往，斷不濟事。蓋船上大炮一轟，便可破城，黨人目前斷無巨炮，遲則外應四起，殊大費手。」〔註13〕

新疆巡撫袁大化接奉八月二十一日密寄「鄂亂」上諭後，隨即覆電奏陳，一方面自誇治下平安無事，一方面為朝廷出謀劃策：「新省荒遠，尚鮮革黨，大化到任後加意整頓陸軍，將領現皆可靠，軍心亦甚穩固，各路防營，多係

〔註9〕 《請政府鎮壓武昌起義電文一組》，《歷史檔案》，1981年第3期，第22頁。

〔註10〕 東三省總督趙爾巽致內閣請代奏電，宣統三年八月二十一日（1911年10月12日）外務部收電簿。

〔註11〕 湖南巡撫余誠格致內閣總協理大臣等請代奏電，宣統三年八月二十七日（1911年10月18日）外務部收電簿。

〔註12〕 廣西巡撫沈秉堃致內閣暨王爺等請代奏電，宣統三年八月二十三日（1911年10月14日）外務部收電簿。

〔註13〕 貴州巡撫沈瑜慶致內閣請代奏電，宣統三年八月二十四日（1911年10月15日）外務部收電簿。

宿將舊部，弱則不免，爲患全無；……武昌既失，恐有奸謀渠魁，宜派近畿可靠軍隊水陸南下，順火車直抵漢口，先顧北路，乘輪船直入長江，分佈要害，或張勳一軍能抽調乘輪值上尤爲妥速；……武昌不難克復，恐再竄擾湖南，牽連粵東、川東並潰，頗爲可慮，宜飭湘撫嚴防要隘，以杜南竄，當易撲滅。」〔註14〕

上述督撫的電奏中並沒有把武昌兵變眞正當回事，在他們的想像中，似乎「王師旌旗」南下之日，必定是武昌「叛軍」逃潰之時，重要的是如何能夠把「叛兵」一網打盡，以防止其上竄下擾。

二、從全局角度審視武昌事變的督撫

武昌起義後，地方督撫大多將之視作地方性突發事件，提出的建議多爲臨時性的應變舉措。雲貴總督李經羲等是少數幾個高度重視該事件，並站在全局高度審時度勢，提出自己建議的督撫。

八月二十二日（10月13日）戌刻，雲貴總督李經羲接奉清廷二十一日密寄上諭，二十三日即連發兩電爲朝廷消弭「鄂亂」獻計獻策。李經羲在第一封電奏中言稱：「武漢爲長江上游，一有變動，東南全局震動。……瑞督素稱明幹，即有竊發，斷不至如此速劇。此中大有人在，舉動非常，一夕即就，未可視同烏合。……雖武昌濱江，難於孤守，而各路大兵，猝難調合圍攻，斷其竄路，……勢將隨處裹挾，糜爛不堪。……經羲愚見，宜一面扼江嚴堵，調集兵輪，先保通商口岸；一面有盧漢鐵路調運數支勁旅，分道出發，命將速行會合，……帥則專任，兵則重賞，攻堵力厚，節制不紛，庶能大加懲創，蘖使投誠，黨離勢弱，再圖辦法。萬一不能保其不竄，亦須迫其伏跗絕路，不聽交衝寧蜀，後匪氛圍可制，兵策可行。江北提督段祺瑞近在清江，北洋各軍半其舊侶，聯絡較易，似可任以一路攻剿。」〔註15〕

同日李經羲又接到沙市急電，報告漢口有變，隨即續發第二封電奏，李氏續電的核心內容是舉薦袁世凱。袁世凱遭罷黜後，隱居彰德，做出一副閒散淡然的姿態，內心無時無刻不謀求東山再起，朝野上下起用袁世凱

〔註14〕 新疆巡撫袁大化致內閣總協理等請代奏電，宣統三年八月二十三日（1911年10月14日）外務部收電薄。
〔註15〕 雲貴總督李致內閣請代奏電，宣統三年八月二十三日（1911年10月14日）外務部收電薄。

的呼聲就一直沒有停止過。據駱寶善先生統計，從光緒三十四年（1908年）臘月袁世凱被黜出京回籍，至宣統三年（1911年）八月武昌起義爆發，僅就天津《大公報》、奉天《盛京時報》兩家報紙報導統計，關於袁世凱活動的消息報導就有106則，其中涉及袁「出山」者有64則。「在消息中，保薦或敦勸袁世凱出山的人有皇族載澤、載濤、載洵，皇族內閣總、協理奕劻、那桐、徐世昌，大學士、軍機大臣、皇族內閣大臣鹿傳霖、陸潤庠、唐紹儀、梁敦彥、鄒嘉來、盛宣懷、端方等，地方封疆大吏中有趙爾巽、錫良、李經羲、陳夔龍、張人駿、袁樹勳、孫寶琦、寶棻、朱家寶、馮汝騤、增韞、陳昭常、何彥昇等，以及立憲派首領張謇等，北洋將領姜桂題、王士珍、段祺瑞、馮國璋等等。還有未指名的『某樞臣』、『某閣老』、『諸大老』、『某有力者』。舉凡能有資格說上話的頭面人物，無不積極進言。」〔註16〕

李經羲電奏中懇請清廷對袁「付以督師重任」，但考慮到兩年前袁世凱被罷黜的遭遇，希望當權者「溫詔諭勉，開誠虛受」，如此袁世凱必當「抱微疴」，「明大義」，「力顧其大」。向朝廷舉薦袁世凱，是地方督撫向清廷所獻平定武昌「兵變」的一項重要措施，督撫群體中向清廷舉薦袁世凱之第一人乃山東巡撫孫寶琦。

孫寶琦與袁世凱淵源極深，兩人不僅是兒女親家，還是換過帖子的盟兄弟，但孫寶琦之所以薦舉袁世凱，並非出於私心，主要還是就時局論事。八月二十二日孫寶琦在電奏中稱：「武昌兵變城失，大局岌岌，亟宜起用重臣，以資補救。開缺外務部尚書袁世凱才猷宏亮，謀勇兼資，創練陸軍，著有成績，諸將悅服，亦為外人所信仰。」因為當時岑春煊已蒙起用赴川平亂，孫寶琦唯恐樞臣中有人會以袁、岑不睦為由予以阻礙，「或謂袁世凱素與岑春煊不洽，際此國家多事，應請旨勗以公忠，摒除成見，……共支危局，是否有當，伏候聖裁。」〔註17〕

湖南巡撫余誠格在還不知曉清廷已有八月二十三日任命袁世凱為湖廣總督的上諭時，於二十四日奏請起用袁世凱。余誠格在電奏中稱：「袁世凱威望

〔註16〕 駱寶善：《駱寶善評點袁世凱函牘》，長沙：嶽麓書社，2005年，第246～247頁。

〔註17〕 山東巡撫孫寶琦致內閣請代奏電，宣統三年八月二十二日（1911年10月13日）外務部收電簿。

素著，北洋軍隊本其舊部，……擬請朝廷加以重權，飭令即日南下督辦，當可得手。」〔註18〕

　　起用袁世凱涉及政治格局的重新洗牌，遠非地方督撫所能左右之事，故此雲貴總督李經羲在奏陳中聲言：「重臣進退，固無待廷議交推，尤非邊臣所敢瀆舉。」〔註19〕因是之故，地方督撫在是否奏請起用袁世凱的問題上，多數表現的比較平靜。但是，將武昌兵變視爲影響清末政治全局問題來看待的李經羲，認爲起用政治經驗豐富的袁世凱，當爲扭轉時局的關鍵，所以在舉薦袁世凱事件上表現出少有的堅韌與果敢。八月二十四日李經羲致電兩江總督張人駿，特意叮囑張氏爲舉薦袁世凱一事取一致行動，以便向朝廷施加更大的壓力：「羲昨舉項城督兵，召北援赴難，公宜言之，勿引嫌。消息阻隔，乞撮要示覆。」其時，朝廷已頒發了復用袁世凱的上諭，無奈雲南遠在邊陲，並未及時得到訊息。二十七日，李經羲按捺不住，再次致電張人駿，懇請張爲起用袁世凱事有所建陳：「以百口舉項城任事，聯絡調度，奏已三上，求諸公速陳。」〔註20〕

　　張人駿與袁世凱亦是兒女親家，且袁世凱撫山東時，張人駿任職魯藩，或許是爲避嫌計，張人駿並未出面奏保袁世凱，但這並不代表張人駿不希望袁世凱出山。八月二十七日（10月18日）張人駿轉電袁世凱，對袁氏復出表達了極高的評價，並給予戡亂厚望，用詞極爲謙恭，非全然官場敷衍之意：「今以勘亂屬公，是朝廷爲天下大局計，非爲一時一省計，郭令公之平懷恩何讓古賢！深盼速駕，並乞電示。」〔註21〕

　　如張人駿一樣對袁世凱復出表示歡迎的還有河南巡撫寶棻。寶棻在致電內閣時有云：「朝命起項城督鄂，極爲得人。惟接其覆電，似尚有避賢之意。……目前戡亂，固非才略、威望如項城者，難望有濟。即將來善後，亦決非輕才所能勝任。事機緊迫，間不容髮，竊謂無論如何，總須予以實在兵權，令其欣然拜命，並促三日南下，勿稍遲回，庶幾大局尚可有爲。」〔註22〕

〔註18〕湖南巡撫余誠格致內閣總協理大臣等請代奏電，宣統三年八月二十四日（1911年10月15日）外務部收電薄。

〔註19〕雲貴總督李致內閣請代奏電，宣統三年八月二十三日（1911年10月14日）外務部收電薄。

〔註20〕《兩江總督張人駿辛亥電檔選輯》，《歷史檔案》，1981年第3期，第40～41頁。

〔註21〕《兩江總督張人駿辛亥電檔選輯》，《歷史檔案》，1981年第3期，第38頁。

〔註22〕河南巡撫寶棻致內閣總協理大臣電，宣統三年八月二十五日（1911年10月16日）外務部收電薄。

地方督撫中除了雲貴總督李經羲、山東巡撫孫寶琦、湖南巡撫余誠格、河南巡撫寶棻、兩江總督張人駿等人熱切希望啓用袁世凱外，其餘的督撫大多對此保持沉默，更甚有對袁世凱復出抱有敵意者，如直隸總督陳夔龍。

據《越風》1936 年二十期紀念辛亥革命特刊所登載的一篇文章追憶，袁世凱之表弟張鎮芳，時已升任湖南臬司尚任長蘆運司，爲袁之復出「奔走最力」。張首先即「面懇直隸總督陳夔龍請其領銜奏請，夔龍辭」。〔註23〕陳夔龍在其《夢蕉亭雜記》中也有記述：「項城賦閒已久，乘機思動。其門生故舊，遍於京津等處，不恤捐集鉅款輸之親貴，圖謀再起。監國以彼從前廢斥，其咎非輕，不敢貿然起用。該黨以監國素重視余，謂得北洋一保，必生效力。某君夤夜來謁，極爲關說。余嚴詞拒之。謂項城前係一品大員，此時起用與否，朝廷自有權衡；不宜由疆臣奏保，致涉植黨之嫌。倘貿然上疏強令出山，不特無以尊朝廷，亦非所以厚愛項城也。其人嗒然而去，復運動連疆某督某撫，即時電保。謂非任用項城，不能收拾危局。監國惑之，未能一意堅持。項城一出，而清社遂屋矣。」〔註24〕這本屬於事後追憶，其中又含強烈的情感累積因素，有些地方與事實不盡契合，但陳夔龍不願出保袁世凱，當符合歷史的本來面目。

三、從政治發展角度審視武昌兵變的督撫

地方督撫中多數就事論事爲清廷出謀劃策，但也有少數督撫是站在政治發展的高度向清廷進言，全面檢討清廷宣統年間政策得失，如江蘇巡撫程德全、山東巡撫孫寶琦。程、孫二人在事變發生後能從政治發展的角度對「鄂亂」做出較爲深刻的反思，在地方督撫群體中也屬鳳毛麟角。

程德全於八月二十二日（10 月 13 日）接獲清廷「馬日」電諭，得知武昌兵變消息。此前，程德全還曾得到湖廣總督瑞澂八月十九日電報，知會武昌城內展開的搜捕行動，後又接獲兩江總督張人駿轉發的豫撫武昌「兵變」之號電。在初步瞭解事態基本情況後，程德全於八月二十二日電奏內閣，對黨人「勾結」新軍「肇變」，表示出極大的焦慮；然程德全認爲兵變之禍源在於朝廷推行的政治改革名不符實，以至於「革黨肇變，熱狂激發」，「先朝」或有鑒於此，「明詔立憲」，原本爲破除「革命之異說」，現如今預備立憲只有條

〔註23〕 二陵：《清室滅亡前夕》，《越風》第 20 期，第 35 頁。
〔註24〕 陳夔龍：《夢蕉亭雜記》，北京：北京古籍出版社，1985 年，第 112 頁。

文，「根本之圖，仍無實濟」；皇族內閣成立後，「君主仍當政治之衝」，「責任全不分明、政令愈不統一」，「鄂亂」繼「川亂」而起，恰值「人心浮動，伏莽甚多，連年薦饑，災民遍野」之際，治標之策「應否請旨將川省土匪與爭路士紳及現今鄂省兵匪勾結，特降明諭，分別措辦，以免猜疑而安反側，為收拾民心之計」；治本之策「必當先使內閣確負責任，政令有所統一，以期合乎先朝宣佈立憲，消弭革命之本旨。」〔註25〕

該電奏立意深遠，提綱挈領，可謂對朝廷現行政策的全面「檢討」，可惜言者諄諄，聽者藐藐。程德全的上奏沒有引起清廷重視，決計再上陳奏。八月二十五日（10月16日）江蘇諮議局議長、著名立憲派領袖張謇，恰由寧返滬，程德全遂命親信幕僚邀張謇至蘇「聚商」應變策略，並囑張起草代奏電稿。是日夜三鼓時分，稿成。二十六日（10月17日）程德全分電各督撫，希冀借督撫聯奏之勢，以壯聲威。

接獲程德全電稿，各督撫反應不一。東三省總督趙爾巽覆電表示「不以為然」。督辦川漢粵漢鐵路大臣端方、兩廣總督張鳴岐則云「時機尚未至」，無意列名。剛剛調任的四川總督岑春煊雖表贊成之意，然不允列名。吉林巡撫陳昭常應允列名，並認為「取採聯奏一舉萬不可緩」，但對電稿後半段提出異議，以「彈論過激」為由，要求予以修正。山東巡撫孫寶琦覆電不僅表示贊成列名，且認為奏稿中不應迴避瑞澂在武昌兵變中棄城出逃的責任，提請將「督臣瑞澂夙抱公忠」字樣刪除。九月初一日（10月22日）由熱河都統傅頎領銜，江蘇巡撫程德全、山東巡撫孫寶琦等人具名電奏發出。電發後，兩廣總督張鳴岐又來電表示，「此奏不可不發，願附名，……均無及矣。」〔註26〕

九月初一日（10月22日）的聯名電奏稿出自張謇手筆，可以說是對宣統改元以來以載灃為首的親貴集團執政的總聲討書。九月初一日的聯名電奏稿言：

　　竊自川亂未平，鄂難繼作，將士攜二，官吏逃亡，鶴唳風聲，警聞四播，沿江各省，處處戒嚴。朝廷分飭蔭昌、薩鎮冰統率軍隊，

〔註25〕《撫吳文牘》，《辛亥革命江蘇地區史料》，南京：江蘇人民出版社，1961年，第42～43頁。

〔註26〕沈雲龍：《張謇、程德全對辛亥開國前後之影響》，臺灣「中央」研究院近代史研究所集刊第2期，1971年，第281～286頁；《有關辛亥革命的幾件電報》，《歷史檔案》，1994年第2期，第70～72頁。

水陸並進，並召用袁世凱、岑春煊總督川鄂，剿撫兼施，其煩聖明南顧之憂者亦至矣。而民之訛言日甚一日，或謂某處兵變，或謂某處匪作。其故由於沿江梟盜本多，加之本年水災橫連數省，失所之民竊而思亂，止無可止，防不勝防。沸羹之勢將成，曲突之謀已晚。論者僉謂緩急之圖，必須標本兼治：治標之法曰剿曰撫；治本之法不外同民好惡，實行憲政。臣某、臣某亦曾以是概要上陳明聽。顧臣等今日廣徵輿論，體察情形，標本之治，無事分途，但得治本有方，即治標可以一貫。臣等受國厚恩，忝膺疆寄，國事至此，無可諱飾，謹更披瀝，為我皇上陳之。

自內政不修，外交失策，民生日蹙，國恥日深，於是海內人士愁憤之氣雷動霧結，而政治革命之論出。一聞先皇帝頒佈立憲之詔，和平者固企踵而望治理，激烈者亦降心而待化成。雖有時因外侮之侵陵，不無憂危之陳請；然其原本忠愛，別無二心，已為朝廷所矜諒。惟是籌備憲政以來，立法施令，名實既不盡符，而內閣成立之後，行政用人，舉措尤多失當。在當事或亦有操縱為國之思，在人民但見有權利不平之迹。志士由此灰心，鄰人從而煽動，於是政治革命之說，一變而為種族革命之狂，而蓄禍乃烈矣。

積此惡感，騰為謬說，愚民易惑，和者日多。今若行治標之法，必先用剿；然安徽、廣東之事再見三見，前仆後起，悍不畏死。即此次武昌之變，督臣瑞澂夙抱公忠，其事前之防範何嘗不密，臨時之戒備何嘗不嚴，而皆變生倉卒，潰若決川，恃將而將有異心，恃兵而兵不用命。即使大兵雲集，聚黨而殲，而已見之患易除，方來之患仍伏；有形之法可按，無形之法難施。以朝廷而屢用威於人民，則威褻；用威而萬有一損，則威尤褻，是剿有時而窮。繼剿而撫，惟有寬典好言，寬典則啟其玩，好言則近於虛，縱可安反側於一時，終難導人心於大順。況自息借商款昭信股票等事，失信於人民者，已非一端，今欲對積疑懷二之徒，而矢以皓日丹青之信，則信已褻；不信而有違言，則信尤褻，是撫有時而窮。故臣等之愚，必先加意於治本。蓋治病必察其脈，導水必溯其源。種族革命之謬說，既由政治革命而變成，必能靨其希望政治之心，乃可泯其歧視種族之見。然苟無實事之施行，仍不足昭渙號之大信。

今輿論所集，如親貴不宜組織內閣，而閣臣應負完全責任，既已萬口一聲；即此次釀亂之人，亦為天下人民所共指目。擬請宸衷獨斷，上紹祖宗之成法，旁師列國之良規，先將現任親貴內閣解職，特簡賢能，另行組織，代君上確負責任，庶永保皇族之尊嚴，不至當政鋒之衝突。其釀亂首禍之人，並請明降諭旨，予以處分，以謝天下。然後定期告廟誓民，提前宣佈憲法，與天下更始，庶簧鼓如流之說，藉口無資；潢池盜弄之兵，迴心而釋。用剿易散，用撫易安。否則伏莽消息其機牙，強敵徘徊於堂奧，民氣囂而不能遽靖，人心渙而不能遽收，眉捷之禍，勢已燎原，膏盲之疾，醫將束手。雖以袁世凱、岑春煊之威望夙著，恐亦窮於措施，微論臣等。臣等亦知急迫之言非朝廷所樂聞；然區區血忱，實念國步艱難已甚，民情趨向所歸，既無名譽可沽，惟有顛隮是懼。是以甘冒斧鉞，不遑顧忌。如尚不蒙聖明垂察，則負戾滋重，惟有懇恩概予罷斥，敬避賢路，免誤國家，臣等不勝激切屏營待罪之至。〔註27〕

該電奏朝廷「留中」不發。有學者根據電奏中的部份「內容」，斷言此時的程德全已經不再是清王朝的忠臣了。〔註 28〕本文認為這種說法似乎超越了程德全的本意。程德全的出身、地位決定了他不可能成為一個「自覺」的革命者，但此刻的程德全顯然在政治理念上與清廷有了分野，時勢的變化較大程度上會影響程氏站位的選擇。依照常理推論，假如沒有後來出人意料的形勢發展，程德全或許真的會選擇繼續作清王朝的忠臣。基於這樣的心理，九月初二日程德全再次致電內閣，〔註 29〕聲言形勢危機，懇請解散皇族內閣、頒發罪己詔，以釜底抽薪之策應對危機情勢。程德全九月二日電奏與九月一日電奏內容相差無幾，但充分表露了程氏內心焦慮、惶恐的心情，正所謂愛之深、責之切。

〔註 27〕　張謇：《代魯撫孫寶琦、蘇撫程德全奏請改組內閣宣佈立憲疏》，《張季子（謇）九錄》（政聞錄）卷 3，北京：中華書局，1931 年，第 37～39 頁。

〔註 28〕　蘇貴慶：《程德全在辛亥革命時期的歷史地位》，《蘇州大學學報》（哲社版），1991 年第 3 期，第 131 頁。

〔註 29〕　江蘇巡撫程德全致內閣等請代奏電，宣統三年九月初二日（1911 年 10 月 23 日）外務部收電薄。（參閱：《有關辛亥革命的幾件電報》，《歷史檔案》，1994 年第 2 期，第 72～73 頁。）

　　山東巡撫孫寶琦於聯奏後三日內也再度奏陳，指出今日之禍亂，完全是因爲近年來親貴專權任事，「信用非人，各部大臣又多不洽人望，舉措失宜」的結果。希望清廷通過一定的政治改革，如解散「皇族內閣」、憲法飭交院議取決輿論等，來達到消弭「革命」的作用。〔註30〕

　　除程德全、孫寶琦之外，兩廣總督張鳴岐也於九月初三日上奏清廷，對皇族內閣予以抨擊。張鳴岐在電奏中言稱：「旬日以來，川事未平，鄂亂續起，今者長沙又聞告變，風雲不測，事變迭來，沿江沿海各省民心浮動，群情驚騷，皆有岌岌可危朝不保暮之勢漸形，今若猶不急起直追，早圖挽救，竊恐過此以往，朝廷雖有與民更始之心，而天下已不及時待，眞有非臣下所忍言者。蓋自頒佈立憲以來，凡百設施有名無實，加以親貴專權，縱慾敗禮，新政繁擾，誅求無厭，舉國人民疾首蹙額已非一日，藥線四伏，遇觸即發。今茲之亂，本非偶然。故自川鄂肇亂，警報日至，無知愚民乃至聞官軍失利而群有喜色，聞革黨敗衄而訾爲妄言。民之恒情本喜安而惡危，樂治而畏亂，今乃顛倒至此，蓋其憤嫉之念已深，一旦橫潰決裂，並身家之禍福利害，皆不及計。廟堂深遠，或猶以爲盜弄潢池不足以煩斧鉞，不知人心之靡者已至於此。此鳴岐所爲痛哭流涕不敢不一再瀆陳於君父之前。伏望朝廷迅賜宸斷，俯採前奏，頒佈明詔，確定內閣責任，並將親貴不任總理永著爲令，敕諭各部詳查一切行政事宜，無論新舊，凡非至重且急者，悉予罷免，以平民憤，以紓民力，則已去之人心，或可勉冀收拾，將絕之生機，或可徐圖恢復。一面迅降哀痛罪己之詔，以示與民更始之心；一面迅行召集國會，期於來年舉行，以符庶政公諸輿論之實。」〔註31〕

　　「皇族內閣」之所以成爲眾矢之的，實際上體現了地方督撫對宣統改元以來親貴集權做法的強力反彈，在一定程度上也體現了民眾對清廷立憲步伐遲滯的失望。

　　地方督撫所開的「藥方」，已經不能挽救病入膏肓的清政權。九月初一日湖南、陝西發生兵變，成立了軍政府。隨後的九月初八、初九、初十日山西、雲南、江西相繼獨立，至十月初七日（11 月 27 日）黔、浙、蘇、桂、皖、粵、

〔註30〕　《山東假獨立資料》，《近代史資料》，總 8 號，北京：中國社會科學出版社，1956 年，第 123 頁。

〔註31〕　《有關辛亥革命的幾件電報》，《歷史檔案》，1994 年第 2 期，第 73 頁；第一歷史檔案館：《清代檔案史料叢編》第 8 輯，北京：中華書局，1982 年，第 331 頁。

閩、魯、川等十四省相繼宣告「獨立」〔註32〕。大清政權敗亡已是無可挽回，
飄揚的龍旗已到了該收起的時刻。

四、無力迴天後督撫表現

宣統三年八月二十三日（10月14日），在督撫一片籲請聲中，清政府起
用了袁世凱、岑春煊這對「冤家」，袁世凱奉命督鄂，岑春煊奉命督川。隱居
彰德的袁世凱原本心懷鬼胎，對任命鄂督一事並不「熱心」，尋找藉口一拖再
拖，遲至九月初九日（10月30日）才從河南彰德趕赴武漢前線領命督戰；岑
春煊領命後，對時局也持觀望態度，一直躲在上海沒有即刻赴任。

就在袁世凱動身前往前線督戰之際，駐紮灤州的新建陸軍第二十鎮官
兵，在統制張紹曾的帶領下發動了一場帶有「逼宮」性質的「兵諫」。此前置
督撫「廢止皇族內閣」奏請於不顧的清政府，不得不對「兵諫」作出回應。
九月初九日清廷接連頒發了數道諭旨，主要內容分別為：頒詔罪己；解散親
貴內閣；憲法交院協贊；開釋黨禁等。

地方督撫對清廷九月初九日頒發的諭旨有表示認可的，也有不滿足於此
的。東三省總督趙爾巽於是日晚即聯合吉林巡撫陳昭常、黑龍江巡撫周樹模
致電內閣，對朝廷諭旨中表達的「開誠布公與民更始」之意予以首肯，並進
一步敦促朝廷速開國會，施行立憲，以收拾已去之人心。〔註33〕魯撫孫寶琦、
蘇撫程德全則又進一步提出了共和的要求。魯撫孫寶琦在共和問題上表現得
異常「激進」，九月二十一日（11月11日）孫寶琦即曾以巡撫身份致電內閣，
懇請朝廷能夠俯順輿情，宣佈共和。〔註34〕程德全於九月十五日（11月5日）
在蘇州各界「推助」下，宣佈獨立。宣佈獨立後的程德全，多次致電袁內閣，
勸說其「速行改組共和政體，以維大局。」〔註35〕

在電奏中如此大膽直陳共和，孫寶琦是督撫群體中的首倡者，此後孫寶
琦又有兩度奏請。督撫中向朝廷奏請共和者還有粵督張鳴岐，張鳴岐的電奏
發表於十月初三日（11月23日）的上海《申報》上，那已是張督在廣州獨立

〔註32〕　山東於九月二十三日（11月13日）宣告獨立，然而12天之後，又於十月初
　　　　　四日（11月24日）宣佈取消獨立。
〔註33〕　要聞：《各督撫連陳急電》，《大公報》1911年11月4日。
〔註34〕　《山東假獨立資料》，《近代史資料》總第8號，北京：中國社會科學出版社，
　　　　　1956年，第126～127頁。
〔註35〕　要聞：《程德全覆電之概略》，《大公報》1911年12月6日。

前夜出逃十五天之後發生的事情。張鳴岐在電奏中不僅有「頒降明詔，召集國會，仿行共和立憲政體，選舉總統」之請，更有「去帝號、改元易朔」等驚人之語。〔註36〕

程德全、孫寶琦、張鳴岐等人在獨立前後的共和奏請，已超越了清廷當時可以接受的極限，自然也不會得到清廷的回應。孫、程、張三督撫提出共和主張，都有各自歷史文化背景，他們的思想歷程，也不盡相同。

孫寶琦能夠在辛亥變局中奏請共和，並不是偶然的行為，上溯至光緒三十年（1904 年），時任駐外使節的孫寶琦即上書請求立憲，成為滿清官吏中首屈一指的人物。其後諸如寬赦康梁「戊戌黨人」之奏陳、抨擊皇族內閣、指斥親貴不宜預政之上奏，「尤言人所不敢言」。〔註37〕依照正常的思路進行邏輯推演，孫寶琦奏請共和似乎是順理成章的事。程德全之所以在辛亥變局中轉向共和，與他早年在黑龍江的經歷不無關係。民本思想是程德全能夠在時勢變換之際作出俯順人心舉措的原動力，「反正」後的程德全在「革命大潮」的推助下走向共和也在情理之中。

孫寶琦與程德全不一樣的地方，就是孫寶琦在山東獨立事件中的反覆。在共和問題表現搶眼的孫寶琦被迫「回歸」，與他原來的思想意識不相銜接。孫寶琦的這種「反動」，或多或少表明衝破習慣束縛之艱難，正如他在山東獨立問題上表現出的反覆或許有著某種程度的無奈。兩廣總督張鳴岐的共和電奏，似乎有了更多的「表演」成分。張鳴岐的共和電奏發生在廣東宣告獨立，張鳴岐出逃至上海之後，其電奏主旨更多的是對自己放棄職守所進行的辯解。縱觀張鳴歧辛亥變局中的表現，張氏共和電奏似乎有更多的投機意味。

在南方各省紛紛宣告獨立之時，各省地方主政長官或逃亡，或「反水」，或死難，無所怙恃的督撫基本上也喪失了對清廷的建言獻策權。與之相對應，未獨立省分的督撫，如趙爾巽、陳夔龍等人則依然不遺餘力地為大清王朝貢獻著自己的忠誠。東督趙爾巽在武昌「兵變」後曾與藍天蔚一起「連袂」致函起事黨人，一方面為清廷內政、外交等失敗處處開脫，一方面規勸「肇禍諸君」，為首者「速悔」、為從者「速散」，更有「子能覆楚、我必能復楚」之狂言。〔註38〕

〔註36〕要聞：《中國光復史：張鳴歧哀求清廷遜位電文》，《申報》1911 年 11 月 23 日。

〔註37〕楊愷齡：《孫慕韓先生碑銘手扎集》，《近代中國史料叢刊續編》第 45 輯，臺北：文海出版社，1977 年，第 26 頁。

〔註38〕第一歷史檔案館編：《清代檔案史料叢編》第 8 輯，北京：中華書局，1982 年，第 5〜6 頁。

然而迅速發展的革命形勢，出乎了他們的意料，九月間多個省分相繼宣告脫離清廷統治，統治中國二百多年的大清王朝行將就木。京畿的保定、天津也出現不穩或失守的傳聞，人心惶恐，謠諑四起。時人傳言朝廷意欲倣效庚子年西巡故事之「北狩」說，竟然不脛而走。爲此，九月初六日（10月27日）直督陳夔龍特請朝廷降諭「以釋群疑」，兩日後清廷果然頒詔，解釋朝廷一以鎮靜爲主，並無「北狩」之說，著即陳夔龍傳諭士紳「萬毋聽信訛言，致滋紛擾……以定人心，而維大局。」〔註39〕

與「北狩」說同時謠傳的還有「借外兵平亂」說，九月初七日（10月28日），順直諮議局近水樓臺，特致電內閣：「川鄂亂事相繼而起，風警所及，全國惶駭，近又傳聞有借助外兵之說，此事若果實行，則國家主權將受外人干預，後患不堪設想，朝鮮、埃及、波蘭之巳事可爲寒心，務望審定方針，保持大局，以救危亡，而繫人心。」〔註40〕東督趙爾巽聞聽「借兵」說，也是極爲惶恐，數次致電內閣陳情借兵之利害，以致於民政大臣趙秉鈞曾特意奏請「明降諭旨」，以釋群疑。〔註41〕根據清廷與直督往來電文查證，「借兵」說並非空穴來風，陳夔龍的確曾與駐津各領事「接洽」，就列強出兵「協助」事有過商討，只是鑒於各方之反對不得不中途作罷。〔註42〕

陳夔龍不但曾積極聯絡「借兵」之事，繼官軍攻克漢口、漢陽後，陳夔龍連忙致電內閣、軍諮府，提出他的加緊進剿的主張：「長江爲中國財賦之區，使非迅速掃平，縱兵力可支，經濟亦難乎爲繼。現幸武漢克復，張勳仍住江寧，援浦之軍亦由鈞處派定，似可促令速發，會合張軍，掃除石城下游匪氛，再分第一軍之師由南岸沿江而取九江，進規安徽，與在寧各軍互相夾擊，……責成段督（鄂督段祺瑞）會同湘撫設法招募進剿長沙，……或由第一軍內酌派相當隊伍駐守岳州，遏其北竄，以防不虞；一面派遣委員招撫海軍歸順，庶海陸連合，而長江梗阻之患可以無慮，長江一經掃清，不惟財源可靠，且

〔註39〕 直隸總督陳夔龍致內閣請代奏電，宣統三年九月初六日（1911年10月27日），外務部收電簿；內閣發直隸總督陳夔龍電，宣統三年九月初八日（1911年10月29日），外務部發電簿；本埠：《閣電照錄》，《大公報》1911年10月31日。

〔註40〕 本埠：《要電登錄》，《大公報》1911年10月29日。

〔註41〕 要聞：《趙次帥電陳借用外兵之利害》、要聞：《趙爾巽電阻借用外兵》、北京：《趙大臣請釋群疑》，《大公報》1911年11月12、28、30日。

〔註42〕 內閣發直隸總督陳夔龍電，宣統三年九月初八日（1911年10月29日），外務部發電簿。

人心厭亂，湘、浙、閩、粵不難傳檄而定，憲政亦有所著手矣。」〔註43〕陳
夔龍建議並非「紙上談兵」，只是他與「柄政」的袁內閣「政見稍歧」，他的
建議自然也難以被樞府採納。

第二節　地方督撫籌謀自保

地方督撫因職權受限，不能參與、左右清廷決策。武昌「兵變」後朝廷
內部派系紛爭，一時又難以形成合力，武昌戰事懸而未決，各地謠言四起，
為安定人心，保證自己治下不出現「亂象」，地方督撫可謂「八仙過海」，各
顯所能。傳聞江蘇巡撫程德全數次奏疏「不納」，「或問程曰，今當再有陳奏
乎？程曰否，否吾之言，職已盡，自今以後，吾惟以保衛地方治安為己任。」
〔註44〕可見，即使「激進」如程德全者，鼎革之際督撫仍在「鄂亂」後為清
朝廷堅守著自己的工作崗位，盡心盡力履行著自己的職責。

一、招募軍警

「鄂亂」後，地方督撫為維護治安計，紛紛奏請招募軍隊。清末地方駐
軍組成可粗略分為兩大類——舊軍與新軍。新軍即指在新政期間各省編練的
新建陸軍各鎮協；舊軍系統較雜，既有傳統的經制綠營兵，也有由綠營和勇
營轉化過來的防軍。經制綠營兵早已窳敗不堪，幾經裁撤，有的省分已裁撤
盡淨，有的省分僅存二三成。經制綠營兵因腐敗產生的兵額不足現象又很嚴
重，即便有所存留的，多已名存實亡。故各省實際駐軍，可分為新建陸軍及
防軍。

新建陸軍在編練起始即定性為「國防軍」，操控權收歸中央，而防軍的操
控權掌握在地方督撫手中，實際上充當了「省軍」的角色。基於此，地方督
撫在奏請招募軍隊的過程中，著眼點則在於自己能掌控的防軍。督撫青睞招
募防軍，除卻防軍操控權掌握在自己手中之外，還有一些其它因素。首先是
各省大規模編練新軍後，革命黨人對新軍的滲透非常厲害，令督撫心存餘悸。
清末編練新軍之際，恰值科舉制廢除之時，讀書人入仕的路子被截斷，使得

〔註43〕 第一歷史檔案館編：《清代軍機處電報檔案彙編》第 3 冊，北京：中國人民大
　　　　學出版社，2005 年，第 327 頁。

〔註44〕 《雜談·程德全之識時》，《中國革命記》第 3 冊，上海自由社，1912 年，第
　　　　8 頁。

很多人投身軍營，革命黨人亦混跡其間，年輕的知識分子投身新軍，增加了新軍的革命屬性，這是與編練者的初衷相背離的。其次，陸軍部在制定《新軍官制》及《補官章程》時，爲防止地方督撫安插私人，特別強調新軍軍官要保證對軍事學堂畢業生以及陸軍留學生優先使用，因此使得大批在日本接受過革命黨人宣傳和教育的士官生畢業後，名正言順地進入各省的新軍系統，成爲日後領導各省新軍起事的主力。武昌新軍起事後兩江總督張人駿在發給陸軍部的電文中言：「各省新軍將領暨督練公所官長，委任須由大部札委，……陸軍部相隔遙遠，查察難週，委任既重，悍桀愈甚；部章非畢業生不能充當，而畢業生類皆少年，短於軍事閱歷，督撫馭御稍馳，而黨人遂得以從中勾結。」〔註45〕張人駿所言代表了部份督撫的心聲。

另外，新軍與舊軍編練成本相差甚大。新軍編練過程中實行的是「厚餉」制度，一名普通新軍士兵所需餉銀是一名普通舊軍士兵的 3 倍左右。新軍與防軍在兵員上也有差別，新軍步隊一營足額 500 名兵員、馬隊一營足額 300 名兵員；防軍步隊一營足額 300 名兵員，馬隊一營足額 190 名兵員。相較之下招募防軍馬步一營（隊）要比新軍馬步一營節省許多銀兩。清末各地財政竭蹶，棄新軍，募防軍自然成爲地方督撫之首選。閩浙總督松壽甚至「別出新裁」，曾奏請將福建新軍四十標一、二兩營「月添餉五百餘兩、兵夫增加二百餘名」擴編爲巡防五營。〔註46〕據不完全統計，「鄂亂」後各地奏請編練防軍 190 餘營（隊）。督撫奏請編練防軍藉口大同小異，或兵力單薄，或地方空虛，不一而足。維護治安是防軍主要職責，但不排除督撫有借招募防軍之機，恢復被擠壓的對軍隊統轄權的企圖。各地奏請招募防軍的過程中，其自籌餉項的省分，清廷一概照准；懇請中央接濟餉項的省分，幾乎都成了「水中月」。

招募警察也是地方督撫爲維持治安所採取的措施之一。警察是清末新政的產物，其職能就是巡邏地方、維護治安。「鄂亂」後地方督撫爲防止黨人四處流竄，蠱惑民眾滋事，都加強了對客棧、旅館及流動人員的稽查與監管。如此一來，警力明顯不足，遂不得不添招以資彌補。

〔註45〕　要聞二：《疆吏軍權擴張之前提》，《申報》1911 年 10 月 26 日。

〔註46〕　《松壽關於變通編練福建巡防隊請代奏電及清帝諭旨》，中國第二歷史檔案館：《中華民國史檔案資料彙編》第 1 輯，南京：江蘇人民出版社，1979 年，第 185 頁。

奉天當局於八月二十四日（10月15日）接獲「鄂亂」警報，省城隨即下達了戒嚴命令。因警力匱乏，警務局報請添招警兵二百名，分撥各局區隊。保安會成立後，又通飭各屬保安分會「速為添練預備巡警」，凡百戶以上之村屯，添設五十名，二百戶以上者添設一百名，其所需槍械由各分會籌款備辦。〔註47〕江西因警員不敷分佈，巡撫則直接飭令調撥巡警教練所學生二百名，分發各區差遣。直隸督署駐地天津，因受《辛丑合約》限制，租界二十里內不許駐兵。直隸陳督一方面派人與各國領事交涉，一方面沿襲慣例以警代兵，於天津南北段巡警之中密挑巡警六百名，以備不虞；省城保定則飭司添練警兵百名，以保治安。〔註48〕招募軍警，既受到財力窘困限制，還有緩不濟急之憂，故各督撫還紛紛從地方上徵調防營入省，以加強省城防護。

二、防範新軍

湖北新軍「倡變」，地方督撫為此驚恐不已，逐紛紛奏請招募防軍，很重要的目的就是為了鎮懾新軍。御史王寶田八月二十九日（10月20日）的奏摺中不無譏諷：「自鄂亂之起，……若湘省則請募新軍矣，江省則亦請募新軍矣，皖省豫省則又請募新軍矣。至山東直隸與鄂相距三四千里，勢不相及，而皆請募新軍，直隸且請添募二十營矣。……自古及今，有以一方失事而使天下皆募兵以待者乎？」奏摺中所說「新軍」非新建陸軍性質，乃防軍性質，「至各省招募新軍，非以剿鄂叛也，實以防鎮軍也。朝廷一一允其所請，亦非以討已叛之鄂軍，而實則以備未叛之鎮軍也。」〔註49〕此處「鎮軍」為新建陸軍之代稱。

如前所述，編練新軍乃清政府新政中的重要舉措，限於財力，新軍在編練過程中，清廷飭令各省對舊軍大幅裁減，此刻湖北新軍「倡變」，地方督撫對集中駐紮省城的新軍多有恐懼，雖然業已奏請招募防軍，但臨時招募，急切難以成軍，故各省督撫紛紛抽調散居各處防軍進駐省城，以便對新軍有所「震

〔註47〕《盛京時報》1911年10月15日、11月21日，章開沅、羅福惠、嚴昌洪：《辛亥革命史資料新編》第3卷，武漢：湖北人民出版社，2006年，第336、388頁。

〔註48〕直隸總督陳夔龍致內閣暨王爺等電，宣統三年九月初三日（1911年10月24日），外務部收電薄。

〔註49〕中國史學會主編：中國近代史資料叢刊《辛亥革命》（五），上海：上海人民出版社，1957年，第442頁。

儸」。除此之外，收繳新軍槍械、槍拴、彈藥亦成為各省督撫紛紛傚仿的做法，據說這是兩廣總督張鳴岐的發明。張鳴岐在經歷了廣州新軍「兵變」之後，宣導收回新軍槍支刺刀，不發火藥子彈，以為防亂秘訣。對張鳴岐的做法當時的報刊曾給予辛辣的譏諷：「收回新軍槍支刺刀，不發火藥子彈，以是為防亂之秘訣，此法自張鳴岐倡之，今各督撫靡不傚之。嗚呼！此真所謂惡溲便而禁飲食，適足以自斃而已矣！夫新軍之從亂者，特其少數，人人而疑之，則新軍人人自危，非特寒心，抑且喪氣，迫之使不得已而從亂。蓋人心所最難受者，遭用我者之疑忌，彼方疑我，我反為之盡力，似此愚忠之人，世間恐不多見。況一有亂警，與其束手就縛，何如倒戈相向，尚得以死中求生乎？願各省大吏速謀固結軍心之法，勿徒以收拾軍火為有備無患也。」〔註50〕

報刊時評可謂切中時弊，江蘇巡撫程德全針對各地對新軍過度防範舉措特電奏內閣予以勸誡：「自鄂省兵變，一時悠悠之口，咸謂新軍為不可恃。以致軍心不安，情形頗為岌岌，至為憂慮。德全以為新舊軍隊原無區別，但拊循有方，即均樂效用。現在人心不靖，尤宜處以鎮靜，不動聲色，以釋猜疑，庶免不戢自焚之禍。應請密飭各省督撫，只宜鎮靜防範，不可歧視新軍，形之聲色，以免因疑生變。」〔註51〕清廷明知新軍中存在不穩定因素，仍不得不裝腔作勢發佈諭令：「朝廷於新舊各軍，本無歧視，當此事變日亟，正賴推誠布公，以信相符。著各省督撫鎮靜籌防，毋少張惶以固軍心而弭隱患。」〔註52〕督撫接電後多虛應故事，覆電奏陳：「前奏准添募巡防營隊，即經督飭軍事參議官將混成協未成各營，一併次第編立，俾新舊各軍同時並練，以示毫無彼此輕重之意。」〔註53〕但實際上，地方督撫內心對駐紮省城的新軍存有的防範心態並未減輕，張人駿八月二十二日（10月13日）電程德全時的感觸頗具代表性：「糜無數金錢，久經訓練之陸軍，幾等養虎自衛，可勝浩歎！」〔註54〕

〔註50〕聞評一：《大公報》1911年10月30日。

〔註51〕江蘇巡撫程德全致內閣等請代奏電，三年九月初二日（1911年10月23日）外務部收電簿。

〔註52〕中國第一歷史檔案館：《清實錄·附宣統政紀》第60冊，北京：中華書局，1987年，第1133頁。

〔註53〕直隸總督陳夔龍致內閣請代奏電，宣統三年九月初五日（1911年10月26日）外務部收電簿。

〔註54〕《兩江總督張人駿辛亥電檔選輯》，《歷史檔案》，1981年第3期，第33頁。

　　湖北武昌「兵變」之後，湖南長沙、江西九江等地新軍繼起回應，其間多有革命黨人從中穿針引線。為防止黨人「蠱惑」新軍，各地督撫對駐省新軍均採取了一些「防護」措施。如湖南官方即加強對新軍士兵中往來函電稽查，「凡新軍函電，概由稽查員拆閱，登簿記載，不准徑交兵士，亦不准擅發函電」〔註55〕；同時加強對新軍中革命黨人的偵查，據記載撫署偵探唐滿老鴉幾次「撞散」軍中黨人的秘密集會。江西毗鄰湖北，當局為防止外來革黨對駐省新軍進行煽動，在軍營內實行超嚴格的「點驗」制度，軍中通信亦由督練公所進行控制與稽查。與此同時江西當局令省城內外警察官兵會同密探對各客棧飯館、省垣城廟以及停泊民船、輪船上岸人等嚴密偵察，遇有形跡可疑之人，派人尾後，果係「匪類」，即可會同警官隨時拿問。如此一來，所需警員數量劇增，當局飭令巡警教練所學生二百名分發各區差遣；陸軍警察營亦奉院諭出動警士，日夜勤慎，在街梭巡，並有警兵輪班赴城外輪埠沿河一帶偵察上下行人；陸軍協統吳介璋也加派軍中密探改易服裝，不動聲色，梭巡偵察。〔註56〕吉林巡撫陳昭常，曾飭令第二十三鎮統制官不可使所有士兵知有「革變」事項，企圖以封鎖消息的手法防止駐省新軍出現「異動」。

　　各地除了對新軍提高戒備外，還想辦法安撫新軍，尤其是安撫新軍中的軍官。江西巡撫馮汝騤為安撫軍心，特於二十七日（10月18日）早晨，戎裝乘騎出城，親赴新軍各隊點名演說，對新軍官兵以國家多事，亟宜忠君愛國，奮勇從事，而諄諄告誡。〔註57〕東督趙爾巽八月二十四日（10月15日）由黑返奉，二十五日（10月16日）即召見駐省新軍高級將領，「面加勉勵」；二十六日（10月17日）又把駐省新軍各標協營軍官傳至公署，親為演說「軍人忠君愛國」之大義，「語極痛切」。〔註58〕

　　在地方督撫眼裏，新軍被當作了假想敵，就像時刻會引爆的火藥桶一樣十分危險。在調防營進駐省城的同時，各督撫似乎也想到了另外一招，即將新軍調離出省城以為「釜底抽薪」之計。湖南、陝西駐省新軍均是在調防計

〔註55〕郭孝成：《湖南光復紀事》，中國史學會主編：中國近代史資料叢刊《辛亥革命》（六），上海：上海人民出版社，1957年，第135頁。

〔註56〕要聞二：《三江兩浙感受鄂潮之恐慌》，《申報》1911年10月20日；要聞二：《贛省嚴防鄂亂種種》，《申報》1911年10月23日。

〔註57〕要聞二：《贛省籌防鄂亂紀要》，《申報》1911年10月24日。

〔註58〕《盛京時報》1911年10月18日、10月19日，章開沅、羅福惠、嚴昌洪：《辛亥革命史資料新編》第3卷，武漢：湖北人民出版社，2006年，第338、340頁。

劃還未實施前即「起事」入城，山西新軍則是奉調出省後再度折回「殺」入城中；將新軍調離出城防後成功避免「滅頂之災」的事例極為罕見，如兩江總督駐節之地江寧。雲貴總督李經羲未將駐省新軍整體調離出省，他採取的是將新軍中不穩定軍官調離的方式來試圖化解危機。安徽巡撫朱家寶一方面將「革命」情緒較濃的新軍營隊調離出省城，一方面採取果斷措施將「叛跡」昭彰的駐省新軍全部勒令解散。浙江當局也曾想通過提前辦理屆期退伍手續的方式解散駐省新軍，只是辦理該項工作需要籌措一筆巨額費用，各司庫一貧如洗，「無從挪借」，故經過數次集議決定，仍「藉詞海防緊要」，對駐省新軍實行調防。〔註59〕

　　無論各地方當局怎樣設防，新軍中萌動著的「革命」種子已經播散，只要時機成熟，它就會破土而出，在清政府完成編練的十四鎮十五混成協中，除卻北洋六鎮，其餘的各鎮、協新軍在光復省分大都扮演了重要角色，從某種意義上說，新軍無疑是清王朝為自己培養的掘墓人。

表13：新軍在辛亥各省光復運動中的表現

省分	獨立時間	新軍作用	都　督	備註（發動者）
湖北	八月十九日／10～10	宣導	新軍協統黎元洪	革命黨人
湖南	九月初一日／10～22	宣導	革命黨人焦達峰	革命黨人
陝西	九月初一日／10～22	宣導	新軍管帶張鳳翔	革命黨人
山西	九月初八日／10～29	宣導	新軍標統閻錫山	革命黨人
雲南	九月初九日／10～30	宣導	新軍協統蔡鍔	革命黨人
江西	九月初十日／10～31	宣導	新軍協統吳介璋	革命黨人
貴州	九月十四日／11～4	參與	新軍教官楊藎誠	立憲派
浙江	九月十五日／11～5	宣導	前諮議局議長湯壽潛	革命黨人
江蘇	九月十五日／11～5	請願	巡撫程德全	立憲派
廣西	九月十七日／11～7	參與	巡撫沈秉堃	立憲派
安徽	九月十八日／11～8	發難失敗	巡撫朱家寶	立憲派
廣東	九月十九日／11～9	同意反正	革命黨人胡漢民	革命黨人
福建	九月十九日／11～11	宣導	新軍統制孫道仁	革命黨人

〔註59〕要聞二：《鄂垣革軍之影響種種》，《申報》1911年10月19日。

省分	獨立時間	新軍作用	都　督	備註（發動者）
山東	九月二十三日／11～13	脅迫	巡撫孫寶琦	立憲派、革命黨
四川	十月初七日／11～27	周邊造勢	諮議局議長蒲殿俊	立憲派

三、倡辦團防

武昌起義後，各省督撫為維持地方治安計，還發動士紳，倡辦團防，各盡所能，不遺餘力。

第一類：以江蘇為代表，官督紳辦，官紳合力，卓有成效。巡撫程德全接獲武昌警耗，即札飭省城文武官員仿冬防例輪夜查巡，並責令統領陳有珍會同蘇州府知府等詳定分期分班日夜輪流梭巡章程，詳定名單，責任到人。自九月初一日起實施，巡夜各員「周歷城廂，不得偷安省路」，倘若城內出現盜竊案件，責任人與管區巡警同負責任。〔註60〕九月初三日（10月24日）省城自治公所，議、董兩會特開臨時會議，商討與商務總會聯合籌畫團防事宜。初五日（10月26日）由官府出面，「遍邀郡紳」，在滄浪亭集議籌辦團防事宜，議定仿庚子年籌防辦法，官督紳辦，並舉定劉秩寶、陸仲英、杭筱軒、陸引之、徐籛芳諸人為防局紳董。〔註61〕

對於士紳籌辦團防之舉，巡撫程德全極力支持，電飭各屬照章辦理。有工廠地方組織工團，有農會地方組織農團，有學堂地方組織學團，「各地方長官為之監督；辦理得力者，事定之後酌加獎勵」，對於團防所需槍械，程德全亦慷慨允准。〔註62〕

直隸籌辦之團防與江蘇模式類似，雖說士紳倡議在前，但官府扶持力度亦較大。不僅諮議局通過了組建商團、民團議案，當道甚至還飭令由運司籌撥部份官款予以資助。長蘆鹽運司親自出面，組織了頗具地方特點的水團。在商團、民團組建完畢請領槍支時，直督陳夔龍還把前任袁世凱核定的各州縣槍支章程進行修改，將邊境州縣槍不過百杆提升至一百五十杆、腹地州縣不過六十杆升至槍支八十杆，〔註63〕官督色彩大大加強。

〔註60〕 本埠新聞：《鄂亂影響》，《申報》1911 年 10 月 21 日。
〔註61〕 各埠通信：《蘇州：蘇垣防務種種》，《申報》1911 年 10 月 29 日。
〔註62〕 本部新聞：《蘇撫電飭籌辦團防》，《申報》1911 年 11 月 2 日；各埠通信：《蘇州：商團準撥槍械》，《申報》1911 年 11 月 4 日。
〔註63〕 第一歷史檔案館：《清代軍機處電報檔彙編》第 3 冊，北京：中國人民大學出版社，2005 年，第 349～350 頁。

第二類：以浙江為代表，士紳主導，官為扶持。八月二十八、九日杭州省城人心惶恐極致，地方士紳亦多有感覺。為維護地方秩序，乃倡議組織民團。九月初一日（10月22日）各界代表在師範學堂集議，浙江巡撫增韞對地方士紳倡議組織民團事宜，極為贊成與支持，親自蒞臨講演：「諸君同舟遇風，保衛桑梓治安，正宜及時開辦，以輔官力之不逮。」〔註64〕增撫親信幕僚陳漢弟主張新成立之商團須「官廳督辦」，且須受官廳節制，不料遭到眾紳強烈反對，遂罷議。〔註65〕

江西巡撫馮汝騤對地方士紳倡辦的保安團亦多有讚助。據時任商務總會副協理的龔士材回憶，保安團成立之際，龔本人曾作為代表「謁見」巡撫，請領武器，「馮撫臺發九響毛瑟槍六百支」。〔註66〕

第三類：以福建為例，士紳宣導，黨人混跡其間。據親歷者楊琦（同盟會員）回憶：杭州省城風聲日緊，各商幫及各人士聯名公呈閩浙總督松壽，請派團隊防範治安，准批由地方自籌辦理。革命黨人乘此機會，從各方面聯絡，出面組織各種團隊，並倡辦各鄉保甲聯防，一面保衛地方治安，一面加強革命力量。在短時間內，建成了商團一個大隊，由商家子弟自願參加，聘請保定陸軍畢業生馮金榮（字秀山）擔任訓練教官。繼而成立勞工民團義勇隊，由楊擔任教練，並兼橋北各公益社團隊教練，其隊員由各社救火會援丁抽調。同時各鄉成立聯甲隊，由各保壯年子弟調充之。這些組織對福州新軍起義都起了一定的作用。〔註67〕

江蘇、浙江、福建等地作為沿海經濟發達區域，紳商力量較為強勢，然受傳統因素的影響，他們很難單獨掌握話語權，在局勢變亂之際，自然願意附助官府鎮撫地方，維護自身利益。直隸雖不是傳統意義上的經濟發達省分，在清末新政中受總督袁世凱引領，可謂異軍突起，加之天津開埠較早，領風氣之先，清末又成為直隸總督駐節之地，意義非凡，紳商有獨立發聲的表現也在情理之中。廣東地處南中國，經濟發達，是近代西方列強最早踏足的省分，革命黨人也最為活躍，受各種因素的影響，紳商在變亂中的表現也最為

〔註64〕　要聞二：《杭垣組織商團之現狀》，《申報》1911年10月25日。

〔註65〕　要聞二：《官督民團之公憤》，《申報》1911年10月28日。

〔註66〕　龔士材：《江西省會光復經過》，轟國柱：《辛亥革命在江西》，《江西文史資料》第39輯，南昌：江西人民出版社，1991年，第129頁。

〔註67〕　楊琦：《辛亥革命福州于山戰役紀略》，中國人民政治協商會議福建省光澤縣委員會文史資料委員會：《福州文史資料》第20輯，2001年，第47頁。

搶眼，地方民團即是在士紳主導的省城獨立運動中誕生的，這也成為其後廣州商團武裝發展的基石。

四、鎮撫地方

「鄂亂」繼「川亂」而起，地方督撫的心態發生很大的變化。保路運動引發的「川亂」，大多數督撫因為遠離事件中心，又有官場錯綜複雜的關係，不便公開表態，所以大多數督撫採取了緘默的方式來應對。武昌「兵變」與「川亂」相比較，性質迥異，各省督撫不僅紛紛建言，而且對變亂產生了一種異常的警覺。

地方督撫在致電內閣時使用頻率較多的詞語就是「伏莽遍地」，這並不是他們的危言聳聽。華東師範大學的馬自毅曾寫過一篇關於清末民變文章，她用「前所未有的民變高峰」來概述辛亥前十年民變狀況。〔註68〕王先明根據張振鶴、丁原英的《清末民變年表》做過量化統計：1906 年（133 起）、1907 年（139 起）、1909 年（116 起）、1910 年（217 起）和 1911 年（截止到武昌起義前，108 起）為民變較為集中的年份。〔註69〕辛亥督撫可以說適逢其會，民眾中的不滿情緒暗流湧動，一件很偶然的事件就能激發出熊熊烈火，督撫們出於階級本能，對蘊藏在民眾中的不滿情緒感觸良多。

1、消弭謠傳

武昌「兵變」，四海震驚，但是一般民眾對「鄂亂」的革命屬性並不完全排斥，尤其起事者「不仇外人、不擾商務」之舉動，經由媒體及民眾廣為傳播，更贏得了很多人的同情和心理期盼。然受當時訊息、交通等因素制約，人們並不能完全瞭解事件的原委及真相，不同的人群即使對同一消息也會有不同的解讀，因此社會上各種真假「新聞」魚龍混雜，謠言混跡其間，成為當時較為顯著的一種社會現象。

謠傳盛行一方面反映了民眾心理的不成熟，同時更是民眾對社會缺乏安全感的一種表露。「鄂亂」後，湖南在地理上緊鄰湖北，報刊中關於「湘變」、「長沙不守」的流言時見報端。廣東作為黨人最活躍省分，各種關於黨人的流言蜚語甚囂塵上。近畿之地的天津、保定也曾一度哄傳有失守之說，更有

〔註68〕 馬自毅：《前所未有的民變高峰──辛亥前十年民變狀況分析》，《上海交通大學學報》，2003 年第 5 期。

〔註69〕 王先明：《士紳階層與晚清民變》，《近代史研究》，2008 年第 1 期，第 22 頁。

甚者兩宮欲傚仿庚子西巡故事之「北狩」說也不脛而走。鑒於謠言滿天，民眾惶惶不可終日之亂象，地方督撫紛紛利用各種方式，安撫民眾。

兩廣總督張鳴岐八月二十四日（10月15日）札巡警道諭知各報館，就省垣《國事報》特電欄內載有湖南長沙、保定等地失陷事宜，予以更正：「查本督院廿三日辰刻正接湘撫余廿二日亥刻來電，內稱湘省安靜等因。顯見湘省並無變故，該報登載顯係謠言……際此時局艱危，保存地方治安，官民交負其責，報館為輿論從出之地，尤應遇事審慎，豈容濫博消息靈通之虛譽，妄爭營業一日之長短，散播謠言，混淆大局……再，正核辦間，續接送來各報傳單，有保定失守之說，本督院於是日酉刻正接外務部來電，並無提及此事，顯見亦係謠言，應並由道諭令各報更正……嗣後，凡關於亂事一切消息，務宜詳加考校，萬勿率爾刊佈傳單，……違禁登載……即由道按照報律各條，分別懲究，勿稍寬貸。」〔註70〕

廣州獨立前夜，謠傳鼎盛，粵督張鳴岐再三「示諭」，禁止造謠：「鄂亂影響，粵省謠言四起，各屬土匪時思乘機蠢動，經本督院嚴密布置，增募兵隊，扼要防守，漸臻完善；並經紳商士庶開會集議，截留兵餉，融合滿漢，共保公安，全體表決，一律贊成。乃日來謠言迭出……捕風捉影，支離已極；無知愚民，誤會傳聞，紛紛遷徙，無故自擾，顯有不法匪徒，藉端搖惑，希圖擾亂治安。現值防務吃緊，人心驚惶之際，豈能再認此等造言生事之人，任意搖惑，妨害治安，破壞大局。合行出示曉諭，諸色人等一體遵照……謠言全不足信，務宜各安生業，不得妄有驚擾。如有敢造謠生事者，即屬全省治安之公敵，本督院為維持公安大局起見，不得不從嚴懲辦，以昭炯戒。」〔註71〕

浙江巡撫增韞增八月二十八日（10月19日）張貼安民告示一道：「川鄂亂事政府已撥重兵會合各省援師大兵雲集，旦夕敉平，商民人等幸勿妄信謠言，自相驚擾，照常各安生業。如有不法匪徒造言惑眾，致妨治安者，自當嚴密查拿懲辦，不稍寬待，以保大局。」〔註72〕

直隸總督陳夔龍「鄂亂」後張貼安民告示：「照得鄂省兵亂，業派大軍前征，連日迭次得勝，奪獲大炮多尊。天津嚴密防範，分佈警隊梭巡。凡爾官

〔註70〕 《兩廣官報》，《近代中國史料叢刊三編》第50輯，臺北：文海出版社，1989年，第3418～3419頁。

〔註71〕 要聞二：《革命聲中之嶺海潮》，《申報》1911年11月5日。

〔註72〕 要聞二：《浙潮感受鄂潮之影響》，《申報》1911年10月21日。

紳士民，務須鎮靜安心，毋得輕信謠言，倉皇遷徙紛紛。倘敢造謠煽惑，定即查拿嚴懲」。〔註73〕其後灤州兵諫、接著又發生吳祿貞遇刺事件，津、保一片惶然，石家莊、正定不守以及石、保駐軍兵變傳聞不絕於途，直督再次頒發告示：「照得天津地方本甚安靜，惟近日訛言四起，以致商民互相惶惑，紛紛遷徙。本督院聞吾民無故恐慌，良深軫念。用特直言相告，俾釋群疑，須知西南各省現雖不甚平靜，業經朝廷分別派兵前往相機剿撫；石家莊現有段提帥督兵駐紮，山西降兵退回，正定、保定各處均極安謐如常；駐灤軍隊紀律本極嚴肅，軍民相安無事，刻因灤州沒有營房，天氣漸漸寒冷，開赴永平駐紮；至天津市面繁盛，平日防範本嚴，近復督飭警隊晝夜加意防備。本督院日以保守治安為事，吾民大可放心，自示之後，務即各安生業，切勿輕聽謠言，徒自紛擾。倘有不逞之徒仍敢造謠煽惑，定即查拿嚴辦。」〔註74〕

豫撫寶棻「鄂亂」後也曾下發告示安民：「鄂亂以來省內謠言層出，無奇不有，殊覺有惑人心，深恐奸宄之徒乘隙劫掠攘竊，日前特出示諭，如再有造謠生事之人定即嚴拿究辦，以免莠言亂政。」〔註75〕

官府一方面「示諭」禁謠安民，一方面試圖向民眾解釋事實真相，藉以安撫民心。八月二十六日（10月17日），順直諮議局特致電湘、粵兩省諮議局詢問「虛實」〔註76〕，希圖以正視聽。九月初六日（10月27日）直督陳夔龍致電內閣，懇請就兩宮「北狩」傳聞作出解釋，以靜人心。九月初八日直隸總督接內閣覆電，天津大公報予以登載：「陳夔龍電奏，天津等處，日來浮言四起，竟謂官府之內有將以北狩之說進者等語。現在人心不靖，謠諑紛紜，朝廷一以鎮定為主，並無北狩之說，著傳諭士紳，萬勿聽信訛言，致滋紛擾等因，欽此。閣，庚。」〔註77〕

各地主政長官鑒於謠言蠱惑，人心不穩，紛紛打出官府名號示諭安民。上海道安民告示：「照得鄂軍兵變，武昌失守，業奉諭旨，飭派陸軍兩鎮及加派兵輪並長江水師，迅速赴鄂剿辦，轉瞬大兵雲集，指日平定；此外各省各埠經電確詢，實係如常安靜……萬不可輕聽謠言，互相搖惑。本道如得外埠確信，必得隨時登報宣佈，以安眾心，合亟出示曉諭，仰諸色人等一體知悉。

〔註73〕本埠：《督憲告示》，《大公報》1911年11月1日。
〔註74〕本埠：《督示安民》，《大公報》1911年11月12日。
〔註75〕河南：《豫撫出示禁止謠言》，《大公報》1911年12月2日。
〔註76〕本埠：《電詢亂耗》，《大公報》1911年10月18日。
〔註77〕本埠：《閣電照錄》，《大公報》1911年10月31日。

務望各安生業，不必稍有驚疑，是爲至要。」〔註78〕遼陽州牧安民告示：「湖北匪黨竊發，攪亂武昌，朝廷業派大臣督兵往剿，當可剋期撲滅；報紙所載蔓延他省，均係傳聞之誤。迭接江蘇、湖南等省來電，均稱安靜，爾等勿爲謠言所惑。」〔註79〕

　　爲殺一儆百，直隸當局特飭令巡警道在現有巡警內挑選精明強健者三十人，派充偵探，每日身著便服，專在茶肆、酒鋪、娼僚、妓館查拿造謠生事之人。果然數日後，即在南市等處拿獲捏造謠言及投匿名信者二人。〔註80〕東督趙爾巽接獲鄂警後，知道此事件之影響非同小可，一方面派員前往京、滬、寧等地探聽消息，一方面嚴禁報紙揭載有關武昌訊息。《大中公報》逆風而行，違反禁令，擅自登載武昌「亂事」，即被奉天當局予以查封，該事件引發極大轟動。九月初五日（10月26日）趙爾巽爲安撫人心，不惜「顛倒黑白」，致電各屬：「各府廳州縣：鄂亂只在武昌、漢陽，其租界皆安。湘、皖、潯、寧各省均安，日報紙亂造謠言，萬不（可）信，《大中公報》已封禁，務即飭由自治會發單，通告人民萬勿自擾……不通電處，由官派差專送，勿遺。」〔註81〕

　　謠言本身並無事實根據，完全憑空捏造；傳言大多有事實根據，只是當時尚未證實的消息。無論是有事實根據的傳言，還是憑空捏造的謠言，當社會出現動盪之時，民眾往往並不加以區分。在信息尚不發達的二十世紀初期，人們處於信息饑渴狀態，民眾常常會對各種信息根據自我好惡做出選擇性理解。不僅傳言、謠言會對正常的社會生活秩序造成極大衝擊，即便是正規管道傳播的新聞信息也同樣會引起社會震動。

　　《申報》因登載漢陽失守之電，十月十一日（12月1日）晚九點被「少年數人」來館「詰責」，指爲「造謠惑眾」，隨即發生民眾哄砸報館事件。《申報》爲此於1911年12月2、3、4日連續登載《特別宣言》予以解釋。《申報》報館被哄砸事件折射了民眾的心理價值取向，《申報》此前刊載的一篇《說謠言》的評論雜文，對此有眞切的刻畫：「武昌事起，人民日言某地失守、某地失守，久之，而事實者半，不實者半；又言某人被刺、某人被殺，

〔註78〕　本埠新聞：《滬道安定人心之告示》，《申報》1911年10月15日。
〔註79〕　《盛京時報》（1911年10月24日），章開沅、羅福惠、嚴昌洪：《辛亥革命史資料新編》第3卷，武漢：湖北人民出版社，2006年，第349頁。
〔註80〕　本埠：《造謠者鑒》，《大公報》1911年11月2日。
〔註81〕　《遼寧辛亥革命史料選輯》，章開沅、羅福惠、嚴昌洪：《辛亥革命史資料新編》第3卷，武漢：湖北人民出版社，2006年，第40頁。

久之，而亦有實者，亦有非實者，官場於是憤然曰是謠言也。……官吏見人民之警報頻傳，以謠言大有勢力也，於是乃思以謠言攻謠言之法，今日則某地大勝，明日則某處克復，久之，而大勝者不過小勝，克復者不過預定克復之計劃，於是人民亦群嗤之曰是謠言也……同一謠言也，聞某處失守，某人某人被刺、被殺，則欣欣然有喜色；官軍大勝、官軍克復，則慘然以憂，色然以怒，或且憤無所泄，而群詰其謠言之所由來。是則心理上之蘊蓄，斷非謠言所能改變者。」〔註82〕

2、制止擠兌，維持金融

　　武昌兵變引起的政局變動，造成了遍及全國的社會動盪，謠言肆虐，加重了社會恐慌，不僅緊鄰武昌的三江兩浙各大城市出現了擠兌風潮，就連遠在東北的金融重鎮營口也難逃厄運。兌現風潮彌漫，致使各地銀根吃緊，銀價上漲，又導致物價昂貴，百姓生活、商業貿易都受到極大衝擊。

　　據《盛京時報》記述：「湖北武昌失守之警告傳來，本埠（營口）官商學界無不錯愕，影響所及，當以商界為尤甚。二十二日本埠抹爐每定（錠）本易七十二元五角至七十三元，是晚忽聞警電，銀價驟短。二十三日開行七十二元，隨即七十一元五角至七十元零五角；二十四日更落至六十七元五角；二十五日又落至六十五元餘……二十六日一度跌至五十五元。二十五日早，各銀行門首持幣換現者紛繁擁擠，交通、戶部兩銀行及東三省官銀號每家均擠有換錢者二三百人……二十六日早至午，各行門首之持幣換現者仍擁擠。」〔註83〕皖官錢局、蘇官錢局因發行紙票過多，持票兌現者擁擠不堪，裕寧號因換錢者過多，幾至出現騷亂，官府不得不出動巡警維護秩序。

　　擠兌風潮也波及到傳統的錢莊、典當行。八月二十七日（10月18日）杭州湖墅、侖源錢莊因擠兌風潮「擱淺」，庚和錢莊受「擱淺」的上海連支晉和莊影響，也出現周轉不靈之虞，風聞「有受擠陷淺之說」，城內豫和、寅源、和慶各莊「不免稍有牽動」。〔註84〕在銀行、錢莊擠兌風潮的衝擊下，當鋪生意異常「火爆」，因典當者過盛，當鋪「有出無進」，竟然為此叫苦不迭。杭州城內當鋪二十八日（10月19日）聯合出臺新規：凡持重衣飾往質者每人限

〔註82〕 評論：《說謠言》，《申報》1911年10月31日。

〔註83〕 《盛京時報》（1911年10月18日），章開沅、羅福惠、嚴昌洪：《辛亥革命史資料新編》第3卷，武漢：湖北人民出版社，2006年，第338、341頁。

〔註84〕 各埠通信：《杭州錢業之受擠》，《申報》1911年10月21日。

給五元。二十九日（10月20日）又改限二元，而求質者仍然絡繹不絕。安慶城內鼎和、鼎興、同春、恒豐、公裕等當鋪則規定：每日僅當零星小件，數在一二元之譜，其餘大宗一概不當。〔註85〕

　　爲應對金融危機，各督撫使出渾身解數籌措款項。其一是奏請度支部由大清銀行撥款濟急。九月上旬，皖、浙、贛、桂、江寧、陝甘以及直隸等地督撫均有請款電奏，或五十萬兩或二百萬兩不等，然度支部也是庫款支絀，「等米下鍋」，各地請款電奏，大多如泥牛入海。

　　其二截留濟急。湖南巡撫余誠格八月二十六日（10月17日）奏請將湘省應解京餉、各省協餉、練兵經費、邊防經費、順天備荒經費、京師大學堂經費、鐵路經費、鹽釐金等銀，共四十四萬餘兩，截留緩解，以支應用」。朝廷交度支部議決，度支部考量實情，萬般無奈之下「應允撥留十萬。」〔註86〕粵督張鳴岐雖然也曾奏請將應解京部各餉截留，但交部議後無果而終。

　　其三自籌款項。地方督撫在依靠度支部撥款成爲泡影的情形下，不得不自行出面，籌借洋款或商款以應急需。其實辛亥前十年，清政府不論中央財政還是地方財政，賠款、新政等方面的款項用度都已經遠遠超出了自身的支付能力，赤字財政成爲這一時期的顯著特色，從中央到地方無不舉債度日。武昌「兵變」後，西方列強鑒於中國局勢的不明朗，便紛紛打出中立的幌子，關閉了清政府告貸的門檻；地方士紳假諸議局也力爭在鄂亂後有所表現，對督撫、乃至中央政府之借款多有指陳，故清政府（當然也包括地方督撫）接洽的借款均未能兌現。據統計地方督撫計奏請息借洋款3000餘萬，然成交者無幾。

　　萬般無奈之下，地方督撫只好採取自救措施，從十分緊張的地方庫儲中設法挪借，撥款救市。直隸由地方官府籌款二百萬兩交保商銀行，再由該行出用銀條一百萬兩，合計三百萬兩用以維持市面。〔註87〕浙江巡撫增韞鑒於銀根吃緊，飭令先由藩運兩庫借撥銀兩二十萬，以爲濟市之用。爲虛張聲勢，官府特派巡防隊勇八十名護送滿載之銀車由大街入行，以慰人心。蘇州民眾自二十一日得知「鄂亂」消息之後，紛紛提取現款，致使洋價飛漲，至二十四日錢業已是「有行無市」。爲維持市面計，巡撫程德全允

〔註85〕　要聞二：《杭防戒嚴情形》、《贛皖之防維鄂亂談》，《申報》1911年10月22日。

〔註86〕　內閣奉發湖南巡撫余誠格電旨，宣統三年八月二十六日（1911年10月17日），外務部發電簿。

〔註87〕　本埠：《維持市面》，《大公報》1911年10月31日。

准由藩庫撥借官款二十萬，同時由何剛德太守出面會同商務總會「勸諭」王駕六、俞子亮二富商「認洋二十萬」，投市以濟急；同時又札飭司道出示曉諭，無論何項「鈔票一律通用，勿得阻礙」。〔註88〕至於受錢荒影響有倒閉之憂的信成錢莊，江蘇當局也採取措施予以救助，江督與蘇撫允准滬道所請，滬關存放該錢莊之生息公款二十萬暫不提回，以資補救，且有滬道再借款十萬兩，以示維持。〔註89〕

官府財力之不足救市，各地紳商迫不得已採取了一些自救措施，如短暫歇業、發行替代商票、限制提前取兌、限制典當等，地方當局對此都予以鼎力支持。上海作為金融商埠薈萃之地，感受鄂亂風潮較厲，最早出臺臨時應對辦法：「甲、各莊所發洋銀行鈔票，自今日起不論牌號優劣，均暫緩十日至二禮拜歸還，如有自願即還者聽。乙、各錢莊昨今兩日同行鈔票，亦暫緩十日至二禮拜歸還。丙、各莊摺面長存款項，商令暫從緩付。丁、各莊浮存款項亦分層次隨時照付。戊、各莊票款，仍應照付，如有一莊缺款，如非過巨，各莊幫忙過去，如缺數過巨，各莊難以幫全，即令收賬清理，以免倒閉。己、銀鈔以三錢五為度。」〔註90〕

上海紳商的措施很快為他地所傚仿，福建商會集思廣益，酌定暫時辦法數項：「一、九月初三期無論大小商號概應照常理付；一、如有現票（指錢莊現行之票）不敷理期者，可立本號期票，以便暫時行用；一、此項期票暫為一時權用，概以一個月為限；一、此項期票當照錢莊折息五毫計算；一、此項期票應如何均分，宜商諸收期人，總以便於使用為要；一、此項期票如有轉用他號者，須加蓋本號章，以專責成。」〔註91〕

天津作為北方商業重鎮，又是直隸總督駐節之地，武昌起義後也一度出現金融亂象，九月初七日（10月28日）曾一度停市。為維持秩序，地方當局與紳商公議章程草案九條：「一、自九月初七日天津停市以前，凡息借票項折交存條官洋商各債款均分期償還，以資周轉；一、分期年限，凡年息五釐或五釐以內者，分作四年，過此以外者，分作八年；一、自本章程

〔註88〕 《清末蘇州商務總會檔案》，揚州師範學院歷史系：《辛亥革命江蘇地區史料》，南京：江蘇人民出版社，1961年，第97～98頁；要聞二：《鄂垣革軍影響之種種》，《申報》1911年10月19日。

〔註89〕 江蘇：《維持信成之官電》，《大公報》1911年11月3日。

〔註90〕 要聞：《滬上維持市面之辦法》，《大公報》1911年10月23日。

〔註91〕 各埠通信：《福建：閩商會維持商業辦法》，《申報》1911年10月31日。

批定日起，凡票項存條，無論以前原定期限未到或已過，須於十日內均將利息算清找付，並將原本按年分寫存條；一、自本章程批准日起，即以是日為第一期，限三十日內按照分期存條如數歸還；一、自分年後，照舊付息，利隨本減，將本年分應付之息附注於該年存條之內；一、折交自本章程批定日起，即將存欠算清，照前條辦理；一、在九月初七日以後交往者，不在此限；一、各項債款交往在九月初七日前者，應按照日期前後辦理；一、在九月初七日以前所欠各款，雖於九月初七日以後換原者，確有實據，應照九月初七日以前辦理；一、無息浮存各項貸款不在此例；一、債務者如願將欠款全數歸還者聽。」〔註92〕

各省督撫借官府威望，頻頻發佈告示，以安民眾。江督張人駿之安民告示：「查此次銀根恐惶，實因武漢變事而起，其中顯有造謠生事之徒，以致民間誤信，競以鈔票兌現，自取紛擾。武漢之間，現奉朝廷迅派重兵兼施剿撫，脅從罔治，殲厥巨魁，指顧間事。自皖贛以至下游一帶，探報絡繹，均屬一律安謐，所有國設省辦商股各銀行錢局鈔票，均已備足資本，應即照常貿易。凡我軍民萬勿輕據報載讕言，及傳聞異辭，相滋疑惑。除嚴勸地方文武營警密查造謠之人，務令拿禁盡淨外，合就出示曉諭。為此，示仰居戶商旅軍民人等一體知悉，其各遵照，毋違特示。」〔註93〕東三省總督趙爾巽之安民告示：「照得鄂省兵變，只在武漢一處。近得電報，官軍赴剿，已迭次獲勝，不日即可敉平，東三省地方萬不至稍受影響。乃聞省外各屬人民，誤聽謠言，自相驚恐，復有奸商從中撥弄，以致糧豆價值異常跌落，並相率不用鈔票，各項期票亦均跌價，各處市面，遂立見恐慌，為害商民，殊非淺鮮，……為此，示仰各屬商民人等，一體知悉。所有各項買賣，務宜照常交易，行使鈔票，不准勉強跌價，任意取現。倘有奸商暗中煽惑，希圖取巧，一經查出，定即嚴查懲辦，絕不姑寬，其各懍遵。」〔註94〕

3、示鎮靜以止民眾遷徙

武昌兵變造成的社會動盪，進而引發民眾的群體恐慌，遷徙之風也隨即蔓延開來。江浙一帶富商大賈以及包括各地官眷，多以上海為樂土；直隸、

〔註92〕　本埠：《補錄革案》，《大公報》1912年2月10日。

〔註93〕　江蘇：《江督安撫人心之告示》，《大公報》1911年11月1日。

〔註94〕　《遼寧辛亥革命史料選輯》，章開沅、羅福惠、嚴昌洪：《辛亥革命史資料新編》第3卷，武漢：湖北人民出版社，2006年，第40～41頁。

京師民眾的逃亡多以天津為避難之所。京師中滿洲貴族也有逃亡關外者，東三省則多以大連為避居之地，更多的人則選擇由城市逃往鄉村，無序的避亂遷徙，加重了民眾的恐慌心理。

《申報》中對南方各地出現的官民遷徙多有描述。對江蘇境內的士紳遷徙《申報》有如下記載：「官紳亦有事先遷避來滬者，滬寧火車開至上海者極為擁擠，乘客大半站立，不得坐，行李之多為從來所未見，某某兩大憲之寶眷亦有來滬消息。」〔註95〕浙省亦有類似現象：「官廳表面似極鎮靜，惟民間謠言愈勝，稍有身家者，紛紛搬逃。赴上海者十之三，赴寧紹各屬及上游者十之七。江船擁擠，行李如山。」〔註96〕皖省城安慶在接獲九江失守訊息後，民眾遷避者較前尤甚，撫署幕友亦一律請假送家眷回里，巡撫朱家寶亦無法攔阻，由是官民眷屬出城者「轂擊肩摩，途為之塞。」〔註97〕

北方重鎮天津在得知上海失守後，兵變之聲不絕於耳，人心愈加驚恐，民眾紛紛遷避，租借人滿為患。《大公報》曾撰文譏諷：「河北一帶大小公館連日紛紛遷往租界者，車載肩挑，途為之塞，以致租界房金漲至數倍之巨，雖馬廄廁屋亦群視為安樂窩。」〔註98〕

地方督撫為遏止民眾遷徙，不外是以官府名義頒發安民告示，以期民眾鎮靜。吉林巡撫陳昭常用「告示」的方式，向民眾解釋官眷並未出逃，希冀安撫人心：「此次川鄂變起，東南各省雖已迭遭匪亂，吉省僻在邊隅，距亂地甚遠，斷不致蒙受影響，並經本撫院會同諮議局暨督同各司道以下文武各員，力籌防衛，共保治安，地方決無他慮，乃風聞居民謠傳謂本撫院家屬現已遷徙。本撫院職在守土，撫院家屬與本撫院同此安危，豈有先行遷徙之理。藉此無故疑擾，殊與地方影響匪輕，亟應明白宣示，以靖人心。仰闔省旗民人等一體知悉，自示之後，務須照常安業，毋得輕信謠傳，徒滋紛擾。」〔註99〕

直隸總督陳夔龍在地方士紳陳請下，決定動用行政手段，對出逃之官員人等「具摺嚴參」，候補道洪翰香奉命徹查此事。陳夔龍九月初八日（10月29日）親自致函洪道言：「聞近日河北地方官員，搬家者甚多，均移駐租界，

〔註95〕 本埠新聞：《鄂亂影響》，《申報》1911年10月17日。
〔註96〕 要聞二：《浙潮感受鄂潮之影響》，《申報》1911年10月21日。
〔註97〕 要聞二：《皖公山草木皆兵》，《申報》1911年10月28日。
〔註98〕 閒評二：《大公報》1911年11月4日。
〔註99〕 吉林：《吉撫安撫人心之示諭》，《大公報》1911年11月30日。

自相紛擾，殊不成事，何怪民間愈行惶恐，應由執事妥爲詳查，開單呈閱，以憑核辦。」〔註100〕可見總督對此極爲重視。

蘇省、浙省、皖省等地督撫則使用了幾乎相同的方法，即安排家人出現在公共場所，以鎮定人心，同時表明官府態度，也期望消除人民誤傳官眷出逃之謠言。浙江巡撫增韞八月三十日（10月21日）上午九時，命僕役護持太夫人及眾眷屬出遊西湖，「歸途由錢塘門入城，經大街回轅」，以釋群疑。〔註101〕江蘇巡撫程德全命夫人「乘綠肩輿、盛儀衛，從鬧市經過，謝客二日」；〔註102〕安徽巡撫朱家寶則讓夫人帶著自己的女公子屢屢現身大觀亭迎江寺「遊玩」以示鎮靜。

然而不論地方督撫如何盡心盡責，武昌「兵變」引發的社會動盪已無法遏制，清政權垮塌的「多米諾效應」業已啓動，王朝帝制退出歷史舞臺的進程已經不可逆轉。

〔註100〕本埠：《督函照登》，《大公報》1911年11月2日。

〔註101〕要聞二：《杭垣繹騷近狀》，《申報》1911年10月23日；各埠通信：《浙江：撫臺太太之鎮靜》，《申報》1911年10月22日。

〔註102〕尚秉和：《辛壬春秋》，香港：文藝書屋，1970年，第83頁。

第三章　辛亥變局中獨立省分督撫之抉擇

　　辛亥變局中有十五個省分宣佈獨立，脫離清廷統治，其間涉及督撫十六人（江蘇因江、寧分治，江蘇巡撫程德全、兩江總督張人駿分列其中），逃亡者八人，反正者四人，死難者四人。

　　從表象上講，死難者似可歸屬爲對大清王朝忠貞之輩，反正者可歸類爲「叛清」之徒。其實不然，細究死難督撫之言行，似乎也很難僅僅憑藉死難，就將他們劃歸效忠大清王朝的忠貞之士。閩浙總督松壽、浙江巡撫馮汝騤死難前已有或曾經有順應民意的表示，署川督趙爾豐則是在讓渡政權後死於民軍之手。同樣，反正督撫中也不盡全然背叛大清者。從結果上看，山東獨立十二天後又復取消，「總統」孫寶琦也再度回到巡撫職任；安徽巡撫朱家寶在民軍都督位子上僅有七天時間即出逃，進京請罪後還曾奉命到潁州前線與民軍交鋒。慶親王奕劻即曾將獨立督撫劃分爲「實係違背朝廷」者，如程德全、沈秉堃輩；朱家寶等暫充都督者「當爲一時從權之計」。〔註1〕

　　十六位獨立省分督撫，有出任民軍都督經歷者四位，他們是：江蘇巡撫程德全、廣西巡撫沈秉堃、安徽巡撫朱家寶、山東巡撫孫寶琦。且不論他們出任民軍都督的推助力如何，在「變身」的過程中，他們的內心世界都經歷了從抵拒到認同的轉換，後因地域差異、主客觀等因素制約，他們走向獨立後的人生軌跡呈現出較大的不同。

〔註 1〕 要聞：《慶邸對於獨立督撫之品評》，《大公報》1911 年 11 月 28 日。

　　逃亡督撫中有不敵而逃者，有不戰而逃者。戰或不戰，逃的結果雖然一樣，但他們內心的衝突與獨白迥異。從效忠清王朝的角度而言，兩江總督張人駿在所有逃亡督撫中最值得稱道。張人駿在沒有外援的情況下，依靠張勳、王有宏等江防舊軍堅持到最後一刻才棄城出逃，算得上為大清朝鞠躬盡瘁而沒有死而後已的督撫。逃亡督撫中湖南巡撫余誠格、陝西護撫錢能訓可謂不敵而逃者的典型，駐省新軍「倡變」，余誠格「穴洞」而逃，錢能訓倉皇逃匿，剎那間省城易手。作為兩個最早回應武昌起事的省會巡撫，其「原罪」不亞於湖廣總督瑞澂。湖南長沙、陝西西安駐省新軍帶有冒險性質的起事能夠一舉獲得成功，一方面說明了兩位巡撫應變能力之匱乏，同時也應驗了大清王朝的「氣數」。

　　獨立省分督撫中有機會變身為民軍都督者大有人在。雲貴總督李經羲：雲南光復後，李經羲被發動「兵變」的蔡鍔、李根源等人「請」至諮議局，蔡鍔等勸其反正，李經羲念及朝廷對李氏家族的恩典，未予允准，李事後電奏朝廷時對此不無誇張：「全局議紳偕叛黨勸允都督，始則跪求，繼則恫嚇，羲誓死責斥……」。〔註2〕兩廣總督張鳴岐：廣州獨立前夕，張鳴岐在士紳要求下曾應允出任民軍都督，後鑒於省城形勢幾近失控，迫不得已作出「漏夜」逃往香港的選擇。貴州巡撫沈瑜慶：在地方士紳「鼓譟」之下，新軍、撫署衛隊「叛跡」昭彰，沈瑜慶作出「讓渡政權」的決定，而對士紳懇請其出任民軍都督一事「堅辭弗受」。

　　不論李經羲、張鳴岐、沈瑜慶等人出於什麼原因放棄出任民軍都督，都可以從一個角度證明清王室並非已經到了眾叛親離的境地。辛亥鼎革之際的督撫在遇到「叛異」力量的挑戰時，之所以與太平天國運動時期的督撫表現迥異，是因為他們遇到的「叛異」力量新軍、諮議局紳來自於體制內部，督撫們的心理語言自然與太平天國運動時期的督撫大不相同。因是之故，從獨立省分督撫言行上立論，綜合考量他們在變局中的抉擇，進一步挖掘他們在抉擇過程中的心路歷程，才能更好的「還原」鼎革之際督撫研究。

〔註2〕　《宣統三年十月十六日雲貴總督李經羲致內閣請代奏電》，中國史學會主編：中國近代史資料叢刊《辛亥革命》（六），上海：上海人民出版社，1957年，第263～264頁。

第一節　逃亡督撫之無奈

辛亥變局中獨立省分督撫涉及十六位，逃亡者佔據八席，總督四，巡撫四，湖廣總督瑞澂成為「逃亡督撫」之代表。八位逃亡督撫中有六位面對的「叛異」力量來自駐省新軍，其中湖廣總督瑞澂、雲貴總督李經羲、兩江總督張人駿在進行了抵禦後「不敵而逃」，湖南巡撫余誠格、陝西護撫錢能訓、浙江巡撫增韞則是在駐省新軍「倡變」後未能組織起有效抵抗即落荒而逃。

作為維護王朝統治力量的新軍出現「裂變」，使得大清王朝的統治基礎瞬間失去根基，地方督撫原本可以倚重的舊軍防營，日趨邊緣化，喪失了與「叛亂」新軍抗衡的能力，湖南長沙數倍於舉義新軍的防營「不開一槍，不折一矢」，拱手將省城相讓極能說明問題。

新軍「倡變」，督撫逃亡，地方士紳多有附從唱和者。黔、粵走向獨立，士紳在其中還扮演了極其重要的角色。辛亥變局中地方士紳的政治理念與「革命」相去甚遠，趨利避害的心態驅使他們走上了所謂的「革命」道路，貴州巡撫沈瑜慶、兩廣總督張鳴岐所以將政權「讓渡」，很大程度上是地方士紳的價值趨向影響了他們的抉擇。

一、不敵而逃

逃亡督撫群體中，湖廣總督瑞澂、雲貴總督李經羲、兩江總督張人駿是在與「倡變」新軍交鋒後，落敗而逃。瑞澂、李經羲堅守至督署衙門遭到炮擊，張人駿則堅守至金陵失守。新軍「變異」的種芽既有清政府顢頇腐敗所致，也有革命黨人醞釀催生之功。武昌新軍「首義」，革命黨人在軍中活動非止一日，從科學補習所到日知會，從群治學社到振武學社，革命黨人堅持不懈地在新軍士兵中灌輸革命理論。及至武昌起義前夕，文學社與共進會已在武昌新軍中發展會員五千人，[註3] 約占武昌新軍的三分之一弱，為武昌「首義」的成功奠定了堅實的基礎。雲南新軍「重九」之役，黨人與傾心革命的軍中將領通力合作，新軍士兵幾乎成建制地加入到起義活動中，使得雲南光復別具一格。江寧之役是整個辛亥變局中新舊軍攻防戰的典範，兩江總督張

〔註3〕賀覺非、馮天瑜：《辛亥武昌首義史》，武漢：武漢大學出版社，2006年，第112頁；章開沅、林增平：《辛亥革命史》（下冊），北京：人民出版社，1980年，第18～19頁。

人駿依靠張勳、王有宏等江防舊軍「坐困」金陵二十餘日，以致不守，江寧之役可謂日趨沒落、邊緣化的舊軍防營爲大清王朝譜寫的挽曲絕唱。地方士紳雖未親身參與新軍起事，但從事後他們的言行中可以推斷，他們對新軍舉義活動持理解、支持的態度。

同樣是不敵而逃，瑞澂因肩負變局「肇亂」之「首禍」，相對於大清而言，負罪最重；且瑞澂逃亡後態度消極，爲保命躲進上海租界，還曾詛咒大清朝垮臺，可謂「臣德」有虧。李經羲逃亡後爲保家眷與民軍談判，並應蔡鍔等人之請，勸降雲南蒙自總兵，於民軍政府有利，於大清朝「臣節」有損。張人駿堅守至城池失守最後一刻，體現的是對大清王朝的忠貞；然張人駿在最後時刻也曾幻想與江浙聯軍「談判妥協」，置自己「與城共存亡」的誓言於腦後，實屬「晚節」不保。

（一）湖廣總督瑞澂

八月十九日（10 月 10 日）武昌新軍舉義，是在革命黨人指揮機關遭到破壞的情況下，部份革命官兵奮力一搏的結果。當時的一些政府官員言論中即有瑞澂「激變」之說，時至今日仍然有如是評說者。所謂「激變」是對瑞澂八月十八日（10 月 9 日）成功破獲革命黨人寶善里十四號機關部之後應變舉措的指責。

寶善里十四號起義機關部暴露，是因爲革命黨人孫武等配製炸藥時不小心引爆而致，瑞澂於八月十八日晚七點鐘得報，當即派荊襄水師巡防隊將在寶善里十四號捕獲的劉公之弟劉同、劉公之妾等一干「人犯」解送至武昌督署當庭審訊，劉同供出實情，瑞澂即刻派人搜捕。

據瑞澂十九日奏報稱：軍警在城內大朝街、朝街、保安門等處，「先後拿獲匪目、匪黨計共三十二名。」〔註4〕又據《中國革命記》統計：英租界拿獲二名，小朝街八十二號、八十五號、九十二號共拿獲三十五名，雄楚樓拿獲五名，黃土陂千家街雜貨鋪拿獲楊宏勝，俄租界拿獲二十二名，督署前拿獲二名，合計六十六名之多。〔註5〕而民國二年（1913 年）《東方雜誌》刊登的

〔註4〕 《閔爾昌舊存有關武昌起義的函電》，中國科學院歷史研究所第三所：《近代史資料》總 1 號，1954 年第 1 期，北京：科學出版社，1954 年，第 51～53 頁。

〔註5〕 記事一：《大事記》，《中國革命記》第 1 冊，上海：上海自由社，1912 年，第 3～5 頁。

《中國政治通覽》一文中稱：鄂軍警「在漢口英租界俄租界其它各地，偵獲黨員，先後已七十三人。」〔註6〕

湖北當局的搜捕行動破壞了革命黨人的起義指揮機關，領導人或逃亡或被捕，起義士兵頓成群龍無首的局面。故瑞澂不無得意，「此次革匪在鄂創亂，意圖大舉，……所幸發覺在先，得令即時撲滅。俾得弭亂於初萌，定亂於俄頃，……現武昌、漢口地方一律安謐，商民並無驚擾，租界教堂均已嚴飭保護，勘以上慰宸廑。」〔註7〕

瑞澂的抓捕的確很成功，至於是否在軍隊中擴大清洗，湖北當局內部意見分歧。參議官鐵忠（旗人）主張按繳獲的名冊逐營捕殺，特別是對革命黨人較爲集中的工兵八營更應該予以嚴懲；漢陽知府陳樹屏等人則主張懷柔，「僅治首要，餘皆免究，當可消弭於無形。」〔註8〕此前曾有過這樣的先例，大都以毀掉名冊來安撫人心的。

總督瑞澂沒有聽從陳樹屏的建議，或許是瑞澂想藉此次事件整頓新軍也未可知。瑞澂早就知道湖北新軍有「不穩」跡象，據說瑞澂接任甫一抵鄂就曾詰問第八鎮統制張彪新軍中有多少革命黨人的問題。〔註9〕這次抓捕審訊果然牽扯新軍眾多，鄂督瑞澂怒不可遏，「厲聲敕張彪歸營逮捕」。〔註10〕此外，瑞澂或許也有借機敲打張彪的意思。張彪原爲前鄂督張之洞手下一名親兵，

〔註 6〕 《中國政治通覽》，《東方雜誌》增刊第 9 卷第 7 期，第 10 頁。

〔註 7〕 中國史學會主編：中國近代史資料叢刊《辛亥革命》（五），上海：上海人民出版社，1957 年，第 289～290 頁。

〔註 8〕 中國人民政治協商會議湖北省委員會編：《辛亥首義回憶錄》第 1 輯，武漢：湖北人民出版社，1957 年，第 178 頁；張國淦《辛亥革命史料》，《近代中國史料叢刊續編》第 26 輯，臺北：文海出版社，1974 年，第 85 頁。注：該事件中另有不同說法。李六如：《文學社與武昌起義紀略》，《辛亥革命回憶錄》第 1 集，北京：中華書局，1961 年，第 311 頁；（參議鐵忠、武昌知府雙壽主張從寬處理，當眾燒毀名冊，不予追究。）許寅、王鏗：《寧克玉談辛亥見聞》，中國人民政治協商會議全國委員會文史資料研究委員會：《辛亥革命回憶錄》第 8 集，北京：文史資料出版社，1982 年，第 476 頁。（瑞督師爺張梅生等人主張立即調兵遣將，按冊搜捕，把軍中革命黨一網打盡。陳樹屏等人主張把搜查到的名冊一把火燒掉，以安軍心，徐圖後策。）

〔註 9〕 丁中江：《北洋軍閥史話》第 1 集，北京：中國友誼出版社，1996 年，第 208 頁。

〔註 10〕 尚秉和：《辛壬春秋》，香港：文藝書屋，1970 年，第 49 頁；《梅愣章京筆記》，榮孟源、章伯鋒：《近代稗海》第 1 輯，成都：四川人民出版社，1985 年，第 454 頁。

獲張之洞青睞，又娶張府一丫環爲妻，故有丫姑爺之稱，累遷至提督，並兼統湖北第八鎮新軍，本人實平庸無能，瑞澂早就對張彪表示過不滿，只是由於張彪「饋銀五萬」，〔註11〕才得以暫時保住統制的位置。

湖北新軍中有多少革命黨人，說法不一，張彪在回答瑞澂質問時曾以有三分之一〔註12〕作答，一般史書論著引用的數字約爲五千人，〔註13〕這其中同情革命黨人的士兵應佔據相當比例，湖北當局在新軍中的搜捕使得加入了革命黨的新軍兵士感受到了緊張的壓迫感。

革命黨人起義機關遭破獲，武昌城內謠言紛飛，大多數士兵深信當局確已掌握了一份黨人的花名冊，且會「按圖索驥」逮捕名冊上所有的人。此外更加普遍的謠言流傳開來，凡是沒有留辮子的人，都有可能被當作革命黨人抓起來，甚或有殺頭的危險。而且確有一些宵小之徒至鐵忠處「投效討差，以能搜捕革命黨人自任」，希望能藉此陞官發財。這些人拿著雞毛當令箭，爲索賄四處招搖，弄得武昌城內烏煙瘴氣。〔註14〕

隨之而來的捕殺造成的白色恐怖更加重了人們內心的焦慮，第一批被殺的是彭楚藩、劉復基、楊宏勝三人。彭、劉二人被捕於小朝街，楊宏勝被捕於千家街雜貨鋪，三人被捕後對自己的所作所爲「供認不諱」，十九日淩晨三烈士於督署前被官府「就地正法」。〔註15〕另有教練隊軍兵二人「希圖轟炸督署」，訊明後亦在署前正法。〔註16〕

在謠諑紛傳時，對於不瞭解眞相的新軍士兵而言，六七十人被捕、五六

〔註11〕 費行簡：《近代名人小傳》，《近代中國史料叢刊》第 8 輯，臺北：文海出版社，1967 年，第 321 頁。

〔註12〕 湖北新軍第八鎮官兵計 12071 人，第二十一混成協官兵計 5188 人，合計 17259 人。參見中國社會科學院近代史研究所中華民國史組：《清末新軍編練沿革》，北京：中華書局，1978 年，第 206 頁。

〔註13〕 賀覺非、馮天瑜：《辛亥武昌首義史》，武漢：武漢大學出版社，2006 年，第 112 頁；章開沅、林增平：《辛亥革命史》（下冊），北京：人民出版社，1980 年，第 18～19 頁。

〔註14〕 曹亞伯：《武昌革命史正編》，《近代中國史料叢刊續編》第 86 輯，臺北：文海出版社，1981 年，第 2 頁。

〔註15〕 《武昌首義殉難彭劉楊三烈士列傳》，卞孝萱、唐文權：《辛亥人物碑傳集》，北京：團結出版社，1991 年，第 187～189 頁；《武昌起義三烈士供詞》，中國人民政治協商會議湖北省暨武漢市委員會：《武昌起義檔案資料選編》（下卷），武漢：湖北人民出版社，1981 年，第 623～626 頁。

〔註16〕 渤海壽臣：《辛亥革命始末記》，《近代中國史料叢刊》第 42 輯，臺北：文海出版社，1969 年，第 5 頁。

人正法，可能會被數倍放大，這無疑在士兵中造成一種普遍的心理恐慌。湖北新軍兵員素質較高，即使沒有加入革命黨的士兵，亦剪辮成風，閱讀進步刊物成為一種「時尚」。因此，在心理上同情革命黨人的新軍士兵，或多或少也感受到了威脅。

如何消除新軍士兵中人人自危的恐慌情緒，是擺在湖北當局面前的主要任務。總督瑞澂飭令張彪派管帶到各營去做安撫工作，然瑞澂、鐵忠等人完全把新軍整體當作假想敵來處理，這樣的安撫工作自然不會有好的效果。安撫效果不佳，還有一個原因就是當時的新軍已經沾染了舊軍隊的一些壞習氣，如剋扣軍餉、打罵士兵等，官兵關係不融洽、甚至可以用緊張來形容，也導致官兵信任感降低。此外，軍中的一些高級軍官在當時滿漢矛盾的驅使下為自保計，對新軍中革命黨人的查處也多採取敷衍的態度，對所謂形跡可疑的士兵大多勸令出營，根本不敢查處懲辦。

營中有軍官曾經建議：因新軍中革命黨人太多，捕不勝捕，最好用「甘言勸慰」，除已拿者不計外，一概寬免；一面將各營藉操徒手旅行為名，暫調城外，然後將最著名之代表等一律解散，再將老兵退伍，則可消目前之禍。〔註17〕或許這是較好的解決問題的方式，但第八鎮統制張彪因為連日來新軍中冒出來的一連串問題，心存膽怯，不敢再去招惹鄂督瑞澂。瑞澂在事先不消除隱患的前提下，反而一味以查拿革命黨人為要務，在新軍中一再製造緊張空氣。因是之故，新軍中的革命黨人不僅沒有被白色恐怖所嚇倒，反而迫使他們鋌而走險，完成了最後的一擊，「激變」說源於此。

學者張鳴於 2010 年 6 月發表了一篇雜說散文《瑞澂之走》，文中以調侃的口吻戲稱：武昌新軍起事，未叛和觀望者居多，此時的瑞澂，如果能鎮定一點，親自率軍抵抗，群龍無首的暴動者能否成功，實在是未定之數。哪怕他學葉名琛〔註18〕，來個「不死，不降，不走」，結局也許會有點不一樣。〔註19〕

武昌新軍起事之初，觀望者居多，這是事實。打響武昌起義「第一槍」

〔註17〕曹亞伯：《武昌革命史前編》，《近代中國史料叢刊續編》第 86 輯，臺北：文海出版社，1981 年，第 392 頁。

〔註18〕葉名琛，兩廣總督，第二次鴉片戰爭期間，英法聯軍進攻廣州，葉名琛事前既不作準備，臨戰又不抵抗，「不戰、不走、不死、不降」，致廣州失陷，自身被俘，後客死印度加爾各答。

〔註19〕張鳴：《瑞澂之走》，《看歷史》，2010 年第 6 期，第 146～147 頁。

的工程第八營，發難後搶佔楚望臺軍械庫，然發覺其它各營均無動靜，「大眾恐無響應，頓現恐慌，而膽小者當即散匿」，其時工程第八營計不到三百人；〔註 20〕而城外發難部隊更慘，輜重隊（輜重十一營）發難後響應者百餘人，工兵隊僅七八人，炮隊二三人而已，及至武勝門，「再經集合，全體僅存四十餘人」。〔註 21〕

可見「首義」之夜，真正的盜火者普羅米修士們實在是少得可憐，黨人在新軍中力量甚為強大的「感覺」，是有些關於辛亥革命的著述經過人為「渲染」後留給我們的「假象」。如果此時的瑞澂確如張鳴所說，採取積極措施，實在存有「未定之數」，然素有「能吏」之稱的瑞澂「方寸已亂」，提督張彪又非能戰之將才，起事者點燃的星星之火雖屬微弱，但無及時「滅火、救火」之人，只能坐看火勢漸猛。

瑞澂、張彪徒恃「鎮定」，實則困守待斃，瑞澂若不走，或身殉或被俘，恐無第三種可能。至於張鳴文中所說，起義者槍聲一響，瑞澂即「穴牆」開溜，似與事實不符，武昌新軍於十九日夜八時許起事，瑞澂守至督署附近火起，炮彈擊中簽押房，才攜帶家眷落荒出逃，時已翌日清晨二時許。〔註 22〕1936 年《越風》舉辦一期紀念辛亥革命的特刊，其中有一篇文章也談及瑞澂出逃情形：八月十九日「兵變」之夜，「澂聞耗，罔知所措。督署總文案張梅生有膽識，代為指揮……互戰一小時，督署左側屋宇，忽為黨人縱火，煙霧蔽天。督署馬隊，轉與民軍合，澂知事已無望，攜其愛妾，自後圍穴壁宵遁。」〔註 23〕這篇文章記述的情景，在瑞澂夫人回憶錄中亦可得到佐證。〔註 24〕

瑞澂，字莘儒，滿洲正黃旗人，祖父是鴉片戰爭時期因辦外交而沾惹罵名的文淵閣大學士琦善，父親是曾做過西安、黑龍江、杭州等地將軍的恭鏜。

〔註 20〕 曹亞伯：《武昌革命史正編》，《近代中國史料叢刊續編》第 86 輯，臺北：文海出版社，1981 年，第 5 頁。

〔註 21〕 中國人民政治協商會議湖北省暨武漢市委員會：《武昌起義檔案資料選編》（上卷），武漢：湖北人民出版社，1981 年，第 55～56 頁。

〔註 22〕 賀覺非、馮天瑜：《辛亥武昌首義史》，武漢：武漢大學出版社，2006 年，第 192～193 頁。

〔註 23〕 黃華：《記逃督瑞澂》，《越風》（半月刊）第 20 期，第 13～15 頁。

〔註 24〕 許寅、王鏗：《廖克玉老人談瑞澂》，中國人民政治協商會議上海市文員會文史資料委員會編：《文史資料選輯》總第 29 輯，1980 年第 1 輯，上海：上海人民出版社，1980 年，第 94～103 頁。

瑞澂既是旗人，又出身名門，二十歲出頭便以正七品刑部筆帖試踏入仕途，累遷江西廣饒道、蘇松太道、江西按察使、江蘇布政使等職任。宣統元年（1909年），借助姻親載澤之奧援，先由江蘇布政使升任蘇撫，半年內又由蘇撫擢升至湖廣總督，年僅 46 歲。

瑞澂在蘇松太道任內即獲得好評，江西按察使任上因「奉命」主持太湖剿匪事宜又以「知軍」聞名。在清末督撫聯銜會奏中，瑞澂因旗籍身份時常與東三省總督錫良被推舉爲「領軍」人物，還是參與外省官制的五督之一。清末預備立憲活動中，與立憲派領袖張謇等人過往甚密，「聲勢駸駸出南北洋上」。〔註25〕從瑞澂爲官經歷可以看出，其「能吏」之名並非完全是空穴來風。

以瑞澂一「能吏」仍不能遏止武昌新軍起事，冥冥之中顯現的是大清王朝的氣數。然檢討八月十九日之夜的戰鬥，鄂督瑞澂也確實有諸多「失招」才會讓武昌新軍一擊即中：

1、楚望臺軍械庫之防護。湖北當局業已將新軍的槍炮機關、各種子彈收藏於軍械庫，楚望臺必成爲起義士兵爭奪的關鍵所在，應派遣親信部隊駐防，參議官鐵忠亦曾有過建議和忠告，僅僅因爲黎元洪的勸阻而未實行，聽任軍械庫仍有革命黨人占多數的工兵第八營防護，輕易失去了對戰事全局最有價值點的掌控。〔註26〕2、兵隊調防及使用。關鍵時刻對輜重八營、工程八營作出判斷上重大失誤，工程第八營是革命黨人勢力最雄厚的營隊，輜重營恰恰與之相反。但在瑞澂等人眼中工程第八營竟然是可以重用的部隊，原因就是該營隊中的目兵眷屬大多隨居省城；革命黨人幾乎沒有滲透的輜重八營，在當局看來反而是較不穩定的隊伍，因是之故，「兵變」之夜輜重營亦幾等於閒置。〔註27〕3、排斥新軍將領。在防禦新軍兵變的過程中，瑞澂等人不僅把新

〔註25〕趙爾巽：《清史稿》卷 471，列傳 258，北京：中華書局，1979 年，第 12813 頁。

〔註26〕中國人民政治協商會議湖北省委員會：《辛亥首義回憶錄》第 1 輯，武漢：湖北人民出版社，1957 年，第 29～30 頁。

〔註27〕曹亞伯：《武昌革命史正編》，《近代中國史料叢刊續編》第 86 輯，臺北：文海出版社，1981 年，第 18～19 頁。（總督署被攻戰後，騎兵隊隊長朱明超至張彪公館報告消息，張彪知大勢已去，意欲避往日本租界，正準備間輜重第八營督隊官安祿華亦到張彪公館，報告輜重營內無一革命黨，極爲安穩，請統制先到輜重營再想辦法。張彪遂出城至輜重營，該營管帶蕭國安請示如何辦理，張彪不能決，蕭國安、朱明超、安祿華三人建議，將輜重營全體帶至漢口，再從長計議，張彪頗以爲然。）

軍整體當作假想敵來看待，甚至對新軍中的高級將領如張彪、黎元洪等持一種排斥態度。如抓獲革命黨人審判時不讓二人參與，剝奪二人對武昌城的防護指揮權，這勢必會給二人造成心理上的壓力，使他們在應付兵變的過程中變得縮手縮腳。4、保命戰術。由於湖北當局把新軍整體當作了假想敵，故自身感覺兵力非常不足。為保命計，瑞澂把自己信任的武裝力量（城內巡警、防營、憲兵和衛隊），「計不過千六七百人」，全部用來佈防總督署，最緊張時刻瑞澂又將馬八標中配備了四挺機關槍的一營左右兩隊調來防護督署。〔註28〕估計在兵變之夜總督署周圍配置了近兩千人的隊伍，鄂督瑞澂完全是一副保命策略。

　　幸虧瑞澂有如此多之「失招」，武昌起義才能取得成功，故有人「謔稱」瑞澂乃有「大功」於革命者，革命先驅孫中山先生亦云：「按武昌之成功，乃成於意外，其主因則在瑞澂一逃；倘瑞澂不逃，則張彪斷不走，而彼之統馭必不失，秩序必不亂也。以當時武昌之新軍，其贊成革命者之大部分已由督辦川漢粵漢鐵路大臣端方調往四川，其尚留武昌者只炮兵及工程營之小部分耳，其它留武昌之新軍尚屬毫無成見者也。乃此小部分以機關破壞而自危，決冒險以圖功，成敗在所不計，初不意一擊而中也。此殆天心助漢而亡胡者歟！」〔註29〕這實際上從另外的角度肯定了瑞澂對於武昌革命的「功績」。

　　湖廣總督瑞澂作為逃亡督撫之代表，依照大清律例，當處於「極刑」。犯有死罪的瑞澂憑藉朝中權貴、妻兄鎮國公載澤的護祐，僅落得一革職處分。革職後的瑞澂並不依照朝廷旨意為收復武昌積極努力。為給自己尋找一處安全避難所在，瑞澂動用無賴手段，先斬後奏，逕自順流而下，由漢口而九江，由九江至上海，最後一頭躲進租界內的哈同花園，再也不肯出來。進抵滬濱的瑞澂在致內閣代奏電中，百般為自己狡辯：

> 瑞澂以各兵艦米、煤、機油用盡，開至九江購辦接濟，突於九月初二日夜九江兵變，並有以二十萬購瑞澂之語。楚豫兵輪子彈無多，兵心渙散，甚不願瑞澂在其艦上，致為眾射之的。其餘各兵艦亦因九江兵變，紛紛上駛，不聽瑞澂調遣……瑞澂迫不得已，改坐

〔註28〕中國人民政治協商會議湖北省委員會：《辛亥首義回憶錄》第 1 輯，武漢：湖北人民出版社，1957 年，第 135 頁。

〔註29〕《建國方略》，《孫中山全集》第六卷，北京：中華書局，1985 年，第 243～244 頁。

商輪，駛至上海暫住。此次武昌兵匪構亂，失守省城，迺蒙聖恩，僅予薄譴，鴻慈逾格，慚感交加。雖事變之迭乘，均係出諸意外。第念際此種族革命，以一人之多寡爲消長，在彼族方冀我族多死一人，即少一敵，且與其以身飼匪，上褻國威，何如伏闕請誅，藉彰憲典。〔註30〕

攝政王載灃對於瑞澂的一派無賴嘴臉實在是忍無可忍，九月初八日（10月29日）諭令兩江總督張人駿將其拿解進京，交法部嚴訊治罪。諭旨中對瑞澂亦嚴詞譴責：「該革督竟不遵諭旨，乃敢潛逃出省，辜負朕恩，偷生喪恥，實堪痛恨！」〔註31〕

張人駿得旨後確曾派人至上海與租界方面交涉，瑞澂在租界裏惶惶不可終日，據瑞澂侍妾廖克玉回憶：「那時瑞澂天天求神拜佛，詛咒清政府快點垮臺，好保全自己性命。」〔註32〕此後時局發生了很大變化，清廷因各地光復弄得焦頭爛額；兩江總督張人駿既要面對九月中旬安徽、浙江、上海、江蘇紛紛獨立的困窘，又要抵禦江浙聯軍的進攻，「泥菩薩過河自身難保」，自然對避難於上海租界的瑞澂無暇顧及。

表14：武昌起義前武昌新軍駐防情況一覽表

番　　號	駐防（地）	實有人數	革命黨人	參加起義	備註
陸軍第八鎮司令部	武昌城內大都司巷				
步兵第十五協司令部	武昌城內中和門右旗				
步兵第二十九標	第一、第二營武昌城內右旗；第三營調防襄陽、鄖陽	約800	十分之二以上	約300	
步兵第三十標	第一營旗人爲主；第二營（缺一隊）、第三營武昌城內右旗	約700	十分之一二	140～150	二營某隊調防鍾祥

〔註30〕《清政府鎮壓武昌起義電文一組》，《歷史檔案》，1981年第3期，第26頁。

〔註31〕中國史學會主編：中國近代史資料叢刊《辛亥革命》（五），上海：上海人民出版社，1957年，第299頁。

〔註32〕許寅、王鏗：《廖克玉老人談瑞澂》，中國人民政治協商會議上海市文員會文史資料委員會編：《文史資料選輯》總第29輯，1980年第1輯，上海：上海人民出版社，1980年，第102頁。

番　號	駐防（地）	實有人數	革命黨人	參加起義	備註
步兵十六協司令部	武昌城內大東門左旗	少數留守			辛亥七月隨端方入川
步兵三十一標	第一、二、三營皆隨調四川，留守人員武昌城內大東門左旗	約100	十分之三四	數十人	
步兵三十二標	第一營隨調四川，第二營（缺兩隊）調防宜昌，第三營調防恩施，留守駐武昌城內中和門右旗	約200	少數	約200	
騎兵第八標	第一營之左右兩隊調防督署，第二營（兩隊駐襄陽），留守四隊駐武昌城中和門外南湖，第三營調防襄陽	約200	僅數人		左右兩隊為旗人
炮兵第八標	武昌城中和門外南湖，南湖事件同志逃去甚多	約800	十分之二三	約300	
工兵第八營	武昌城內紫陽橋	約400	十分之四	約300	
輜重第八營	駐武昌城外平湖門		無		兵變後張彪帶往漢口
陸軍二十一混成協司令部	武昌城內大東門左旗		無		
步兵四十一標	第一營調宜昌，第二營兩隊駐沔陽，第三營兩隊駐洋螺洞，留守駐武昌城內大東門左旗	約400	十分之二三	約400	
步兵四十二標	第一營駐漢口，第二營駐京漢鐵路，第三營駐漢陽兵工廠		十分之二三		
騎兵第十一營	調防襄陽，原駐武昌城中和門外南湖		少數		

番　號	駐防（地）	實有人數	革命黨人	參加起義	備註
炮兵第十一營	駐武昌城武勝門外塘角愷字營原址	約 300	少數		
工兵隊	駐武昌城武勝門外塘角愷字營原址	約 100	十分之二	40 餘人	
輜重隊	駐武昌城武勝門外塘角愷字營原址	約 100	十分之二		
憲兵隊	調守督署		少數		
教練隊	駐督署		無		兵變後張彪帶往漢口
陸軍測繪學堂		約 100	十分之二三	約 100 人	
陸軍第三中學	武昌城中和門外南湖		少數		

資料來源：中國人民政治協商會議湖北省委員會：《辛亥首義回憶錄》第一輯～第四輯，武漢：湖北人民出版社，1957～1961 年；張國淦：《辛亥革命史料》，《近代中國史料叢刊續編》第 26 輯，臺北：文海出版社，1974 年；賀覺非、馮天瑜：《辛亥武昌首義史》，武漢：武漢大學出版社，2006 年；辛亥首義同志會主編：《辛亥首義史蹟》，辛亥首義同志會，1946 年；武漢市檔案館編：《武昌起義檔案資料選編》，武漢：湖北人民出版社，1983 年。

（二）雲貴總督李經羲

雲南「重九」之役，起事主力依然是新軍，駐省城的新軍七十三標、七十四標、炮標等在軍中革命黨人帶領下，幾乎成建制的參加了省城光復的戰鬥。

時任雲南省城東區警官蘇境川回憶稱：「重九」起義前夕，轄區內警員報告，時常發現夜間有新軍軍官在七十四標一營管帶唐繼堯家集議，「怕是要幹什麼事」。〔註33〕

第十九鎮參謀官楊集祥，是一位留日士官生，思想保守，對新軍中留日派軍官中的思想激進者，頗為熟知，建議第十九鎮統制鍾麟同加強防範。鍾會同督練公所總參議靳雲鵬向李經羲建言：「蔡鍔（第十九鎮第三十七協協

〔註33〕蘇鏡川：《辛亥重九雲南光復親歷記》，中國人民政治協商會議雲南省委員會文史資料研究委員會編：《雲南文史資料》第 15 輯，昆明：雲南人民出版社，1981 年，第 128 頁。

統)、李根源(雲南講武堂總辦)、羅佩金(七十四標標統)三人積極活動革命,要壓下雲南革命,定要扣留這三人。」〔註34〕

　　鍾麟同、靳雲鵬屬於北洋派系,蔡鍔、李根源、羅佩金屬於留日派系。李經羲以為鍾、靳二人「污」蔡、李、羅為革命黨,有挾私報復之嫌,未予採納。據蔡鍔同鄉好友、「重九」起義親歷者雷飆回憶,李經羲對於鍾、靳以「革命黨」加罪於蔡鍔諸人,要求予以嚴懲之事,充當了「和事佬」的角色,李勸誡二人:「此次武昌事起,全係鄂省當局倉皇失措,操切過甚所致,吾滇宜鎮靜處之,使之潛消默化為妥,不可再事操切,以壞大事。」〔註35〕

　　李經羲借鑒湖北當局「償事激變」的成例,對雲南新軍中出現的問題沒有「簡單化」處理,而是希望通過與新軍將領的交流,利用自己的人格魅力予以「感召」,藉機分化、瓦解新軍起事的可能。據羅佩金之子羅亭午記述,當李經羲再次接到密報,舉證蔡、羅等人活動異常時,李經羲特召見二人,軟語勸慰:「外面鬧革命,我也贊成革命,但朝廷現已實行改革。我們不要亂動,如果改革不成,我都要革命。」〔註36〕李經羲貌似「誠懇」談話,使得蔡、羅二人險些中了圈套。

　　蔡鍔、羅佩金是李經羲特地從舊屬廣西調任回滇之人,李非常看中和欣賞蔡、羅,所以談話時溫語「勸撫」。李經羲在召見有革命傾向的李鴻祥(第七十三標三營管帶)、劉存厚(第七十四標二營管帶)時,態度沒有那樣客氣。據李鴻祥陳述,李經羲召見時直接詰問:「聽說你最近想反叛大清,可有這回事?」李鴻祥沒有詳細描述自己當時的心理活動,但李經羲言語中透露出來咄咄逼人的「殺機」,李鴻祥定會有所感悟。為緩和氣氛,李鴻祥忙不迭向李經羲表示「忠誠」:「大帥請放心,我怎麼會幹那種事呢?在大帥的栽培提拔下,我還要多多為大帥做一些事呢。」〔註37〕李經羲或許是「相信」了李鴻

〔註34〕 羅亭午:《先父羅佩金談重九前後》,中國人民政治協商會議雲南省委員會文史資料研究委員會編:《雲南文史資料選輯》第41輯,昆明:雲南人民出版社,1991年,第199頁。

〔註35〕 雷飆:《蔡松坡先生事略》,中國人民政治協商會議雲南省委員會文史資料研究委員會編:《雲南文史資料選輯》第41輯,昆明:雲南人民出版社,1991年,第158～159頁。

〔註36〕 羅亭午:《先父羅佩金談重九前後》,中國人民政治協商會議雲南省委員會文史資料研究委員會編:《雲南文史資料選輯》第41輯,昆明:雲南人民出版社,1991年,第199～200頁。

〔註37〕 李鴻祥:《增補雲南辛亥革命回憶錄》,中國人民政治協商會議全國委員會文

祥的表態，並未深究。劉存厚沒有爲我們留下李經羲召見他時的談話紀錄，只用寥寥數語勾畫出其中所蘊含的「刀光劍影」：「李督傳見，語長時久，深夜未出，本營官兵頗疑存厚被縛，有激動狀況。」〔註38〕

翻閱羅亭午先生的記述，出現了李鴻祥及炮標二營管帶謝汝翼被李經羲傳去，「扣在督署」的描述，經由羅佩金「出保」，李、謝二人得以被「釋放」。〔註39〕此處冒出的謝汝翼，不知道羅的回憶中劉與謝是否出現了張冠李戴的「錯位」，還是確有其事。

通過召見談話「勸撫」、「威脅」，只是李經羲採取的措施之一，當李經羲感到時局緊張之際，特命南部巡防營三隊進駐省城，同時對新軍實施「釜底抽薪」新計謀：減少新軍士兵手中槍彈存量，限定每名士兵持槍彈五發；尋找藉口，調「不穩定」軍官出省城，如命羅佩金「赴安南接運軍械」，李鴻祥到「富民、武定一帶招兵」，李根源前往騰越去「平叛」。〔註40〕

李經羲因爲家族叔李鴻章與北洋的淵源，對靳、鍾等人另眼相看，信任有加。然喜好「虛名」的李經羲在督滇後也引進了大量的留日士官生，諸如蔡鍔、羅佩金等人，一方面是蔡、羅等人的人脈在起作用，另一方面也是地方督撫延攬留日士官生編練新軍成爲主流的一種需求。

出於本能，李經羲對於思想激進的留日士官生表現出一種明顯的排斥，李根源就是一個典型。李根源，字印泉，雲南騰沖人，留日士官生，同盟會會員，思想激進，曾與吳祿貞過往甚密，後經由護理雲貴總督沈秉堃電調回滇，出任雲南講武堂監督、總辦，雲南講武堂也因此成爲了培養革命軍官的

史資料研究委員會：《辛亥革命回憶錄》第 6 集，北京：中華書局，1963 年，第 138～139 頁。

〔註38〕 劉存厚：《雲南光復陣中日誌》，謝本書：《雲南辛亥革命資料》，昆明：雲南人民出版社，1981 年，第 14 頁。

〔註39〕 羅亭午：《先父羅佩金談重九前後》，中國人民政治協商會議雲南省委員會文史資料研究委員會編：《雲南文史資料選輯》第 41 輯，昆明：雲南人民出版社，1991 年，第 199 頁。

〔註40〕 李根源：《羅佩金》，中國人民政治協商會議雲南省委員會文史資料研究委員會編：《雲南文史資料選輯》第 17 輯，昆明：雲南人民出版社，1982 年，第 318 頁；李鴻祥：《增補雲南辛亥革命回憶錄》，中國人民政治協商會議全國委員會文史資料研究委員會：《辛亥革命回憶錄》第 6 集，北京：中華書局，1963 年，第 139 頁；李根源：《辛亥前後十年雜記》，中國人民政治協商會議雲南省委員會文史資料研究委員會編：《雲南文史資料選輯》第 41 輯，昆明：雲南人民出版社，1991 年，第 36 頁。

搖籃。李經羲出任雲貴總督之後，深感李根源的「危險」，終於找機會撤去他的講武堂總辦一職，改任督練處副參議。

雲南地處西南邊陲，長期遭受英、法等列強邊境「蠶食、騷擾」，對清政府顢頇暗弱感觸頗深，民眾中孕育著強烈的不滿情緒。因是之故，在回應武昌起義的省分中雲南走在了前列，九月初六日（10月27日）張文光在騰越舉義。

省城得知騰越舉義訊息，總督李經羲對省城新軍、講武堂加強了戒備，李根源事前藏匿在講武學堂的槍彈被搜出，李經羲隨即令日夜監視學堂，對新軍也採取了收繳槍、炮機柄的做法以防止「變亂」。雲南當局的逼迫加速了雲南新軍中革命黨人籌措起事的節奏，原本計劃九月十八日（11月8日）的反正計劃提前至九月初九日（10月30日）。

原定九月初九日夜三時（實際上應當為十日凌晨三時）的起義計劃還是被迫提前了。李鴻祥回憶：九月初九日晚八時半，起義官兵在起運槍彈時，被北洋派系反動軍官安煥章、唐元良看到，試圖阻遏，結果二人被擊斃，起義爆發。李鴻祥即刻下令集合官兵，七十三標一、二營管帶成維錚、齊世傑見勢不好，出逃，成維錚還帶走屬下三隊士兵。恰在此時，李根源趕至，遂下令焚燒七十三標標本部，然後率起義官兵向北門進發，九時半來至北門，入城後往攻軍械局，行軍經過虹溪試館，據守該館的巡防隊一哨前來投誠，因「事起倉促」，為了向七十四標報信，「遂焚虹溪試館以為號」。〔註41〕

七十三標「兵變」之際，雲南臬司楊福璋恰在李經羲身邊。據楊回憶，李經羲接到報告稱北校場「為首起事者係李根源」時，李尚不敢相信，自言「我待他不薄，想不至如此」，稍後又接到報告云「蔡鍔、羅佩金率兵入城（已）與李根源合」，李經羲更是大吃一驚：「蔡鍔我曾以心腹寄之，決不至此！」李經羲忙不迭地命人去請靳雲鵬來署商議，回報云「已不知下落」。李經羲此時惟有「倚椅長歎」。

李經羲所在的督署衙門隨即遭到了攻擊，當時防衛督署的部隊有督署衛隊、機關槍營一隊以及輜重營兩隊，攻擊督署的部隊是唐繼堯率領的七十四標一、二營，雙方力戰二時許，「天將曙，炮隊開始射擊，彈中督轅圍竿，斷兩截，又中李經羲臥室，經羲逃匿。」〔註42〕

〔註41〕尚秉和：《辛壬春秋》，香港：文藝書屋，1970年，第67頁。

〔註42〕孫種因：《重九戰記》，中國史學會主編：中國近代史資料叢刊《辛亥革命》
　　　　（六），上海：上海人民出版社，1957年，第241頁。

　　李經羲在「兵變」之夜的經歷與瑞澂極其相似，相比之下就會發現，雲南「重九」之役參戰新軍幾乎是成建制的，這是武昌新軍舉義反而不具備的條件。這與「重九」之役的指揮者由新軍高級將領組成不無關係。「重九」之役從另一個側面說明，具有革命屬性的新軍士兵更容易團結在自己信任的領導者周圍。

　　雲南新軍「重九」之役，圍攻督署、軍械局、五華山的戰事尤爲激烈，起義官兵歷經十餘時的拚殺，取得戰鬥勝利，「軍士戰死百五十餘人，負傷三百餘人」，七十三標三營後隊隊官文鴻揆在進攻軍械局的戰鬥中壯烈犧牲，「次日收屍，周身如蜂巢狀，計其所受槍彈，在萬餘粒以上。」〔註43〕故有學者認爲該次起義是除卻武昌首義外「獨立各省革命黨人組織的省城起義中，戰鬥最激烈、代價也最巨大的一次。」〔註44〕

　　有「能吏」之稱的李經羲如果不是在雲南作總督，他或許完全有可能防止新軍中出現的「變異」；換一種思路似乎也成立，如果雲南沒有出現李根源、蔡鍔、羅佩金等人，駐省新軍中出現的「異動」也未必能一舉成功。雲南省城光復再一次用事實說明大清氣數已盡，大清之亡，「人心、天命、時勢使然」，的確如此。

　　李經羲在督署遭到炮擊後，落荒出逃，匿如意巷督署肖巡捕（相當於副官）家中。十二日（11月2日）蔡鍔、李根源與諮議局議長張惟聰、副議長段宇清等來至肖巡捕家「謁見」李經羲，〔註45〕「時三人跪地，抱頭大哭」。其後李經羲由眾人簇擁「入居諮議局」。〔註46〕李經羲入住諮議局之後，蔡鍔

〔註43〕孫種因：《重九戰記》，中國史學會主編：中國近代史資料叢刊《辛亥革命》
　　　　（六），上海：上海人民出版社，1957年，第247頁。

〔註44〕何玉菲：《辛亥革命中的雲南》，《檔案工作》，1991年第10期，第34頁。

〔註45〕依照蘇鏡川的說法，李經羲是在聽聞蔡鍔等「尋訪其下落，揚言決不爲難，
　　　　乃書至蔡」；（蘇鏡川：《辛亥重九雲南光復親歷記》，中國人民政治協商會議
　　　　雲南省委員會文史資料研究委員會編：《雲南文史資料》第15輯，昆明：雲
　　　　南人民出版社，1981年，第133頁。）依照孫種因的記述推論，應當是李經
　　　　羲的次子李國筠落入了軍政府手中，李顧念兒子安危，乃「書致蔡、李」。孫
　　　　的記述更爲合理一些，因爲李經羲並不擔心參與「叛亂」的蔡鍔、李根源等
　　　　人會對自己有什麼不利的舉動，他在「兵變」之夜與臬司楊福璋對話時即曾
　　　　斷言：「即是李根源蔡鍔羅佩金等造反，必不害我。」（孫種因：《重九戰記》，
　　　　中國史學會主編：中國近代史資料叢刊《辛亥革命》（六），上海：上海人民
　　　　出版社，1957年，第246、241頁。）

〔註46〕孫種因：《重九戰記》，中國史學會主編：中國近代史資料叢刊《辛亥革命》
　　　　（六），上海：上海人民出版社，1957年，第246頁。

等人力勸其反正，但李經羲念及朝廷對李家的恩典，不肯允准。蔡鍔等人顧及舊情，對李經羲依然是禮遇有加。

李經羲在事後講述這段經歷時，自然進行了許多誇大：「未正督署失守，……羲到潰兵巷戰，槍傷僕而後起，扳槍自裁，被巡捕奪去，擁至其家，十二日自出就死，全局議紳偕叛黨勸允都督，始則跪求，繼則恫嚇，羲誓死責斥，擁入議局，以兵嚴守，不聽自裁，持拒八日，知不可強，九月二十夜嚴護出境。」〔註47〕

李經羲入住諮議局八天時間裏，外間即有「李督歸降革軍」的傳聞，甚至還有人「捏造」出所謂李經羲已被滇中軍民「舉為總統」的電告。〔註48〕新成立的軍政府在告各屬宣告獨立的通電中確有如是之說：「本月九日省垣宣告獨立，舉動文明，地方安堵如故，全體歡忻，懸旗慶祝，仍請李帥主持大局，現住諮議局，司道提鎮依次各官一律讚助，幫同辦理，英法兩國嚴守中立，條約已訂，該各府廳州縣各屬，希照常辦事，力保公安，毋生意外。」〔註49〕天津《大公報》在轉發該條訊息時加一評語：「聞雲南全省獨立實由此一電文之力云」。〔註50〕

李經羲雖然沒有「歸順」民軍政府，但還是做了一件有利於滇省光復的事，即在蔡鍔等人的請求下，給雲南蒙自總兵寫了一封「勸降函」。蔡鍔便以此說服部下，稱李經羲對革命尚有功勞，乃由參議會作出決定，禮送李氏全家出境。

李經羲轉道香港後並沒有晉京，而是選擇了暫時蟄伏香港，靜觀時局。十月十六日（12月6日）李經羲眼見大局愈加糜爛，只得致電內閣，彙報雲南省城「兵變」事，遞交了自己的最後一次「作業」。十月十八日（12月8日）清廷降諭：「該督失守省城，雖云眾寡不敵，究屬罪有應得，著革職聽候查辦。」〔註51〕其後，李經羲與大多數失勢督撫一樣選擇了避難租界以苟延殘喘。

〔註47〕《宣統三年十月十六日雲貴總督李經羲致內閣請代奏電》，中國史學會主編：中國近代史資料叢刊《辛亥革命》（六），上海：上海人民出版社，1957年，第263～264頁。

〔註48〕要聞：《滇桂兩省之警報》，《大公報》1911年11月17日（據十八日香港官報，滇督李經羲現降民軍，旅滇英法各兵皆嚴守中立。）；要聞：《雲南獨立之電告》，《大公報》1911年11月10日。

〔註49〕接要聞：《滇省光復記》，《申報》1911年11月25日。

〔註50〕雲南：《雲南獨立之通告》，《大公報》1911年12月7日。

〔註51〕中國第一歷史檔案館：《清實錄·附宣統政紀》第60冊，北京：中華書局，1987年，第1225頁。

（三）兩江總督張人駿

金陵爲兩江總督、江寧將軍駐節之地，乃江南政治、經濟、文化中心。兩江總督張人駿由河南巡撫寶棻處得知武昌新軍「肇亂」消息，遂即致電內閣、軍諮府、海軍部、陸軍部等，請飭令多派兵船來寧部署，同時電令轄屬省分安徽、江西做好應對準備。至於鄂督瑞澂二十日所發請援急電，張人駿以兵單力薄予以婉拒。

張人駿拒絕派兵援鄂，很大程度上出於對瑞澂「激變」之不滿，[註52]又據江蘇諮議局議長、立憲派領袖張謇日記記述：「二十四日詣張督，申昨說（指軍督合力援鄂、奏速定憲法事）。（張人駿）大否之，謂我能自保。」日記中極少渲染感情色彩的張謇竟然使用了「其無心肝人哉」來表達自己的憤怒。[註53]

八月二十三日、二十五日，江督張人駿、江南提督張勳、江寧將軍鐵良分別向清廷奏請添募防營，計 30 營隊，以加強金陵防護力量。當時金陵駐防軍隊分四部份：張勳的江防營、王有宏的巡防營、鐵良的旗營、第九鎮新軍。新軍與舊軍之間時有摩擦，武昌新軍起事後，駐金陵的新、舊軍之間衝突日益加劇，地方士紳及各界代表深恐新舊軍釀變，擾及「閭閻」，多次向金陵當局請願，張人駿一方面飭新軍軍官赴各標營演說「忠君愛國」之意，一方面謀求調新軍出防。

張人駿宣統元年（1909 年）五月出任兩江總督兼南洋大臣，時年 64 歲，或許是因爲年齡的關係，張人駿對清末新政中的許多新生事物常常持有異議。宣統二年（1910 年）督撫往來函電商討閣會奏疏時，張人駿明確表態反對；[註54] 宣統三年江蘇預算案交諮議局審議時，張人駿與江蘇諮議局爭執激烈，成爲頗引人關注的一段公案；對於費盡諸多財力、物力編練的新軍，

〔註52〕 張謇自訂年譜中有云：二十四日詣張。張大詆立憲，不援鄂，謂瑞能首禍，自能了不須人援。（《嗇翁自訂年譜》，《張謇全集》第 6 卷，南京：江蘇古籍出版社，1994 年，第 875 頁。）

〔註53〕 《張謇日記》，《張謇全集》第 6 卷，南京：江蘇古籍出版社，1994 年，第 658～659 頁。

〔註54〕 中國科學院近代史研究所近代史資料編輯組：《近代史資料》總 59 號，北京：中華書局，1985 年，第 46～47 頁；文牘《各省督撫籌商國會內閣電》，《國風報》第 1 年第 26 期，第 16～18 頁。（張氏認爲中國之民情、風俗與環球各國不同，民間久無政治思想，驟行閣會，人民程度不齊，驅而與謀君國，勢必舉國騷然，致釀蕭牆之禍。）

張人駿也多有譏諷:「近來所獲匪徒,幾無一案非軍隊出身之人……練兵之效如此,可歎也。而陸軍部尙操更番挑練之說,以爲如此,則可以通國皆兵。我恐數年之後,將成通國皆賊。一旦揭竿而起,其禍恐不可收拾矣。」〔註55〕

新軍第九鎮久有革命黨人活動,如趙聲、柏文蔚、倪映典等,士兵深受影響。時任第九鎮統制徐紹楨,廣東番禺人,舉人出身,受知於「大吏」李興銳,曾任江西常備軍統領、福建武備學堂總辦等職,同情革命,故第九鎮中容納了許多革命黨人。徐紹楨本人「性復模棱」、「優柔寡斷」,對武昌起義後新軍士兵中的「革命熱情」反多有抑制。

九月初九日(10月30日)徐聽從張人駿「勸誡」,督帶第九鎮新軍出防秣陵關。出防前,徐紹楨請領槍彈,張人駿假惺惺應允於初十日隨同九月份餉銀運解至出防地,及至九鎮出防後,張人駿又推託彈藥候電陸軍部電覆後再行發放。

第九鎮出防秣陵關後,上海、蘇州、鎮江、杭州等地相繼舉義回應武昌,九鎮士兵深受鼓舞,加之金陵舊軍時常派兵前來「偵探騷擾」,甚或有暗殺舉動,九鎮新軍乃有九月十八日攻城之舉,可惜彈藥不足,難以爲繼,又因爲城內回應者於十七日夜發動過早被擊散,此役以新軍失利而告結束。某種程度上講,九月十八日(11月8日)攻城之役失利,源於徐紹楨被老奸巨滑的張人駿要騙的結果。〔註56〕

許多回憶錄中稱此役之後張人駿即失去了人身自由,被張勳囚禁於北極閣。然據《張人駿家書中》記述,事實遠非如此:「十八日事雖危險,而我並不驚慌,出花園後即有軍隊保護,至張少軒(張勳、字少軒)處,晚住北極閣。今日辰刻回署,一切照常。物件亦無遺失(小物略有損失),老毛等聞我至,現已前來服役。惟連日未得好睡,未免疲倦,一切情形溫委員詳述即知,倦極不能多寫。」〔註57〕

九月十八日之役後,第九鎮新軍退居鎮江。二十三日(11月13日)在鎮江組建江浙攻寧聯軍司令部,徐紹楨出任聯軍司令。十月初一日(11月21日),江浙聯軍向金陵進發,初四日(11月24日)攻寧之役打響。

〔註55〕 張守中:《張人駿家書日記》,北京:中國文史出版社,1993年,第94頁。注:張人駿時任河南巡撫。

〔註56〕 《民立報》,揚州師範學院歷史系:《辛亥革命江蘇地區史料》,南京:江蘇人民出版社,1961年,第380~381頁。

〔註57〕 張守中:《張人駿家書日記》,北京:中國文史出版社,1993年,第140頁。

九月十八日之後，金陵士紳因懼怕民軍攻城造成紛擾，且因為防範攻城計，連日來定時關閉城門，造成諸多不便，數次謁見江督張人駿，請求宣佈獨立以解危困，甚至藩臺樊增祥也廁身其間，張人駿不肯，稱自己深受皇恩，豈可反叛？在次日召集的各司道會議上又因張勳堅決反對，此議作罷。〔註58〕

自十月初四日（11月24日）起至十月十二日（12月2日）止，江浙聯軍與金陵防軍數度激戰，雙方均付出重大傷亡。十月十一日（12月1日）江浙聯軍攻克金陵最後一道屏障天保城後，張人駿曾派人與聯軍聯繫「談判」事宜，未果。張勳敗退徐州，張人駿、鐵良避日本兵艦，逃亡上海。

在辛亥變局的光復省分中，江寧之役堪稱持續時間最長、戰鬥最為激烈的民、清兩軍交鋒，張人駿作為最高主政長官——兩江總督，雖然沒有親自披掛上陣，但他的態度對此役影響至關重大。張人駿依靠張勳、王有宏等舊軍防營堅持到最後一刻才棄城出逃，王有宏甚至身殉疆場。江寧孤軍坐困以致不守，張人駿也算得上是為大清王朝盡心盡力了。張人駿在事後致袁世凱的信函中把自己丟失金陵一事歸結為「氣數」，〔註59〕實際上從另外一個角度把「清祚之不享」也歸於一種「氣數」。

張人駿、鐵良由江寧出逃後，由海路進入奉天，在與趙爾巽會晤時，趙建議張、鐵帶兵至徐州與張勳會合，作圖謀江寧之舉，或因該計劃實施難度甚巨，二人沒有認可。後張人駿、鐵良經由秦皇島乘車來至天津，直隸總督陳夔龍與張人駿「會晤」時，對時局變化之快，唏噓不已，陳氏曾「志詩」以錄：「江間波浪惡，日暮客何之。世事那堪說，東南已不支。燭花都是淚，鬢影各成絲。吾病君亦老，惜非少壯時。」〔註60〕感傷之情，溢於言表。在天津，鐵良與張人駿分手，隻身入京，張人駿則藉口「養病」逗留津門。

〔註58〕 馬洹民：《金陵光復見聞錄》，中國人民政治協商會議全國委員會文史資料研究委員會：《辛亥革命回憶錄》第4集，北京：中華書局，1962年，第257～258頁；又：茅乃登、茅迺封回憶錄中稱「人駿懾張勳之勢，不敢決」（《辛亥光復金陵紀事》，中國科學院歷史研究所第三所：《近代史資料》總12號，1957年第1期，北京：科學出版社，1957年，第70～71頁。）；尚秉和《辛壬春秋》則稱張人駿本有允意，乃召集各文武官員「議進止」，終因張勳、王有宏等反對，議未決。（《辛壬春秋》，香港：文藝書屋，1970年，第84頁。）

〔註59〕 張守中：《張人駿家書日記》，北京：中國文史出版社，1993年，第143頁。

〔註60〕 《與張安圃尚書夜話》，《松壽堂詩鈔》卷九，《續修四庫全書》（集部），第1577冊，上海：上海古籍出版社，2002年，第38頁。

　　張人駿之所以不願赴京，一個原因是江督本有「守土」之責，現江寧失守，不知道清廷會對他作出如何「判決」，鐵良進京正好可以當作一塊試水石；當然還有一個更重要的原因，張人駿在江寧戰事吃緊之際，曾表示過「城存與存」的決心，〔註61〕以致於報章迭有江督「自殺」、「自盡」、「死難」、「殉節」的報導傳聞。或因鑒於此，張人駿內心多少會有一些「愧疚不安」也未可知。

　　宣統三年十二月初五日（1912年1月23日）清廷明降諭旨：張人駿「失守地方，本屬咎有應得，惟念該督效力有年，此次與鐵良、張勳、堅守苦戰，援絕城陷，情尚可原。既據奏稱病難速痊，著開缺聽候查辦。」〔註62〕張人駿開缺後，如釋重負，選擇了青島作為自己的避居之地。

　　武昌、昆明、金陵等地新軍起事，地方督撫所憑藉的武裝力量終不能與義軍抵敵，失去了怙恃的督撫們即便有忠於朝廷之心，並無以身殉職之志，最終選擇了逃亡。

　　金陵士紳以張謇為代表曾向兩江總督陳情，建議派兵援鄂，表明了他們最初的態度還是站在擁護清王朝的一邊。及至新軍起事，金陵士紳以避免「戰禍」為由，曾建言江督「宣佈獨立」，這是士紳們趨利避害的一種自然選擇，並不代表他們已站在了革命陣營一側，有了「叛清」的立場，毋庸諱言，蘇州獨立對金陵士紳也有一定的激勵作用。江浙聯軍攻克金陵後，商家店鋪懸掛白旗相迎也在情理之中。

　　武昌士紳的政治態度以武昌起義後議長湯化龍表態「贊成革命」為標誌。〔註63〕年輕的革命黨人在舉義成功後，需要借助士紳之資歷和威望安撫民心。湖北諮議局紳在宣統二年（1910年）國會請願活動中、以及鐵路國有案引發的爭路保路風潮中，表現「積極」，深得民眾擁護，正可為黨人所借用。湯化龍、張國淦、夏壽康、劉賡藻等諮議局紳應革命黨人之邀，假諮議局「共

〔註61〕　王志可：《遜清遺老的民國歲月》，桂林：廣西人民出版社，2008年，第117頁；另據《大公報》（1911年11月17日）載：江督曾託人轉內閣電文一道，略謂「大勢已去，不能久持，惟人駿在一日，則盡一日之心，現省城雖復，而四面均為敵有，且民心日離，不可終日，僅此哀聞」云云。（要聞：《內閣尚接江督電報》）

〔註62〕　中國第一歷史檔案館：《清實錄‧附宣統政紀》第60冊，北京：中華書局，1987年，第1261～1262頁。

〔註63〕　曹亞伯：《武昌革命史正編》，《近代中國史料叢刊續編》第86輯，臺北：文海出版社，1981年，第36頁。

商大局」。湖北軍政府成立，湯出任政務部部長一職，可謂黨人與諮議局紳合作的「典範」，湖北模式也成為一種「樣板」為獨立各省所傚仿。

雲南「重九」光復，諮議局議長議長張惟聰、副議長段宇清陪同蔡鍔、李根源至肖巡捕家「謁見」李經羲，表明了他們對新軍舉義的一種認可態度，這也是大多數獨立省分諮議局紳順勢而變的抉擇。

二、不戰而逃

逃亡督撫群體中，湖南巡撫余誠格、陝西護撫錢能訓、浙江巡撫增韞在駐省新軍舉義後，未能組織有效抵抗即落荒而逃，顯現了地方督撫應變能力之不足。湘、陝、浙舉義新軍，人數非為眾多，實力也未見有如何強大，革命黨人「冒險」一博，竟然一擊即中，省城瞬間易手，防營形同虛設，昭示了大清王朝確已到了山窮水盡、窮途末路。湖南長沙出現的防營士兵笑顏逐開接受舉義新軍表示反正白布臂章、浙省民眾對九月初八日官府漢口之捷報心存疑懼，體現了民心所向，獨立風潮已斷非地方督撫所能遏止。

地方士紳與黨人的政治理念雖然有分歧，但在獨立問題上最終選擇了與黨人站在一起，單就士紳的開明程度而論，浙江較湖南為憂，湖南則勝過陝西，地理位置、區域經濟對士紳的影響顯而易見。

湖南巡撫余誠格、陝西護撫錢能訓在新軍舉義後都曾自殺、且均有拒絕出任民軍都督的言行，表明他們對省城獨立、失守後一種相同的價值取向。浙江巡撫增韞在獨立事宜上也有抵拒言行，但在最後時刻曾表現出順應形勢、走向獨立的意圖，只是機緣問題，「變身」未能成功。

（一）湖南巡撫余誠格

湖南長沙光復，主力是駐省新軍，擔當發動之功的是共進會會員焦達峰、陳作新等人。湖南毗鄰湖北，因地域關係，武昌起事前兩湖的革命黨人早有聯絡和溝通。〔註 64〕武昌起義後，湖北方面派代表胡霬槐到長沙，敦促湖南「同志」遵照承諾舉義回應。湖南革命黨人經過集議，約定八月二十七日（10月 18 日）晚發動新軍起事。

〔註 64〕 閻幼甫：《辛亥湖南光復的回憶》，中國人民政治協商會議全國委員會文史資料研究委員會：《辛亥革命回憶錄》第 2 集，北京：中華書局，1962 年，第119 頁。

湖南當局在第一時間得知武昌「兵變」訊息，巡撫余誠格與巡防營統領黃忠浩商議，將散駐各府州縣之巡防隊十多營調駐長沙，以加強省城防護力量。同時為釜底抽薪計，將「不穩定」之新軍調離省城。

湖南新軍編練有一混成協——第二十五混成協，下轄步兵兩標——四十九標、五十標，每標三營，又炮兵一營、騎兵一營、工兵一營（缺一隊）、輜重兵一營（缺一隊），合計「兵四千五十六名」。〔註65〕依據調防計劃四十九標只剩下第二營，五十標只剩下第一營後隊。

在黨人策劃舉義前夕，各地巡防營陸續奉調進駐省城。二十七日長沙城內已進入高度戒備狀態，在湖南當局嚴防死守之下，革命黨人二十七日的起義計劃夭折。《辛亥革命前後湖南史事》中如是解釋：「約定由炮兵營目兵吳舜臣在馬草房放火為號，可是這一天風聲很緊，炮兵營值夜官通宵巡邏，加以防範，所有馬草乾糧，全部遷移一空，吳舜臣放火無處下手，反被拘禁，原定計劃打破了。」〔註66〕

新軍起事未果，長沙城內已是風聲鶴唳，湖南當局對新軍中革命黨人的動向也有所警覺，巡撫余誠格還得到一份起事黨人名單。「黑名單」事件《鄒永成回憶錄》、子虛子《湘事記》都有提及，雖然人員、人數或有出入，想必不盡全屬虛妄捏造。余誠格作為湖南最高主政長官，並未就名單事「大興黨獄」，表明他不想以強硬態度對抗革命黨人。

二十七日起事夭折後，革命黨人又把「發難」日期延遲至九月初二日（10月23日）。殊料九月初一日早上，四十九標目兵安定超碰到炮營李金山詢得情況，很不以為然，隨即召集士兵布置「發難」事宜：1、彭友勝率領四十九標二營後隊，會同五十標及馬隊由北門進城，佔領荷花池軍裝局。2、安定超率領四十九標二營前隊、右隊、左隊，會同輜重、炮兵、工程三營由小吳門進城，佔領諮議局。3、李金山率領炮隊進城，到軍裝局領取炮彈，威脅撫署。〔註67〕現如今見諸史籍論著的記述中率隊伍由北門入城的大多變成了陳作新，由小吳門帶隊入城的則是焦達峰。

〔註65〕 趙爾巽：《清史稿》卷132，志107，北京：中華書局，1979年，第3946頁。
〔註66〕 楊世驥：《辛亥革命前後湖南史事》，長沙：湖南人民出版社，1982年，第216頁。
〔註67〕 鄒永成：《鄒永成回憶錄》，中國科學院歷史研究所第三所：《近代史資料》總10號，1956年第3期，北京：科學出版社，1956年，第105～106頁。

　　湖南新軍具體有多少人參加了起義已無從考證，據前署湖南勸業道沈祖燕事後報告稱：「九月朔日辰刻，常備軍即排隊入城，一無堵禦，……頃刻之間，省城不守，不開一槍，不折一矢。常備新軍除防外縣外，在省城外僅六百人。而巡防隊之在城中者尚有八隊，將二千人。又永州軍亦已到數百人，並不交戰，爲常備軍迫令投降，使手袖束白布爲記。」〔註 68〕正如沈祖燕所說，湖南新軍均駐紮城外，守城部隊亦均爲巡防營，人數或不必如沈所說之準確，但新舊軍之差異確有數倍。

　　新軍入北城門一路暢通無阻，該處巡防營並不與新軍士兵爲難，反而都喜笑顏開地接受了表示反正的白布臂章。〔註 69〕從小吳門入城的新軍稍微遇到一些阻礙，隊伍帶至小吳門，「城門已閉」，雖然沒有見仗，雙方相持了一個鐘頭的時間，在北門入城隊伍的接應下，駐防的巡防營被迫打開城門。撫署衙門的衛隊並不與起義士兵爲敵，據當事人事後回憶：「胡兆鵬帶著打撫臺衙門的隊伍，一到轅門外，那裏的衛兵是善意地對待我們的。我們的士兵也喊：『弟兄們不要多心，我們都是漢人，我們只反滿人。』當時衙門內的衛兵營立刻表示和我們一致行動。」〔註 70〕

　　依照湖南諮議局議長譚延闓的說法，九月初一日（10 月 22 日）晨，譚去撫署「拜訪」余誠格，余誠格並沒有想到新軍會發生「兵變」，當余府僕人再三陳言新軍業已起事進城，他仍然是一副泰然自若的神情。〔註 71〕由此而觀，湖南當局在下令調新軍駐防株洲後，根本沒有做應變的防護措施，故新軍舉義雖有「冒險」的成分，然成功也在情理之中。據立憲派士紳栗戡時回憶，九月初一日早諮議局議員黃翼球、常治等人至撫署「謁見」巡撫，余誠格「尚未起床。」〔註 72〕

〔註 68〕　《宣統三年口月初九日前署湖南勸業道沈祖燕致內閣函》，中國史學會主編：中國近代史資料叢刊《辛亥革命》（六），上海：上海人民出版社，1957 年，第 169 頁。

〔註 69〕　閻幼甫：《辛亥湖南光復的回憶》，中國人民政治協商會議全國委員會文史資料研究委員會：《辛亥革命回憶錄》第 2 集，北京：中華書局，1962 年，第 118 頁。

〔註 70〕　余韶：《湖南光復及四十九標援鄂》，中國人民政治協商會議全國委員會文史資料研究委員會：《辛亥革命回憶錄》第 2 集，北京：中華書局，1962 年，第 164 頁。

〔註 71〕　鄒永成：《鄒永成回憶錄》，中國科學院歷史研究所第三所：《近代史資料》總 10 號，1956 年第 3 期，北京：科學出版社，1956 年，第 107～108 頁。

〔註 72〕　栗戡時：《湖南反正追記》，長沙：湖南人民出版社，1981 年，第 13 頁。（又參見：楊世驥：《辛亥革命前後湖南史事》，長沙：湖南人民出版社，1982 年，第 221 頁。）

栗的回憶也可以印證譚延闓所說的余誠格「兵變」之日無作爲的一種狀態。

無所作爲的余誠格，在舉義新軍入城後，面對守城防營、撫署衛隊倒戈，已無心抵抗。經過內心的掙扎，余誠格也沒有選擇與「革命者」爲伍，而是選擇了軟抵抗，逃遁。

余誠格「兵變」之後「逃遁」見諸於眾多回憶錄當中。親歷者余韶回憶錄中稱：「起義新軍進入大堂，余誠格正和他的衛隊營的一部份人講話。一見我們到了，裝作很鎮靜地說：『弟兄們。我們都是漢人……湖南都是好百姓，你們不要殺人。』隨即用白布親書『大漢』二字，叫人掛在桅杆上，他就進內堂去了。」〔註73〕革命黨人閻幼甫回憶：余誠格在白布上書寫「漢」字後退入內室，即匆忙帶著家眷在後牆打開一個竇口，逃往小西門外某洋行。〔註74〕李魯青的回憶中，白布換成了白紙，巡撫余誠格寫完「漢」字即從後牆上打的窟窿出逃了。〔註75〕

白布或白紙，「漢」或「大漢」，此刻對於余誠格而言已無分別上的意義，因爲其言行所要表達的內心「獨白」是同樣的意思。

龍鐵元回憶錄中提供的另外一個說法倒值得商榷：「余誠格並沒有書寫『漢』字，而是起事眾人在余誠格逃亡之後，「取床上布單用墨汁寫一大『漢』字，掛在門外桅杆上。」〔註76〕郭孝成的《湖南光復紀事》沿用了這種說法。〔註77〕

出逃後的余誠格避至水師營，欲召水師反撲省城，然水師亦變，情急之下投江尋死，「左右援之，不得死。」〔註78〕余誠格又逃到南昌，「會晤贛撫

〔註73〕 余韶：《湖南光復及四十九標援鄂》，中國人民政治協商會議全國委員會文史資料研究委員會：《辛亥革命回憶錄》第2集，北京：中華書局，1962年，第164頁。

〔註74〕 閻幼甫：《辛亥湖南光復的回憶》，中國人民政治協商會議全國委員會文史資料研究委員會：《辛亥革命回憶錄》第2集，北京：中華書局，1962年，第122頁。

〔註75〕 李魯青：《辛亥起義前夕湖南軍界二三事》，《湖南文史資料》第15輯，第15頁。

〔註76〕 龍鐵元：《長沙光復的前前後後》，中國人民政治協商會議全國委員會文史資料研究委員會：《辛亥革命回憶錄》第7集，北京：文史資料出版社，1982年，第164～165頁。

〔註77〕 郭孝成：《湖南光復紀事》，中國史學會主編：中國近代史資料叢刊《辛亥革命》（六），上海：上海人民出版社，1957年，第136頁。

〔註78〕 趙爾巽：《清史稿》卷470，列傳257，北京：中華書局，1979年，第12807頁。

馮汝騤，備述湖南情形，且敘且泣。」〔註79〕這其中透露出余誠格諸多的無奈。不久余誠格又逃至安慶，他向朝廷奏報九月初一日長沙省城失陷的電報就是由安徽巡撫朱家寶代發的。

余誠格向朝廷奏報湖南「兵變」事稱：「初一日湖南新軍炮營叛變，攻入小吳門，陸軍標營同時叛變，攻入北門，城內巡防兵隊亦各隨同叛變，直攻撫署，皆向袖革黨，學生、議員領隊遂踞省城。……誠格任事方月餘，所調將領未到，添募未齊，無可信之兵、著實之餉、犀利之械。而湘省遍地革黨，民氣囂張，與兵隊均係同鄉，最易勾結，非痛剿不可。伏乞速簡大員，統大隊來湘剿辦。」〔註80〕奏報中自然不乏掩飾之語，新軍「倡變」，防營「從變」可謂事實的話，立憲派士紳「向心」革黨就需要一分為二的分析。

湖南士紳在革命黨人發動新軍舉義時，態度矛盾，有一些人懷著惶恐的心情逃離了省城，有一些人則懷著惴惴不安的心情自動地找黨人聯絡，還有一些人把得到的訊息上報給湖南當局。

子虛子《湘事記》中有一段關於諮議局議長譚延闓倡言「文明革命」促引防營、新軍「從變」的記述，〔註81〕為眾多著述所引用，成為士紳倡言革命的「明證」。譚延闓作為著名的立憲派首領，應當與張謇有著相同的思想脈動。經歷過國會請願運動、保路運動的磨礪，譚延闓等人對清廷儘管懷有怨恨情緒，未必有根植心底的「反清」意識。實際上，從九月初一日晨譚延闓「拜訪」巡撫余誠格的談話記錄中也可以推斷，〔註82〕譚只是一個對「革命」持積極觀望的立憲派人士，並沒有變身為反清的革命家。

〔註79〕　蔡東藩：《清史演義》（下冊），上海：上海文化出版社，1983年，第427頁。

〔註80〕　湖南巡撫余誠格送皖撫朱家寶致內閣總協理大臣等請代奏電，宣統三年九月初一日（1911年10月22日），外務部收電簿。

〔註81〕　子虛子：《湘事記》，中國史學會主編：中國近代史資料叢刊《辛亥革命》（六），上海：上海人民出版社，1957年，第148頁。

〔註82〕　九月初一日晨，譚與汪詒書一道去拜謁巡撫，……及登樓見室內桌上置一名單，約三四十人，……余撫至，寒暄畢，即指名單問予曰：「這班人你有認識的嗎？」答以：「認識一多半。」又問：「這班人到底如何？」答以：「都是一班好議論者。」又曰：「他們都要革命呀！」答以：「他們能幹甚事，命是容易革的嗎。」余撫云：「是啊，你見了他們隨時勸解勸解，要他們不要瞎鬧生事呀！」（鄒永成：《鄒永成回憶錄》，中國科學院歷史研究所第三所：《近代史資料》總10號，1956年第3期，北京：科學出版社，1956年，第107～108頁。）

　　作爲地方士紳風信標的譚延闓態度如此，「投身」聯絡革命黨人的士紳，態度遊移自然也可以理解。地方士紳驚悸於宣統二年（1910年）長沙搶米風潮，他們力勸革命黨人「勿擾亂秩序，至於垂涕」。士紳黃瑛、左學謙等對焦達峰「儼然以首領自居」的輕狂態度深感不滿。〔註83〕故新軍舉義後，諮議局紳黃翼球、常治等被推舉爲代表「謁見」巡撫時，他們提請擁戴巡撫余誠格出任民軍都督。只可惜余誠格不理解黃翼球、常治等人的眞實意圖，心中感念「皇恩」，以「怎麼對得起皇上」作答，被逼無奈之下選擇了逃遁。〔註84〕

　　立憲派士紳「向心」革黨只是表面現象，即使那些在湖南新軍起事中表現相對「積極」的士紳，也並沒有傾心歸順，他們只是在革命的暴風雨來臨時順風站位而已。毋庸懷疑，倡領「革命」之功的首任湖南軍政府大都督焦達峰、副都督陳作新數日後被殺就是立憲派士紳「異心」革黨的明證。余誠格不能正確的審時度勢，或順應潮流「都督湘軍」，或盡一己之力，凝聚各派力量，爲清廷保一方淨土，不能完全歸咎於「勢」使然。

（二）陝西護撫錢能訓

　　陝西新軍舉義，革命黨人居間發動。事實上，「鄂亂」前陝西新軍已有「不靖」傳聞，「八月十五殺韃子」之說亦不脛而走。陝西新軍編練有混成一協，轄步隊兩標，馬炮各一營，工程、輜重各一隊，「兵三千九百三十六名」。〔註85〕陝西會黨勢力更爲強大，他們在舊軍以至新軍中滲透得非常厲害。陝西護撫錢能訓得知武昌「兵變」後，以爲新軍不可恃，便籌謀將新軍調防外地。陝西軍中黨人原定九月初八日（10月29日）爲起事之期，只因陝西當局逼令新軍調防，迫使黨人加快了起事的步伐。

　　八月二十五日（10月16日）駐省新軍開始調防，第一標一營李光輝部調防漢中，劃歸漢中鎮總兵江朝宗節制；八月三十日，新軍第二標奉到開拔命令：自初三日起，每天開拔一個營，第一營駐防岐山，第二營和標本部駐防鳳翔，第三營駐防寶雞。

〔註83〕楊世驥：《辛亥革命前後湖南史事》，長沙：湖南人民出版社，1982年，第214～215頁。

〔註84〕栗戡時：《湖南反正追記》，長沙：湖南人民出版社，1981年，第13頁。（又參見：楊世驥：《辛亥革命前後湖南史事》，長沙：湖南人民出版社，1982年，第221頁。）

〔註85〕趙爾巽：《清史稿》卷132，志107，北京：中華書局，1979年，第3946頁。

革命黨人集議九月初八日舉義，主要考慮這一天是星期日，有諸多方便條件，現如今新軍調防，打亂了黨人部署。八月三十日（10 月 21 日）夜，軍中黨人緊急磋商，決定把舉義之期提前一周（九月初一日），仍是想利用星期天的便利作掩護。

黨人迫不得已改變起義計劃還有一個因素，就是陝西當局掌握了一份黨人起事名冊。關於黨人名冊事件，郭孝成《陝西光復記》記述稱，名冊是西安將軍文瑞手書，列民黨百餘人，「凡軍學兩界稍有聲望者，幾盡與其列」。文瑞交由錢能訓，提請「按名拘捕」，錢能訓以「激變」爲名，未應允。〔註 86〕

革命黨人張鈁的回憶錄中也提及黨人名冊事，不過他用的是「黑名單」一詞：「我們得悉黑名單已擬定了，只是何時動手尚不知道，經過商議決定派由張鈁去見巡警道張藻，面探虛實。」張鈁記述了這次「訪談」：「我們動身時，心情很緊張，因爲我們都是官府單上有名，準備要逮捕的人。我見張藻後，首先說：『傳說官府聽信謠言，把我們同學都當成革命亂黨，要拿辦我們。我們今天自來投案：請即撤職發交軍法審訊。』張聽了我的話，反問我們煽動部隊的是誰。『這個我們不知道，可是新軍造不了反是肯定的。』我說。張問：『道理何在？』我說：『新軍官兵雖發的有槍，但並無一顆子彈，空槍不敵一根棍子方便，如想造反，等於自己找死；何況袁世凱出來後，以武昌孤城與北洋大軍爲敵，無異螳臂擋車，我看不消幾天，大局即可敉平。』張聽了我這番話，顯得非常高興，說我看得很對。我回去向大家報告，大家聽了很興奮。」〔註 87〕張鈁的記述中並沒有確認黑名單的存在，但可以得知，官府對新軍採取了收繳彈藥的防範措施。

九月初一日是新軍發餉之日。發餉後軍中黨人各找藉口按照約定來到營房外的林家墳集議，被推舉爲起義領導人的新軍管帶張鳳翽（時任協司令部參軍官兼二標一營管帶）也參加了會議，張鳳翽把起事時間定在了「午炮」之後。〔註 88〕

〔註 86〕 郭孝成：《陝西光復記》，中國史學會主編：中國近代史資料叢刊《辛亥革命》（六），上海：上海人民出版社，1957 年，第 40 頁。

〔註 87〕 張鈁：《憶陝西辛亥革命》，中國人民政治協商會議全國委員會文史資料研究委員會：《辛亥革命回憶錄》第 8 集，北京：文史資料出版社，1982 年，第 167 頁。

〔註 88〕 西安每天正午十二時鳴炮一響，習慣稱爲午炮。（注：張鳳翽並非革命黨人，但張鈁回憶錄中稱張爲同盟會會員。）

十點鐘左右駐城外的新軍炮營即開始行動，軍官騎馬，士兵三三兩兩徒手進城，一路毫無阻礙。護衛軍裝局的只有巡防營一哨士兵，不少人因為星期天並不在崗，當他們看到新軍人多勢眾衝進來時，並不敢抵抗，紛紛從後門溜走了，搶到子彈的舉義士兵如猛虎下山，迅速佔領了各衙署及軍事要點。

舉義新軍入城之際，陝西官府正出席諮議局常年大會。張鈁回憶錄中描述：「漢城各衙門官員，因正在議局開會，聞槍聲四起，乃作鳥獸散，棄去冠裳，藏匿於民家，不敢回衙。」〔註89〕張鈁的描述未必是真，因為他只是帶隊參與了新軍起事，對陝省官員行蹤並不知情。諮議局副議長、同盟會員郭希仁的記述應更具可信度：「是日錢護院到甚早，未及鐘點，即促開會，十一鐘即散，氣象甚為倉皇。」〔註90〕

錢能訓之「倉皇」原因不明，或許是對新軍起事有所警覺也未可知，但從西安城防部署上分析，當局並未察覺駐省新軍中有「不軌」之舉，否則護衛軍裝局的巡防營不會如此掉以輕心。此外，駐省巡防營有六營之多，並未有抵禦行動，亦可概見當局未做應變準備。

西安例駐有旗營，旗兵看到新軍「倡亂」，有出城（滿城）開戰者，被義軍擊退。護撫錢能訓聽到槍響，迅速逃匿，初六日被搜城士兵捕獲，曾試圖舉槍自戕，未遂，當即送至司令部，延醫治療，並派人照料。〔註91〕

錢能訓自殺，表明了自己不願被「肇事新軍」俘獲的「激憤」，顯現的是對大清王朝的忠貞。錢能訓自殺時，扈從左右的幕僚許家瀚曾以「太夫人在堂」予以勸阻，錢念及親情，「痛極暈絕」，起事官兵遂「擁公去，強為治療」，後「欲強公起治陝事」，錢能訓婉拒：「吾不可盡吾職，乃至於此。今病甚，復何所裨於陝乎？」〔註92〕錢能訓雖不能為清廷鎮撫西安，但在

〔註89〕張鈁：《憶陝西辛亥革命》，中國人民政治協商會議全國委員會文史資料研究委員會：《辛亥革命回憶錄》第 8 集，北京：文史資料出版社，1982 年，第173 頁。

〔註90〕郭希仁：《從戎紀略》，中國史學會主編：中國近代史資料叢刊《辛亥革命》（六），上海：上海人民出版社，1957 年，第 64 頁。

〔註91〕朱敘五、黨自新：《陝西辛亥革命回憶》，中國人民政治協商會議全國委員會文史資料研究委員會：《辛亥革命回憶錄》第 5 集，北京：中華書局，1963年，第 12 頁。（朱敘五、黨自新回憶中稱，錢能訓逃匿於田水井某宅；張鈁則說錢能訓是躲在他的副官家裏。）

〔註92〕曹秉章：《前國務總理幹臣錢公行狀》，卞孝萱、唐文權：《辛亥人物碑傳集》，北京：團結出版社，1991 年，第 330 頁。

「兵變」後以「自裁」的方式效忠清廷，又拒絕出任陝督，對於民軍而言屬於「不識時務」，對於清廷而言，錢以暫護巡撫，能有如此作為，也算稱得上忠於「臣節」。

西安將軍文瑞率旗營與民軍激戰竟日，滿城在九月初三日（10月24日）被攻克，文瑞見大勢已去，投井自盡，成為清王朝的殉道者。陝西正任巡撫楊文鼎在陝省「兵變」後，雖經清廷連電催促，仍是遲遲不及赴任，及至十月初十日（11月30日）清廷不得不諭令准其「開缺」。

陝西士紳在辛亥變局中鮮有表現，主因是風氣閉塞，從宣統二年（1910年）國會請願運動陝諮議局之默默無聞亦可概見。諮議局副議長郭希仁倒是對新軍舉義頗為熱心，「贊襄籌畫，總司一切」；〔註93〕在八月二十四日（10月25日）諮議局特別會議上，郭不僅將武昌「兵變」消息公之於眾，且對湖北當局濫殺被捕黨人「激變」多有指責。然郭希仁此時已是同盟會會員，自不能與諮議局紳並列同語。不過，郭希仁是在當選諮議局議員後才被動員加入同盟會的，以此觀之，陝西士紳中自然也有「傾心革命」的因素。光宣之交，地方士紳在延長石油問題上與官府種種的「不合作」，也埋下士紳對當局不滿的種子，這種不滿情緒有可能成為他們「變身」支持革命黨人的推助力。

（三）浙江巡撫增韞

浙江省城杭州於九月十五日（11月5日）宣告獨立，擔綱光復主力的依然是新軍。浙省新軍名義上編練成軍一鎮，然限於財力，兵員實不足額，一鎮新軍合計僅有七千餘名官兵。計步兵兩協，第四十一協、四十二協（駐防寧波），又炮兵一營、工程兵二隊、輜重、馬各一隊。浙省新軍中革命黨人的力量很強大，滲透到各個營隊，宣傳鼓動工作做得也很出色，新軍中下級軍官有三百多人，「其中三分之二的人傾向革命。」〔註94〕

武昌新軍舉義後，聚集上海的革命黨人在回應武昌的問題上確定了「先江浙、後上海」的戰略。八月二十一日（10月12日）同盟會會員陳其美親自到省垣杭州，召集軍中黨人骨幹籌商對策，陳其美返滬後又派「同志」姚勇忱來杭繼議新軍舉義之事。

〔註93〕郭孝成：《陝西光復記》，中國史學會主編：中國近代史資料叢刊《辛亥革命》（六），上海：上海人民出版社，1957年，第42頁。
〔註94〕楊渭生：《辛亥革命在浙江》，杭州：浙江人民出版社，1984年，第45頁。

　　浙省當局對新軍中出現的「異動」有些察覺，事實上，武昌「兵變」前，杭州省城也曾出現「八月十五殺韃子」的流言。八月十九日之後，新軍士兵甚至發出「不與革軍爲敵」的「異音」。〔註95〕

　　八月二十四日（10月15日）巡撫增韞與暫署杭州將軍職任的副都統德濟商議，省垣各城門添派八旗兵丁駐守，杭城八旗即日撥發子彈，預備應調；又議定於旗營馬甲內挑選「壯丁」，限期添練一營，所有餉械子彈，有浙省當局「特別籌備」。杭州城依舊制例有八旗駐防，杭州八旗自宣統二年（1910年）起，參照新軍制式進行改造編練，裝備一體採用新式。

　　九月以後各省新軍「不靖」消息時有傳聞，雖然朝廷也曾頒諭勸誡各省督撫不得對新軍有所歧視，但各省督撫以爲新軍不可恃之心理並沒有改變，收繳新軍士兵槍械子藥、調新軍出省城成爲各省主政長官防範新軍的不二法門。浙省當局曾「異想天開」，試圖對駐省新軍辦理提前屆期退伍手續，以減輕新軍帶來的壓力，只是該項工程需籌措一筆巨額費用，限於各司庫一貧如洗，「無從挪借」，只得作罷。最終當局決定「藉詞海防緊要」，對駐省新軍實行調防，飭令現駐鎮海之八十四標第一二兩營調赴溫州，駐省之八十二三兩標（應爲八十一、二兩標）之精旅三營一律開赴鎮海。〔註96〕調新軍出防同時，增韞又飭令衢州巡防隊、湖州巡防隊迅速入衛省城。

　　新軍、防營的調防使得民眾猜疑紛紛，八月二十八日（10月19日）八十四標標統張載陽奉命到省後，對增撫調防新軍出省城提出異議，並極力擔保新軍之「無他」，「中丞頗諱其議」，不僅取消了新軍出防的命令，並且派新軍輜重、炮、工三營輪流巡街，以安人心。〔註97〕

　　浙省軍中黨人力量雖然強大，但對於舉義之事甚爲躊躇。依照最初的兵力對比，黨人掌控的軍事力量明顯較官府掌控的軍事力量占優，及至八月二十五日（10月16日）以後衢州巡防營隊、湖州巡防營隊相繼奉調到省，雙方掌控的軍事力量比例發生很大變化。黨人對舉義由舉棋不定轉變爲心存顧慮。故九月初六日（10月27日），陳其美再次派黃乳來杭催促時，杭州方面提出由滬派敢死隊前來進行協助的要求。

　　葛敬恩回憶錄中對此有如是解釋：其一，浙省革命先驅徐錫麟、秋瑾等

〔註95〕專電：《申報》1911年10月27日。
〔註96〕要聞二：《鄂垣革軍之影響種種》，《申報》1911年10月19日。
〔註97〕要聞二：《杭防戒嚴情形》，《申報》1911年10月22日。

人的蒙難對人心之影響深刻；其二，在專制時代，造反的罪名極大，要冒殺頭的危險，「臨事而懼」的心理在起作用。〔註98〕

九月十二日（11月2日）上海方面派出一支百餘人的敢死隊攜帶炸彈抵達杭州，「分寓奉化試館、仁和火腿棧及李漢臣家」。〔註99〕敢死隊蒞臨杭州使得杭垣革命黨人之舉事猶如箭在弦上，九月十四日（11月3日）上海光復更堅定了杭城革命黨人的舉義決心。

九月十四日夜，準確地說十五日淩晨，駐杭州城內的工程營官兵「劈開」城門，接應城外起義官兵入城，駐守城門的防營在睡夢中被繳了械。八十一標由艮山門進城，一、二營由統帶朱瑞率領包圍旗營；第三營由督隊官俞煒率領，進攻保國寺之軍械局；八十二標由清泰門旁之鐵路城門進城，二三營由傅其永、顧乃斌等人率領攻擊撫署衙門；第一營由徐則恂率領，攻佔藩運各庫。上海的敢死隊手擎炸彈，在攻擊撫署衙門時衝鋒在前，為攻克撫署、光復杭州立下頭功。撫署衛隊沒有抵禦，在衛隊長被打死後，衛隊士兵大多歸順了革軍。巡撫增韞聞警，與老母一起向衙署後土山奔避，旋被起義士兵拿獲。

浙省士紳在「變亂」初起，為維護地方秩序計，曾起而倡議組織民團，當局對此給予大力支持。九月初一日（10月22日）各界代表在假師範學堂集議，巡撫增韞蒞會演說，認為如今多事之秋，「諸君同舟遇風，保衛桑梓治安，正宜及時開辦，以輔官力之不逮。」〔註100〕

在組建民團的過程中，商界積極向官府「靠攏」，推舉增韞之親信幕僚陳漢第為民團長，陳漢第「獻媚」當局，主張新成立之民團「官督」商辦，遭到紳學界強烈反對。〔註101〕巡撫增韞為融洽各方，在電奏中採納各界代表初一日集議之意見，保舉浙省「大紳」湯壽潛出任民團長。湯壽潛因浙路風潮中表現過於搶眼，曾受到朝廷革職處分。增韞在電奏中對湯壽潛多有讚譽，並懇請「明降諭旨，賞予卿銜」。〔註102〕組建民團乃是安撫民心

〔註98〕　萬敬恩：《辛亥革命在浙江》，中國人民政治協商會議全國委員會文史資料研究委員會：《辛亥革命回憶錄》第4集，北京：中華書局，1962年，第99～100頁。

〔註99〕　鄒魯：《浙江光復》，中國史學會主編：中國近代史資料叢刊《辛亥革命》（七），上海：上海人民出版社，1957年，第131頁。

〔註100〕　要聞二：《杭垣組織商團之現狀》，《申報》1911年10月25日。

〔註101〕　要聞二：《官督民團之公憤》，《申報》1911年10月28日。

〔註102〕　浙江巡增韞致內閣請代奏電，宣統三年九月初六日（1911年10月27日），外務部收電薄。

的重要舉措，增韞唯恐朝廷對湯壽潛耿耿於懷，九月初二日（10月23日）又與德將軍一起致電內閣，舉薦湯壽潛出任浙省民團長。〔註103〕在保舉湯壽潛出任民團長事宜上，可以看出增韞之開明，也可以說明浙省官紳關係融洽。在得到朝廷允准後，增韞又親自登門「拜謁」湯氏，請其「出山」，可謂眞誠之至。

九月以後，政局日漸混亂，巡撫增韞爲安撫民心，可謂無所不用其極，然民眾對官府之不信任使得官府權威急劇消減。九月初八日（10月29日）浙省當局接獲「官軍漢口捷報」，宣示民眾，「人民咸不之信，指爲捏造，聲勢洶洶」。〔註104〕恰在此時，民間又有風傳政府欲以江浙閩三省地丁作抵向法、比借債之說，留省諮議局議員中原本即有主張獨立之激進者，借債說使得贊成獨立者「較前次驟增兩倍」。〔註105〕

浙江地處沿海，經濟較爲發達，領風氣之先，士紳、包括民眾對革命黨人的政治宣傳並不反感，同盟會會員褚輔成（常駐議員）、陳時夏（副議長）入選諮議局議員即可概見。褚輔成回憶錄中有稱：宣統二年（1910年）冬，民眾中「剪辮運動」普及，「官吏無法遏止」；諮議局中大部份議員，「尤同情革命，熱烈擁護。」〔註106〕

在獨立問題上的認識，士紳與黨人漸趨一致，但雙方的理念並沒有在一條軌道上，士紳宣導的是「和平獨立」。九月十三日（11月3日）諮議局副議長沈鈞儒「面謁」增韞，「請將（滿）營牆先行拆卸，滿人編入漢籍，宣告獨立，以免戰爭之慘，增韞未之允」。〔註107〕二十年後時任仁和縣知縣沈思齊撰文回憶，增韞在拒絕沈鈞儒的提議時曾表示，其本人對政治革命並不反對，只是限於自己「滿州世僕」的身份，不能「與於義舉」。〔註108〕

九月十四日（11月4日）上海光復，下午增韞在撫院衙門召集官紳會議，商討時局應對之策，有紳董堅請獨立者，增韞「仍不允」，至晚瀕行時，

〔註103〕署杭州將軍德濟等致內閣請代奏電，宣統三年九月初七日（1911年10月28日），外務部收電簿。
〔註104〕要聞二：《杭垣危急之情形》，《申報》1911年10月31日。
〔註105〕要聞二：《杭垣惶恐種種》，《申報》1911年11月4日。
〔註106〕褚輔成：《浙江辛亥革命紀實》，中國史學會主編：中國近代史資料叢刊《辛亥革命》（七），上海：上海人民出版社，1957年，第153頁。
〔註107〕《浙江光復》，浙江省社會科學院歷史研究所、浙江圖書館編：《辛亥革命浙江史料續輯》，杭州：浙江人民出版社，1987年，第399～400頁。
〔註108〕沈惟賢：《思齊先生雜著：記浙撫增韞》，《人文月刊》，1933年第4卷第4期。

正告增撫，「謂革命風潮禍懸眉睫，若不速定方針，則後雖追悔，亦無及矣。」
〔註109〕

九月十四日的官紳會議，參照親身與會的「紳董」許炳堃多年後回憶，增韞的形象已有了很大的不同：

> 九月十四日中午，撫署電話於午後召集官紳緊急會議。延至下午四時，增韞開口向眾人「討教辦法」，四座聞言，皆默然不答。少項，袁思永（督練公所總參議）誇口說：「城內有巡防營十數營，每營五百人，械彈充足，新軍僅一千七百人，且在城外，每支槍只有三發子彈，不足為患。」袁談畢，仍無人發言。英霖（旗人，杭州知府）失望之下，痛哭流涕，因謂若不宣佈獨立，無法解紛，其言甚多，但聽不明白。增韞乃令沈思齊起草浙江獨立布告。沈即席起草畢，先抄送增過目，增閱後轉交藩司。依次傳閱，皆無異議。增囑即抄印分貼十城門。英說：刻板（撫署告示向來刻板印刷）已來不及，可著十人分寫，送將軍署會印。增允照辦，即散會。時已夜八時餘。〔註110〕

杭州光復親身經歷者、工程營左隊隊官來偉良回憶錄稱，就在十四日夜新軍起義前夕，統制蕭星垣曾電話通知來偉良等人，現在浙江已宣佈獨立，即刻集合隊伍，當眾宣佈。來偉良等人以為這只不過是當局的緩兵之計，故沒有理睬。〔註111〕

來偉良的回憶與許炳堃的回憶結合在一起，許炳堃記述中十四日官紳會議上巡撫增韞順應獨立的意圖躍然紙上，可惜的是，增韞即使有心傾向獨立，因為錯過了官府主導浙省獨立的最佳時機，增韞的命運便有了很大的不同。

杭州光復後，為解決旗營問題，增韞應革軍要求兩度致函德濟將軍勸降，表明「兵變」前夜增韞接受士紳勸告準備宣佈獨立的「情節」當屬可信。湯

〔註109〕《浙江光復》，浙江省社會科學院歷史研究所、浙江圖書館編：《辛亥革命浙江史料續輯》，杭州：浙江人民出版社，1987年，第400頁。

〔註110〕許炳堃：《杭州光復之夜的一次官紳緊急會議》，中國人民政治協商會議全國委員會文史資料研究委員會：《辛亥革命回憶錄》第4集，北京：中華書局，1962年，第165頁。

〔註111〕來偉良：《辛亥工程營杭州起義記》，中國科學院歷史研究所第三所：《近代史資料》總17號，1957年第6期，北京：科學出版社，1957年，第70頁。

壽潛出任都督後,增韞得以恢復人身自由,後乘海北上,行至秦皇島登岸,
由臨榆縣電奏杭州失守情形。九月底,清廷對增韞做出革職處分,十月初四
日(11 月 24 日)增韞攜家眷進京,向朝廷遞交了杭州失守的詳細奏報,完成
了自己的最後職責。

三、還政於民

貴州、廣東宣告獨立,也可以看到新軍廁身其間的影子,然地方士紳
在其中扮演了重要角色。地方士紳的價值取向與革命黨人不同,他們讚助
的是和平「革命」。因此,貴州巡撫沈瑜慶、兩廣總督張鳴岐在士紳主導的
獨立運動中都曾被擁戴出任民軍都督。沈瑜慶狃於成見,囿於自己係曾深
受皇家厚恩的沈葆楨之子緣故,加之本人對「革命」亦有抗拒之心,「堅辭
弗受」。張鳴岐則是在應允出任民軍都督後「漏夜」潛逃,表明了其內心深
處對革命潮流的抵拒。

在獨立浪潮衝擊下,貴州、廣東當局內部意見紛呈,一則源於政局混
沌不清,然更主要的因素實源於地方士紳居於獨立運動領導地位。主政者
在士紳宣導獨立的過程中,內心難免會有搖擺。由於地方大吏不能做到心
無旁騖,一力鎮撫,給予「異化」力量放大的機會,及左右不能逢源,時
局終至難於收拾。

沈瑜慶與張鳴岐在最後時刻都選擇了「還政於民」,這是他們基於形勢的
判斷所作出的明智抉擇,但從情感上他們對大清王朝依然懷有深深的眷戀,
君臣名節更讓他們在心理上充滿了掙扎。沈瑜慶在貴州軍政府成立之際還曾
喃喃自語:「皇上付我封疆,以至不守,何以對國!」〔註112〕張鳴岐在清帝遜
位後見到故人還曾感歎:「去年能死,亦可保全名節,然心頗不甘;今年仍追
悔其不死,奈何!」〔註113〕

(一)貴州巡撫沈瑜慶

貴州地處偏遠,革命黨人勢力並不強大,對貴州獨立有發動醞釀之功的
乃黔省當時的兩大立憲派團體──自治學社與憲政預備會(憲政會)。自治學

〔註112〕陳善頤:《有關欣亥革命的補充材料》,中國人民政治協商會議貴州省委員會
　　　　文史資料研究委員會編:《貴州文史資料選輯》第 2 輯,貴陽:貴州人民出版
　　　　社,1979 年,第 182 頁。
〔註113〕勞祖德整理:《鄭孝胥日記》第 3 冊,北京:中華書局,1993 年,第 1452 頁。

社成立於光緒三十三年（1907 年）十一月，領袖爲張百麟。憲政會成立於宣統元年（1909 年）十月，領袖任可澄。兩大派別在政治主張上並無明顯的分野，因爲出身、地位之不同，在主張實現立憲的方式上稍異。自治學社多「寒士」，憲政會多「貴紳」，故自治學社「主急進」，憲政會「主漸進」。〔註 114〕爲爭奪教育「地盤」，兩派曾上演了一段頗爲激烈的「黨爭」，諮議局是它們憑藉活動的舞臺。

巡撫沈瑜慶起初並未意識到武昌事件問題的嚴重性，及至湖南、陝西等地新軍起事回應武昌，貴州當局才感覺到駐省新軍之威脅。沈瑜慶急忙「檄省垣新軍出防外屬，備不虞」，對仍「留省者間日閱視射擊，令子彈消耗。」〔註 115〕對於與新軍有很深淵源的陸軍小學堂，沈瑜慶則下令將學堂學生自行保存的槍支「全部繳庫收存」，〔註 116〕以期杜絕任何隱患。

九月以後，各省獨立風潮風起雲湧，貴州受湘、滇刺激尤甚。自治學社與憲政會兩黨「同仁」均主張取和平方式之獨立，共同的政治訴求使得原本心存芥蒂的兩團體捐棄前嫌，把手握在了一起。憲政會負責「勸導」地方紳耆，自治學社負責「聯絡」新軍及哥老會，中間派負責「疏通」學界和商界。〔註 117〕

九月初十日（10 月 31 日）諮議局議長譚西庚（自治學社會員）邀集各界代表商議如何實現保境安民。十二日（11 月 2 日）張百麟、楊昌銘（自治學社會員）、樂嘉藻（中間派人士）、任可澄、蔡岳（中間派人士）、周培藝（自治學社會員）、陳永錫（自治學社會員）、朱焯（自治學社會員）等人「冒死入巡撫署，開陳意見」，沈瑜慶答曰：「吾家世受國恩，義不背叛，諸君必相強，惟朝服坐皇堂待盡而已。」〔註 118〕

〔註 114〕張國淦：《辛亥革命史料》，《近代中國史料叢刊續編》第 26 輯，臺北：文海出版社，1974 年，第 225 頁。

〔註 115〕周素園：《貴州陸軍史述要》，中國人民政治協商會議貴州省委員會文史資料研究委員會編：《貴州文史資料選輯》第 1 輯，貴陽：貴州人民出版社，1980年，第 4 頁；又，劉莘園不同意此說，劉莘園：《辛亥革命老人劉莘園遺稿》，貴陽：貴州人民出版社，2003 年，第 258 頁。

〔註 116〕莫季塋：《貴州辛亥起義紀實》，中國人民政治協商會議貴州省委員會文史資料研究委員會編：《貴州文史資料選輯》第 2 輯，貴陽：貴州人民出版社，1979年，第 23 頁。

〔註 117〕青石：《二十年來貴州政況紀略》，《人文月刊》，1931 年第 2 卷第 3 期，第 2 頁。

〔註 118〕周素園：《貴州民黨痛史》，中國史學會主編：中國近代史資料叢刊《辛亥革命》（六），上海：上海人民出版社，1957 年，第 445 頁。

　　九月十三日（11 月 3 日）沈瑜慶接受耆紳郭重光的建議，同意設立「自保社」，「公用人行政之權於大眾」，取半獨立形式藉以緩和矛盾，漸進派表示「滿意」，主張「急進」的自治黨人甚為不滿。〔註 119〕

　　正因為自治學社「激進」之主張，使得自治學社「黨務」在當時的社會氛圍中擁有較雄厚的群眾基礎，軍、學、警各界都有自治學社勢力滲透。「黨魁」張百麟與貴州哥老會淵源深厚，〔註 120〕故自治學社在哥老會中也有發展。主張立憲的自治學社經歷了宣統二年（1910 年）國會請願活動的磨礪，對顢頇腐敗的清政府由希望到失望，由失望到絕望，「鐵血立憲」的抗爭意識使得他們更注重軍事力量的培養。張百麟曾有如是之說：「吾儕雅不忘情於中央，亦至不欲犧牲其主義。」〔註 121〕貴州獨立前夕，自治學社在軍、學、警界已運動成熟。

　　地方士紳在各省獨立浪潮衝擊下，雖有順應形勢之意願，但並不準備取激烈方式以達獨立之目的。鑒於自治學社日漸「激進」，士紳中有人向巡撫沈瑜慶建議，做積極應變準備：其一、電令興義團管帶劉顯世率人馬「星夜來省」護駕；其二、令郭重光辦城防總局，募勇丁三百人以資防衛；其三、擬捕殺張百麟等八人以遏亂萌。眾多的貴州辛亥革命回憶材料中稱，向沈瑜慶提請「鎮壓」自治黨人建議的為憲政會領袖任可澄，然據撫署文案鄧恭記述推論，提請「鎮壓」應變之策的實另有其人。〔註 122〕

　　調兵、募勇顯然已有「遠水難解近渴」之嫌，捕殺自治黨人之計劃最終也未實現，巡警道賀國昌「素昵」自治黨人，將捕殺計劃洩露，自治黨之干將黃濟舟臨危受命，親赴撫署「向當軸陳述利害」，終於使得自治黨人免除「血光之災」。

〔註 119〕馮自由：《革命逸史》第 3 集，北京：中華書局，1981 年，第 343 頁。

〔註 120〕胡壽山：《自治學社與哥老會》，中國人民政治協商會議全國委員會文史資料研究委員會：《辛亥革命回憶錄》第 3 集，北京：中華書局，1962 年，第 466～478 頁。

〔註 121〕周素園：《貴州民黨痛史》，中國史學會主編：中國近代史資料叢刊《辛亥革命》（六），上海：上海人民出版社，1957 年，第 441 頁。

〔註 122〕張國淦：《辛亥革命史料》，《近代中國史料叢刊續編》第 26 輯，臺北：文海出版社，1974 年，第 223 頁。（九月十二日本省紳士及學界多人，紛紛來署，請求沈撫出任都督，組織軍政府，沈撫嚴詞拒之。紳士等去而往返，懇切婉求，謂為個人計，固不欲捲入漩渦，為黔省人民計，仍請出任艱巨，因恐本地各派競爭，必至地方糜爛。……故該紳士等甚以為慮，非請撫院鎮壓不可。沈撫以暫時維持則可，但不得改換巡撫招牌，往返磋商，終未得要領。）

親歷者黃濟舟於 1956 年撰寫的回憶錄中，爲我們眞實地再現了彼時生動的一幕，提供了解讀沈瑜慶的內心世界第一手材料。

> 黃往謁沈撫，沈拒不接見，再三強之，始勉延入。沈屬聲説：「你們一定要見我，有何話説？」黃曰：「時局緊張，謠諑紛起，敬詢我公有何措置？」沈曰：「誰敢造反，捕殺而已！」黃曰：「激出變端，誰尸其咎？」沈曰：「官方自有主權，何勞局中過問！」黃曰：「本局爲人民代表，演出慘劇，人民將受池魚之殃，不敢不問！黔中兩黨自相傾軋，設所告此過，波及無辜，風潮擴大，如何收拾？且人敢於作亂，必有種種捍衛，豈易受捕？不幸變生肘腋，當道恐亦不利。」沈氣稍奪，曰：「貴局尚關心我之安全乎？」黃曰：「公爲一省之主，人民所託命，自應關心。」沈曰：「然貴局何以見教？」黃曰：「以公之地位，但嚴陣以待，不必打草驚蛇，各省事平，貴州詎敢妄舉？大局果變，公亦有以自處。區區愚忱，各方面均應顧到，幸垂查之。」沈不覺微頷，黃遂返局報告。〔註123〕

沈瑜慶在形勢幾近失控之際，雖有力挽狂瀾之心，並無斷然採取過激行爲之意，原因之一：貴州地方大員（各司道）本身意見並不統一。署提學司陳驤（石麟），署勸業道王玉麟贊同捕殺，巡警道賀國昌、高等審判廳廳丞朱興汾則反對，稱「操之過急」，其它人不置可否；原因之二：自治學社、憲政會合二爲一，使得地方士紳以及代表民意的機關諮議局都表現出明顯的離心離德傾向；原因之三：沈自己手中掌控的軍隊不足以震懾局勢。信任的可戰軍隊已派往四川，黔省軍隊之主力新軍當時留省城者還有八百多人，在自治學社、憲政會運動下已有倒戈相向的跡象，惟一在自己身邊的撫署衛隊只有一百二十人。在這種情形下，沈瑜慶退而求其次，由最初的「屬聲」主捕殺變爲「氣稍奪」，甚至「自降身份」向黃請教自身之安全問題。

地方「大紳」計議九月十四日（11 月 4 日）籌組「自保會」，自治學社黨人爲搶佔先機，決定十三日夜發動起義。起義計劃迅速傳達到新軍和陸軍小學堂各單位，通過「賄賂」手段搞到的槍彈也已提前交付新軍士兵和陸小生手中。九月十三日夜，新軍班長楊樹清的一聲槍響，嚇跑了正在「訓話」的標統袁義保，同時也打響貴州辛亥革命的第一槍。

〔註123〕黃濟舟：《辛亥貴州革命紀略》，中國人民政治協商會議貴州省委員會文史資料研究委員會：《貴州文史資料選輯》第 7 輯，貴陽：貴州人民出版社，1981年，第 37 頁。

沈瑜慶得知新軍「兵變」，急忙宣召撫署衛隊，殊料衛隊業已接受自治學社黨人鼓動，向心革命。沈瑜慶知道大勢已去，遂命巡警道賀國昌、勸業道王玉麟與諮議局議長譚西庚、自治學社領導人張百麟等交涉，商討黔省獨立事宜。

雙方議定：巡撫通飭文武官員，正式退位，交政於民；民軍保護官吏及其眷屬生命財產；庫儲、卷宗及一切公用房屋器具，悉數正式移交；教民、教堂、教士及外人生命財產，民軍亦負責保護。〔註124〕

貴州光復，兵不血刃，政權實現了轉移。沈瑜慶在形勢的逼迫下，不得不承認現實，「手書承認獨立」字樣，並稱「該紳等苦心孤詣，維持地方，准其具情密奏，宣告獨立。」〔註125〕

九月十四日（11月4日），貴州軍政府假諮議局成立，沈瑜慶無奈中仍心有不甘，陳星庚（時任貴州財政副監理官）日記記錄下他此時的心情：「午後便服進撫署，至則見沈撫在客室，橫臥籐椅，自言將死，皇上付我封疆，以至不守，何以對國！又怫然曰，坐而待斃，不如起而對壘。眾人勸慰：不如歸去，遂我初服。」〔註126〕

沈瑜慶內心的掙紮實源於自己對清王朝的留戀，然此時已物是人非，正如眾人所言「大勢已去，非偏隅黔省所能挽回」。九月十六日（11月6日）沈瑜慶接受軍政府饋贈他的三千兩路費銀，離開了貴陽省城，後取道重慶，避居於上海。

（二）兩廣總督張鳴岐

廣東於九月十九日（11月9日）宣告獨立，在回應武昌起義的獨立省分中列第十二位，與廣東革命策源地的地位「極不相稱」。革命黨人在廣東走向獨立的過程中雖然功不可沒，但主導獨立的角色卻是由地方士紳來扮演的。廣東地處東南沿海，是革命黨人活動的重要基地，孫中山先生所說的同盟會成立後黨人發動有十次反清武裝起義，廣東獨居六次。

〔註124〕 吳雪儔、胡剛：《貴州辛亥革命史略》，中國科學院歷史研究所第三所：《近代史資料》總11號，1956年第4期，北京：科學出版社，1956年，第106頁。

〔註125〕 楊昌銘：《貴州光復紀實》，中國科學院歷史研究所第三所編輯：《雲南貴州辛亥革命資料》，北京：科學出版社，1959年，第204頁。

〔註126〕 陳善頤：《有關欣亥革命的補充材料》，中國人民政治協商會議貴州省委員會文史資料研究委員會編：《貴州文史資料選輯》第3輯，貴陽：貴州人民出版社，1979年，第182頁。

作爲沿海經濟發達的省分，廣東紳商力量也不容小覷，既有傳統的七十二行、九善堂等商團組織，又有自治研究社、粵商自治會等新興的紳商團體。領風氣之先的廣東紳商，其政治覺醒意識也較爲強烈，他們對革命黨人的政治宣傳從心理上並不反感，〔註127〕對清政府之顢頇腐敗有切膚之痛，保路運動中已顯示出他們強大的實力。然士紳作爲維護社會穩定的基本力量，對革命黨人宣導的「暴力革命」一向持反對態度，如黃花崗起義後，廣東紳商即發表了《粵省各團體因亂事公佈中外同鄉書》，對黨人「倡亂」予以譴責。〔註128〕

八月十九日武昌起義，廣東官場接獲「兵變」消息，粵督張鳴岐異常警覺，致電內閣時即表示：「粵省爲革黨窺伺已久，鄂亂既成，必更大受影響」，故提請截留「解部各餉」，用以招募防營。〔註129〕

廣東當局的防範措施並不能遏止武昌起義給民眾帶來的心理上的恐慌，張鳴岐在隨後致清廷的電文中，總是哭訴廣東謠言盛行，民心異常浮動。八月二十七日（10月18日）甚至聲稱「潛匿」英界香港的革命黨「巨魁」黃興有「信函」投至督署「語極狂妄」。〔註130〕

宣統三年三月二十九日之役，革命黨人「精粹」盡失，隨著廣東當局搜捕行動的展開，黨人在省城幾已無法存身，一水之隔的英界香港成爲黨人麇集的大本營。革命黨人聽聞武昌消息，深受鼓舞，陳炯明、胡漢民等集議香港，籌謀響應之策，因當局防範甚嚴，省城又有張鳴岐奏調的親信廣西提督龍濟光之「客軍」八營防勇駐紮，無法下手，黨人在省城起事圖謀遂成泡影。

革命黨人三月二十九日舉義不成，隨之在黨內掀起一股暗殺風潮，從某種角度講這是小資產階級絕望心裏的一種表現，但它對廣東政局的走向產生不可估量的影響。

〔註127〕粵商自治會成員莫梓所辦報紙《半星期報》登載了不少同情革命的文字，庚戌正月新軍舉義失利，粵商自治會也積極出面「營救」。（邱捷：《廣東商人與辛亥革命》，《紀念辛亥革命七十週年學術討論會論文集》（上），北京：中華書局，1981年，第369頁。）

〔註128〕《粵省各團體因亂事公佈中外同鄉書》，《大公報》1911年9月10、11日。

〔註129〕中國第二歷史檔案館編：《中華民國史檔案資料彙編》第1輯，南京：江蘇人民出版社，1979年，第172～173頁。

〔註130〕兩廣總督張致外務部電，宣統三年八月二十七日（1911年10月18日），外務部收電薄。

　　粵水師提督李準在鎮壓革命黨人庚戌正月新軍舉義、辛亥三月二十九日之役中表現「積極」，黨人對他恨之入骨。故閏六月十九日（8月13日）黨人針對李準實施了一次暗殺行動，黨人付出一死一俘的代價，李準則「彈穿肋骨」。李準遇刺後，心中銳氣頓減，一方面為被俘的刺客陳敬岳「求情」免死，一方面與黨人暗通款曲以示「輸誠」之意。〔註131〕

　　張鳴岐於宣統二年十二月初四日（1911年1月4日）抵省履任，短短數月間即經歷了幾次的生死折磨。三月初十日（4月8日）廣州將軍孚琦遇刺身亡；三月二十九日黨人攻擊督署，張鳴岐與死神擦肩而過；閏六月十九日水師提督李準遭遇炸彈襲擊。黨人為信仰「前赴後繼、憨不畏死」的精神嚇壞了張鳴岐，故閏六月二十三日（8月17日）張鳴岐致電內閣，懇請病辭。〔註132〕

　　黨人暗殺活動所造成的恐怖，對地方官紳也產生了震懾作用。武昌起義後，原本已危機四伏的廣州，九月初四日（10月25日）早晨又迎來一次「血案」。繼任將軍鳳山行至廣州南關倉前街，突遇黨人炸彈襲擊，遇刺身亡，這次暗殺行動或許可以歸類為「偶然」事件，但它對廣東官紳心理上產生的衝擊無可估量。

　　九月初四日午後，在籍「大紳」鄧華熙、梁鼎芬等假文瀾書院召集各團體代表會議，是為廣東獨立之肇萌。

　　鄧華熙首先發言，鄧聲稱：「今日之會，其宗旨係圖謀公安，深望廣東得免喪亂痛苦」；梁鼎芬隨後發言則突出了「廣東自治」，希望通過自治可以抵制黨人所提倡的「政治改良」：「今革命黨所持主義，在改良政治耳。政治若良，革黨應不來，即來亦可以對付。」梁鼎芬曲解了革命黨人的政治主張，「改良政治」實是梁本人的政治意願，且梁氏的「政治改良」還有很強烈的保守性：「廣東者廣東人之廣東，官代治之而已；官之良者贊成之，其不良者則去之，官力所不能逮者協助之。」江孔殷（清鄉督辦）作為張鳴岐的私人代表

〔註131〕李準：《光復廣東始末記》（節錄），中國史學會主編：中國近代史資料叢刊《辛亥革命》（七），上海：上海人民出版社，1957年，第245～249頁。注：胡漢民所撰《南京宣佈反正時情形》為李準自述提供了佐證。（胡漢民：《南京宣佈反正時情形》，中國史學會主編：中國近代史資料叢刊《辛亥革命》（七），上海：上海人民出版社，1957年，第247～249頁。）

〔註132〕要聞：《張鳴岐大被申斥》，《大公報》911年8月21日。（注：傳聞攝政王接電後勃然大怒，有申斥張鳴岐「朝廷以汝為重，汝竟不以朝廷為重」之語。）

出席了會議，他在發言中強調廣東特有的「情勢」，極力宣導「利用官府改良獨立」，以避免「土匪」蜂起引發混亂致使外國干涉。

會議最終通過了不向「亂事」省分撥餉撥械、成立監督官吏改良政治總機關、派人赴香港與旅港各團體接洽等三條決議。諮議局議員邱逢甲等出席了會議，第三條決議由「同情」革命黨人的諮議局副議長盧乃潼提出。該議案送達總督張鳴岐，張鳴岐當晚覆函表示同意：「議決各案，亦甚妥洽，均可見諸實行……此後全省治安，官民共肩其責。」〔註133〕

九月初五日（10月26日）張鳴岐致電內閣，彙報粵省面臨的「民心離畔」之形勢，稱爲挽救人心計，「經聯合紳商各界妥議保境安民辦法，期官紳商民戮力同心，共扶危局。」〔註134〕後張鳴岐在電覆度支部催解京餉時，以「局勢日危，增兵籌防刻不容緩」爲由，斷然提出「將京部各餉概行截留」以爲粵省之用，有所謂「盡本省之財辦本省之事」之覆語，態度強硬，且以辭職相威脅，〔註135〕故時報有稱「按此電已含有獨立之意矣」。〔註136〕

張鳴岐在清末督撫群體中可謂洞徹時勢之人，許是因爲年輕的緣故，功名利祿之心較重，故在官場應對之時表現較爲「玲瓏」。武昌事件後，江蘇巡撫程德全致電各省督撫，籲請聯電勸誡清政府取消「皇族內閣」、詔告太廟提前宣佈憲法、與民更始，希冀收拾人心，張鳴岐以「時機尚未至」，不允列名。數日後湘、陝獨立，形勢發生變化，張鳴岐又電覆程德全，表示「願附名」之意，已不及。

從張鳴岐的內心感受講，他對革命黨人揭櫫的政治革命並不反對，〔註137〕藉政治改良來消弭革命，是張鳴岐在八月二十八日（10月19日）會見親信陳

〔註133〕中國人民政治協商會議廣東委員會文史資料研究委員會：《廣東辛亥革命史料》，廣州：廣東人民出版社，1981年，第112～114頁。
〔註134〕兩廣總督張鳴岐致內閣等電，宣統三年九月初五日（1911年10月26日），外交部來電簿。
〔註135〕渤海壽臣：《辛亥革命始末記》，《近代中國史料叢刊》第42輯，臺北：文海出版社，1969年，第345～346頁。
〔註136〕要聞：《廣東拒解京餉之要電》，《大公報》1911年11月9日。
〔註137〕廣州獨立後張鳴岐逃往香港，在與香港總督路戛德在總督府會談時，張鳴岐有稱：「如果一個政府腐敗，那麼人民應當改變它。目前的革命直到10月30日都是正當的，在此之後（這一天清廷下發罪己詔，允諾改良和頒佈憲法。），運動就不再是正當的了。」（附件二：《1911年11月1日前兩廣總督張鳴岐與香港總督路戛德在總督府會談備忘錄》，章開沅、羅福惠、嚴昌洪：《辛亥革命史資料新編》第8卷，武漢：湖北人民出版社，2006年，第23頁。）

景華、江孔殷時表示出來的意願。江孔殷、陳景華是張鳴岐手底下的兩員得力幹將，他們之間的交流體現了張鳴岐真實內心的獨白。〔註138〕故九月初四日紳商集會確定的「自治、自保」原則，張鳴岐並不反對，甚至有輿論稱九月初四日紳商集會乃張鳴岐幕後操縱。〔註139〕

廣州各團體推舉的代表與旅港黨人及商團晤談時，聚集香港的革命黨人對廣州士紳操縱的九月初四日會議「議案」表示不滿。〔註140〕散落各地的黨人乘機鼓動，東江、西江、北江等地民軍洶洶而起，民軍攻擊省城的傳言更深深刺激著人們脆弱的神經，省城哄傳旗人或為鳳山將軍報仇有殺害漢人之舉動，一時間民人遷徙、鋪戶閉門歇業，廣東當局迭出安民告示，亦無濟於事。

形勢日漸混亂，粵商自治會成員譚民之、陳惠普等感覺模稜兩可的「半獨立」政策已很難蒙蔽視聽，遂有九月初八日（10月29日）紳商再次集議。

九月初八日上午，九善堂、七十二行總商會各團體在愛育善堂集議，集會的主旨是就「專制政府與共和政府」進行抉擇。受趨利避害心理驅使，集會形成了一邊倒，「眾議舊日專制政府，政治勢力已失，共和政府勢力已成，友邦公認。為保存永久治安起見，應即承認共和政府。」經眾表決「承認共和」，且議定用正式公文呈告總督，同時議定舉辦商團、公舉代表至港向黨人機關部宣達意旨。〔註141〕

初八日之集議在午後竟演變成民眾遊行活動，遊行時有人打出「廣東民團獨立」的白旗，城廂內外各鋪戶，亦懸旗張燈，燃放爆竹以示慶賀。

粵督張鳴岐沒有接見請願代表，反而對民眾「過激」行為採取了鎮壓措施：一方面分派紳商四出「勸諭」，一方面「嚴飭軍警彈壓」。廣東各司道員如陳夔麟、王秉恩、秦樹聲、蔣式芬、陳望曾等，受民眾「過激」行為驚擾，

〔註138〕 Edword J.M.Rhords:《China's Republican Revolution--The Case of Kwangtung, 1895～1913》, Harvard University Press, Cambrige Massachusetts, 1975 年，第218 頁。

〔註139〕 高勞:《革命戰事記》(《東方雜誌》第 8 年第 9 期) 稱這次會議是張鳴岐「認可」的，《民立報》1911 年 11 月 13 日，稱這次會議前張鳴岐和大紳士們曾「秘議」才決定召開的。(邱捷:《廣東商人與辛亥革命》，《紀念辛亥革命七十週年學術討論會論文集》(上)，北京：中華書局，1981 年，第 379 頁。)

〔註140〕 渤海壽臣:《辛亥革命始末記》，《近代中國史料叢刊》第 42 輯，臺北：文海出版社，1969 年，第 345～346 頁。

〔註141〕 中國人民政治協商會議廣東委員會文史資料研究委員會:《廣東辛亥革命史料》，廣州：廣東人民出版社，1981 年，第 116～119 頁。

紛紛避走虎門（水師提督李準駐節之地），避居虎門的各官員與水提李準淒然相對而泣，後得知省城已將獨立燈旗撤去，獨立取消，「欣然色喜」，乃由李準派艦護送回省。

張鳴岐隨即將初八日之事急電清廷及各省督撫。張鳴岐污蔑初八日愛育善堂集會者「下流社會人數居多」，民眾「遊行」似「夥有匪徒從中主持，希圖藉端逞亂」，「現仍先派公正紳商分投勸諭，許以自新，如仍冥頑不悟，則是甘心從逆，惟有嚴督兵隊，痛加剿辦。」〔註142〕

廣州民眾受獨立風潮的衝擊，基於自保理念原本就對「獨立」有不同版本的解讀。普通民眾感受到的「獨立」就是停罷新政、廢除苛捐，紳商各界感受到的則是可以理直氣壯與官府「對話」。張鳴岐突如其來的「變臉」，廣州各界頓時陷入茫然、恐慌之中，騷擾更勝從前。

為安撫人心，維護秩序，廣東官紳合力送出告示釋疑，然人心離散，覆水難收，各地民軍借機造勢，散佈進逼省城之說。動盪局勢引發沙面各外國領事「關注」，紛紛電詢張鳴岐究竟是何宗旨，是否承認粵人之舉動，並調集兵船嚴加戒備。〔註143〕

張鳴歧一方面飭令「清鄉」總辦江孔殷督隊剿撫各地民軍，一方面照會領事公會，表明自己反對廣東獨立，不認共和的態度，同時承諾「擔任保護外人生命財產安全」之責。此外，張鳴歧還特意約見紐約報訪員，通過媒體傳達自己不贊成獨立，很快即可恢復和平的信心。〔註144〕談及張鳴岐「變臉」，李準的解釋是因為當局接獲「官軍」漢口捷報所致，很多人支持此說。〔註145〕

〔註142〕中國第一歷史檔案館：《清代檔案史料叢編》第8輯，北京：中華書局，1982年，第334～335頁：兩廣總督張鳴岐致內閣等請代奏電，宣統三年九月初八日（1911年10月29日），外務部收電薄。

〔註143〕郭孝成：《廣東光復記》，中國史學會主編：中國近代史資料叢刊《辛亥革命》（七），上海：上海人民出版社，1957年，第229頁；渤海壽臣：《辛亥革命始末記》，《近代中國史料刊》第42輯，臺北：文海出版社，1969年，第433頁。

〔註144〕專電（初十日廣州電、初九日香港電）：《申報》1911年11月1日。

〔註145〕李準：《任廠六十自述》，卞孝萱、唐文權：《民國人物碑傳集》，北京：團結出版社，1995年，第201頁；朱子勉、羅宗堂、韓鋒：《廣州光復前後雜記》，中國人民政治協商會議廣東省廣州市委員會文史資料研究委員會編：《紀念辛亥革命七十週年史料專輯》（上），廣州：廣東人民出版社，1981年，第67頁：鄧警亞：《辛亥廣東獨立傳信錄》，中國人民政治協商會議全國委員會文

其後的形勢發展愈加出人意料，九月初九日清廷迫於灤州兵諫的壓力，接連頒發罪己詔、解散皇族內閣、赦免黨人、憲法交院議等數道上諭。雖然罪己詔、赦免黨人等上諭「出籠」有特殊的緣由，但朝廷對黨人的寬容、讓步，使得活躍於各地的革命黨人不僅佔據上風，同時也加劇了地方官府對形勢的「錯誤」判斷與理解。

接獲諭旨，張鳴歧親至諮議局「宣慰」，且於九月十一日（11 月 1 日）奏請釋放宣統二年（1910 年）刺殺攝政王的「欽犯」黨人汪精衛，並以汪乃粵籍爲由，懇將該犯發往廣東「差遣」。〔註 146〕同盟會會員鄧警亞在回憶錄中聲稱，張鳴歧此舉實乃黨人運動之功，張鳴歧與黨人接觸的「信使」爲江孔殷。朝廷風向逆轉，加之各地獨立風潮此起彼伏，張鳴歧也開始爲自己考慮退路，遂透過江孔殷向黨人示意「非欲據粵，但交代有人方可引去。」〔註 147〕張鳴歧態度軟化，實質上也有出於對黨人不怕死的暗殺精神之顧慮。因是之故，張鳴歧對人言稱，「我固無所不可，其決計主戰而誓死勿去者實龍軍門（龍濟光）耳。」〔註 148〕

九月十五日（11 月 5 日），《軍政府南部都督布告書》、《軍政府告巡警文》赫然出現在廣州省城。文告中對初八日紳商宣導的和平獨立給予了肯定，現如今「和平獨立之希望」未能如願以償，軍政府爲使廣東三千萬同胞「享自由之樂境」，迫不得已用兵，「誠非所願」，籲請民眾理解並給予全力支持。〔註 149〕

史資料研究委員會：《辛亥革命回憶錄》第 2 集，北京：中華書局，1962 年，第 335 頁。

〔註 146〕兩廣總督張鳴歧致內閣總協理大臣等請代奏電，宣統三年九月十一日（1911 年 11 月 1 日），外務部收電簿。（注：同盟會會員鄧警亞在回憶錄中聲稱，張鳴歧此舉實乃黨人運動之功，且言曰「此着既收效，知鳴歧易與，且畏黨人與其爲難。」參見鄧警亞：《辛亥廣東獨立傳信錄》，中國人民政治協商會議全國委員會文史資料研究委員會：《辛亥革命回憶錄》第 2 集，北京：中華書局，1962 年，第 334 頁。）

〔註 147〕邱捷：《廣東商人與辛亥革命》，《紀念辛亥革命七十週年學術討論會論文集》（上），北京：中華書局，1981 年，第 382 頁。

〔註 148〕馬小進：《廣州光復與周劍公》，《越風》（辛亥革命紀念特刊）第 20 期，第 33 頁；《廣州光復與周劍公》，中國史學會主編：中國近代史資料叢刊《辛亥革命》（七），上海：上海人民出版社，1957 年，第 252 頁。

〔註 149〕中國人民政治協商會議廣東委員會文史資料研究委員會：《廣東辛亥革命史料》，廣州：廣東人民出版社，1981 年，第 130～132 頁。

　　已成驚弓之鳥的地方士紳為避免戰禍，再次祭出和平獨立旗幟。九月十七日（11月7日），紳商代表「謁見」粵督張鳴岐，「請示方法」。時任廣州知府志琮（旗人）也提請「歸附」民黨。張鳴岐此刻真的面臨「官紳離畔」，別無選擇，只得應允。〔註150〕

　　九月十八日（11月8日）早九點鐘，各善團行商在總商會集議，張鳴岐私人代表胡銘槃、江孔殷蒞會，議定獨立要件：立諮議局為全省議事總機關、粵督張鳴岐為行政執行官。下午兩點鐘，軍商工學各界代表齊集諮議局，到者凡千餘人，胡銘槃仍作為張鳴岐的代表出席會議，滿漢八旗亦有代表赴會。代表就議事機關、行政機關達成「共識」，省防軍隊、旗滿軍民問題也未產生異議，只有土匪問題議而未決。

　　張鳴岐隨即出示安民：「兩廣督院示：國勢日危，大局岌岌，多數人民，主張獨立。現正籌議，完全組織，官紳商民同心協力，不日議妥，宣佈在即，定期豎旗，以昭正式。凡我軍民，同心愛國，切勿暴動，共保大局，特示。」省城民眾及見張督示，旬日來之陰霾一掃而空，「全省欣然，各鋪即時開門貿易者，不計其數。自三月念九至今，無有如此之恬然者，蓋如釋重負也。」〔註151〕

　　九月十九日（11月9日）八點鐘，各界代表齊集諮議局，議決獨立議案十條，公舉代表陳景華等三人將議案呈文及木質都督關防「賫送」督署。代表至署發現「都督」張鳴岐已於十八日夜出逃，與會眾人「聞變」頓現驚惶痛恨之色，陳景華與同盟會會員鄧慕韓等私議後提請黨人胡漢民出任都督，獲得大會同意，因胡漢民當時身在香港，於是又推選新軍協統蔣尊簋為臨時都督，廣東獨立可謂一波三折。

　　從九月初四日集議「半獨立」，到九月初八日宣導「共和」之獨立，廣州士紳在其中扮演了主導角色。諮議局中同盟會會員、包括「同情」革命的諮議局議員雖有參與，但並不掌握話語權，黨人在各地發動的民軍勢力也只起到了周邊造勢的作用。至於革命黨人對李準、龍濟光等人實施的「攻心」戰

〔註150〕鄧慕韓：《辛亥廣州光復記》，中華民國開國五十年文獻編委：《中華民國開國五十週年文獻》第2編第4冊，臺北：正中書局，1963年，第428～430頁。

〔註151〕郭孝成：《廣東光復記》，中國史學會主編：中國近代史資料叢刊《辛亥革命》（七），上海：上海人民出版社，1957年，第230頁。

術，也有收穫。李準在黨人的勸告下，有積極做「反正」的準備；〔註152〕龍濟光「投機觀望」的心理似乎更強烈一些。〔註153〕

張鳴岐在「官紳離畔」的情形下被迫應允獨立，然其內心實已作好出逃的準備。《廣東獨立記》轉引時報記述：「十八日夜二更時，張督邀邱仙根（諮議局副議長邱逢甲）晤談良久，擬赴滬省親，並以時局岌岌，不覺淚下等語。隨又傳巡捕各人面諭，爾等仍可照常供差。其時張督身著呢夾衣，與龍提即坐小轎星夜赴沙面，而龍提仍回城內。」〔註154〕這段記述清晰顯現了張鳴岐出逃前的最後情形。

張鳴岐沒有選擇出任民軍都督，既有外界形勢的逼迫，也有其內心的痛楚掙扎。出逃後的張鳴岐於十月初三日（11月23日）在《申報》刊發了「請清廷遜位電」，對廣州獨立一事進行了解釋：「自武昌告警，各省風靡，革黨之謀兩粵者，窺伺益急，……省垣紳商士民，羨各省之宣告獨立者，安穩無驚，迭次開會集議，環求息戰，事勢至此，萬無可為，即使空城出戰，亦徒糜爛人民，萬一傷及外人生命財產，且恐立召瓜分之禍，不如勉從輿論，聽其宣告獨立，暫保危亡。十八日省城紳商士民即就諮議局開會決議，定於十九日舉行，鳴岐及在城司道即日離粵，所有一切事務聽由紳商士民舉人主持。」〔註155〕

「勉從輿論，聽其宣告獨立，暫保危亡」、「所有一切事務聽由紳商士民舉人主持」，這是張鳴岐為自己放棄職守進行的「辯解」。一年後張鳴岐得遇「故人」，深為自己不能堅守「臣節」，效死清廷感到懊悔。依據當時廣東駐軍實力，一百零四營防軍遠非他省可比，省城駐防新軍也沒有出現類似其它

〔註152〕 李準：《光復廣東始末記》（節錄），中國史學會主編：中國近代史資料叢刊《辛亥革命》（七），上海：上海人民出版社，1957年，第245～249頁；胡漢民：《南京宣佈反正時情形》，中國史學會主編：中國近代史資料叢刊《辛亥革命》（七），上海：上海人民出版社，1957年，第247～249頁。

〔註153〕 馬小進：《廣州光復與周劍公》，《越風》（辛亥革命紀念特刊）第20期，第33頁；《廣州光復與周劍公》，中國史學會主編：中國近代史資料叢刊《辛亥革命》（七），上海：上海人民出版社，1957年，第252頁。

〔註154〕 《廣東獨立記》，中國人民政治協商會議廣東委員會文史資料研究委員會：《廣東辛亥革命史料》，廣州：廣東人民出版社，1981年，第134～135頁。（注：據1911年11月19日《申報》稱，張督於十八日晚接獲香港團體電，故本已允接都督一職的張鳴岐『決然變計』出逃。）

〔註155〕 要聞：《中國光復史：張鳴岐哀求清廷遜位電文》，《申報》1911年11月23日。

省分的「異動」，儘管水師提督李準有「反水」跡象，然張鳴岐仍擁有相當實力與民軍一戰。但從張鳴岐「請清廷遜位電」中實在解讀不出他有爲清廷「效死」的決心和果敢，他反而極力勸諫清廷「以天地之心爲心、改元易朔」，一個善變的張鳴岐躍然紙上。

　　逃亡督撫中眞正爲大清王朝拼死效力者確屬鳳毛麟角，雲貴總督李經羲，浙江巡撫增韞甚至還有爲民軍政府「服務」的表現，然逃亡督撫內心所表現出來的「忠於」王朝的情感也顯而易見。湖南巡撫余誠格、陝西護撫錢能出逃後均有「自殺」悔過的表現，貴州巡撫沈瑜慶、兩廣總督張鳴岐雖然最終都選擇了「還政於民」，但他們內心世界中也都曾出現過爲清廷「效死」的掙扎。

　　辛亥變局中的獨立省分督撫出逃，新軍、地方士紳等體制內力量的「變異」，是摧毀他們拼死抵禦心理的主導因素。單純的革命黨人如果不與體制內力量結合，很難使得政權轉移如此之「順利」。體制內力量之所以「變異」，革命黨人外部影響是其一，內部滋生的「反動」種芽在時機成熟時的迸發則是必然。

第二節　死難督撫之各異

　　辛亥變局中獨立省分督撫有四位死難者，山西巡撫陸鍾琦、（署）四川總督趙爾豐死於亂軍之中，江西巡撫馮汝騤、閩浙總督松壽死於自殺。在辛亥變局督撫逃亡成風的情形下，死難督撫似乎向世人證明了鼎革之際督撫群體中仍有誓死效忠大清王朝之人。然細究變局中死難督撫之死因，各不相同，他們在「死難」前的言行也並不一定都表明他們是一心一意效忠清王室者。

　　閩浙總督松壽「蒙難」前有過「應允」諮議局士紳提請獨立倡議的意願，只因福州將軍樸壽堅決反對，松壽才被累及送命；浙江巡撫馮汝騤「兵變」前雖然數次拒絕了諮議局士紳懇請其出任民軍都督的要求，但本身對士紳宣導的獨立並不抗拒，甚至有勸誡下屬順應時勢之表示；四川總督趙爾豐受形勢「感召」，與諮議局士紳簽訂了「四川獨立條約」，將政權讓渡於諮議局。察其言、觀其行，死難督撫所作所爲，爲我們提供了解讀其人生最後時刻心路歷程的眞實可靠資料。

一、短命巡撫陸鍾琦

陸鍾琦宣統三年（1911 年）六月由江蘇布政使升任山西巡撫，八月十四日（10 月 5 日）行抵太原省城，十六日（10 月 7 日）接印視事。〔註 156〕九月初八日（10 月 29 日）山西駐省新軍舉義，「履新視事」僅二十三天的巡撫陸鍾琦稀裏糊塗死於亂軍之中。

（一）陸鍾琦死難

八月十九日（10 月 10 日）武昌「兵變」，陸鍾琦因武昌與太原相距甚遠緣故，並沒有預警到「鄂亂」給山西帶來的威脅，有下屬向陸進言，勸其加意防備，「陸持以鎮靜，不之理」。〔註 157〕

九月初一日（10 月 22 日）陝西省城西安新軍「兵變」，太原翌日即得到傳聞。陝山毗鄰，為防堵陝省「叛兵東竄」，陸鍾琦飭太原鎮總兵謝有功帶防營數隊「渡河防剿」，隨即又奏請添募防營。只是「添練」遠水難解近渴，陸鍾琦迫不得已於九月初五日（10 月 26 日）致電內閣、軍諮府、陸軍部，奏請駐省新軍「開赴蒲州一帶協防。」〔註 158〕

山西編練新軍有一混成協，即第四十三協，下轄八十五標（一標）和八十六標（二標），另有馬隊、炮隊各一營，工程、輜重、軍樂、陸軍測量、陸軍警察各一隊，「兵四千五百五十七員」。〔註 159〕革命黨人對新軍多有運動宣傳，受進步思潮的影響，新軍中有不少士兵剪去了髮辮。

駐省新軍對調防蒲州偏遠之地甚為抵制，石榮璋《太原辛亥革命紀略》記述：「九月初一日西安兵變，陸鍾琦擬由省派撥新軍開赴蒲州協防，新軍懼戰，多要請不即行。」〔註 160〕無獨有偶，郭孝成《山西光復記》亦有云：「西安光復之消息，既至太原，前晉撫陸鍾琦，恐民軍來襲，欲派新軍往守潼關以阻之。

〔註 156〕 各埠通訊：山西《陸中丞履新紀》，《申報》1911 年 10 月 17 日。

〔註 157〕 沈雲龍：《近代史事與人物》，《近代中國史料叢刊》第 63 輯，臺北：文海出版社，1971 年，第 151 頁；耘農：《陸鍾琦父子同殉》，中央日報（第六版），1962 年 8 月 19 日。

〔註 158〕 中國第二歷史檔案館：《中華民國史檔案資料彙編》第 1 輯，南京：江蘇人民出版社，1979 年，第 191 頁。

〔註 159〕 趙爾巽：《清史稿》，卷 132，志 107，北京：中華書局，1979 年，第 3947 頁。

〔註 160〕 張國淦：《辛亥革命史料》，《近代中國史料叢刊續編》第 26 輯，臺北：文海出版社，1974 年，第 215 頁。

新軍均不願，設種種要求，陸悉允之，新軍欲止不得，甚爲郁郁。」〔註161〕

爲順利完成新軍調防，陸鍾琦次子陸光熙現身太原。陸光熙，字亮臣，光緒三十年（1904年）甲辰科進士，留日士官生，與山西新軍中的溫壽泉（陸軍小學堂監督）、閻錫山（八十六標標統）等有同學之誼。陸光熙利用自己與「新軍長官有舊」的背景爲父親作疏通工作，原本不願離省的新軍如期開拔，出發前不想讓新軍士兵得到子彈的陸鍾琦也做出讓步。四十三協司令部執法官金應豫的回憶中提及陸光熙到太原還肩負著「勸說」乃父「順應潮流，宣佈獨立」的使命，〔註162〕可惜初七日到太原的陸光熙未及開展工作，翌日即陪同父親一同畢命。

九月初七日（10月28日）新軍炮營如期開拔，八十五標步隊兩營也依照程序準備於次日開赴蒲州。七日下午，軍中革命黨人閻錫山（八十六標標統）、張瑜（八十六標二營管帶）、溫壽泉（陸軍小學堂監督）、喬煦（八十六標一營管帶）、南桂馨（八十五標軍需官）等藉口爲八十五標標統黃國梁送行的名義聚集黃宅，商討新軍應急方案，最後議定部隊領到子彈後就地起義。〔註163〕

九月初八日（10月29日）凌晨二、三點鐘，八十五標起義官兵聚集在狄村二營營盤，臨時推舉二營管帶姚以價爲起義總指揮，姚發表動員講話，隨即分派任務。一營督隊官（副營長）苗文華帶領一部份人馬前去攻打滿城，姚以價督帶一部份人馬攻擊撫署衙門。先鋒隊（敢死隊）在攻打撫署衙門的戰鬥衝鋒在前，八十五標二營左隊正目楊彭齡任隊長，隊官張煌任接應隊隊長。

據親歷者史春元回憶，拂曉時分，起義士兵到達新南門外凹地處蹲藏，靜候城門開啓。〔註164〕新軍入城之際，幾乎未遇到任何抵抗，滿城方向首先

〔註161〕 郭孝成：《山西光復記》，中國史學會主編：中國近代史資料叢刊《辛亥革命》（六），上海：上海人民出版社，1957年，第174頁。

〔註162〕 金應豫：《我辦民團維持太原社會秩序紀實》，《山西文史資料》編輯部：《山西文史資料》1991年第4～5輯，總76～77輯，山西省政協文史資料委員會，1991年，第160頁；王定南：《陸鍾琦父子被擊斃和陸光熙的政治面貌》，中國人民政治協商會議山西省委員會文史資料研究委員會編：《山西文史資料》第3輯，太原：山西人民出版社，1962年，第18頁。

〔註163〕 溫壽泉、黃國梁口述：《辛亥山西起義始末》，南桂馨：《辛亥革命前後的回憶》，《山西文史資料》編輯部：《山西文史資料》1991年第4～5輯，總76～77輯，山西省政協文史資料委員會，1991年，第20、123頁。注：參加初七日集議的人員兩者之間稍有出入。

〔註164〕 史春元：《太原辛亥革命親歷記》，陳麒麟：《參加太原辛亥起義前後》，張博士：《辛亥太原起義親歷記》，《山西文史資料》編輯部：《山西文史精選‧晉

交火。楊彭齡、張煌帶隊跑步向撫署衙門前進，來至撫署，為壯聲勢，一陣排槍響過，隨即用石條將門砸開，隊伍一衝而入，到了後院，上房門口打死一人，東房門口打死一人，這時迎面走來一老嫗（婦人），張煌和眾人問：「大帥（巡撫）何在？」老嫗回答北房門外死的就是「大帥」，東房門外死的就是「大帥的少爺」（即陸光熙）。〔註165〕

　　陸氏父子死難，當事者的回憶頗有出入。陳麒麟的回憶中也提及在撫署大堂遇到老婦人之事，只不過發生在巡撫陸鍾琦遇難之前，且由一人變成了兩個；陸鍾琦從上房走出來，身穿長袍，邊掩衣服邊試圖與起義士兵對話，士兵中有人喊「這就是巡撫，開槍！」陸鍾琦隨即倒於血泊之中；穿軍服挂長刀的陸光熙出來，也被亂槍擊斃。〔註166〕

　　郭登瀛的記述中沒有出現老婦人，巡撫陸鍾琦穿的是「短襖小褲」，從穿著上判斷應該是剛剛被驚醒起床的意思，陸鍾琦面對起義士兵的槍口，也試圖與士兵講話，士兵喝問「你許不許我們革命？」陸「張口結舌」不能作答；陸光熙想解圍，拿出一包銀錢，往地上撒，舉義士兵兩排槍「結束了他們父子的性命」。〔註167〕

　　張博士的回憶中也沒有出現老婦人，陸鍾琦被驚醒從上房出來，稱自己到山西尚未滿月如何如何，「張煌知是巡撫，叫他說反正的話」，陸鍾琦默不作聲，張煌當頭一劍，士兵們「從旁連擊數槍」，陸鍾琦「伏地而死」；陸光熙穿著軍裝出來，未及多說，一樣斃命。〔註168〕

省辛亥革命親歷記》，太原：山西高校聯合出版社，1992年，第83、93、79～80頁。注：郭登瀛回憶錄稱舉義新軍入城時有內應，陳其麟為此曾撰文子以駁斥。（田檣：《訪問參加太原起義的三位老人》，中國人民政治協商會議全國委員會文史資料研究委員會：《辛亥革命回憶錄》第8集，北京：文史資料出版社，1982年，第193頁；陳其麟：《辛亥太原起義見聞及其它》，《山西文史精選——晉省辛亥革命親歷記》，太原：山西高校聯合出版社，1992年，第107頁。）

〔註165〕史春元：《太原辛亥革命親歷記》，《山西文史精選——晉省辛亥革命親歷記》，太原：山西高校聯合出版社，1992年，第83頁。

〔註166〕陳麒麟：《參加太原辛亥起義前後》，《山西文史精選——晉省辛亥革命親歷記》，太原：山西高校聯合出版社，1992年，第93頁。

〔註167〕郭登瀛：《參加起義先鋒隊的回憶》，中國人民政治協商會議山西省委員會文史資料研究委員會：《山西文史資料選輯》第19輯，1981年，第47頁。

〔註168〕張博士：《辛亥太原起義親歷記》，中國人民政治協商會議山西省委員會文史資料研究委員會：《山西文史資料選輯》第19輯，1981年，第73頁。

依照史春元的回憶，起義士兵在擊斃陸鍾琦時並不知道他就是巡撫，陸鍾琦的家庭教師孫振汝回憶錄中的記述與此吻合：「九月初八日黎明，忽聞槍聲，人皆驚起，……久之不再聞槍聲，正要探問，見兩兵挾陸鍾琦長孫（即陸鼎元）入院內來。問他『撫臺何在』。答以不知道。……又見兩兵來，見我和阮鼎南（陸光熙的祕書），持槍相逼，一兵問我：『撫臺何在』。我答以不知道。他拉著我過大堂時，我見陸鍾琦父子和一僕人，都死在大堂東面。我被拉入院，軍隊滿院，仍問我撫臺何在？我答以大堂上死的便是。」五十年後陸鼎元接受山西文史工作者訪問時，對當年被士兵挾持搜問事作了回應。〔註169〕孫振汝再三被舉義士兵追問「撫臺何在」，表明他們並不知道陸鍾琦被殺時的身份，由此推論，陸氏父子死難前應當沒有機會與起義士兵對話，更不會遭遇士兵詰問「許不許革命」或「反正」之語。

山西新軍舉義，主力是八十五標的一二營。他們從新南門進入省城，沒有遇到任何反抗，先鋒隊進攻撫署也沒有遇到撫署衛隊的任何抵禦，巡撫陸鍾琦在睡夢驚醒後懵懵懂懂被舉義新軍亂槍打死，舉義士兵甚至還不知道自己打死了「巡撫大人」，駐防省城的巡防營似乎並不存在，唯一交火的地方就是滿城。由此可見，山西當局對新軍「倡亂」根本沒有預警，當然也談不到任何積極有效的防範措施，巡撫陸鍾琦遭遇不測也在情理之中。太原「兵變」，除陸氏父子罹難外，陸鍾琦的妻子以及侍役李升亦同時遇難，協統譚振德聞聽「兵變」，趕至撫署鎮撫，亦被起事官兵亂槍擊斃。

（二）陸鍾琦死難後的「形象」

在親歷者的回憶中，陸鍾琦睡夢中被起義士兵驚醒，然後懵懵懂懂被槍殺，死於非命。陸鍾琦死後，他的「形象」借助時人、乃至後人的手口相傳，留下很多不同於「事實真相」版本。

陸氏父子遇難後，天津《大公報》、上海《申報》九月中旬都轉載了同樣的二則「晉撫被難」消息，其一稱：「初兵變時，晉撫陸鍾琦竭力勸慰，幸未被害。連日見各軍叛跡大著，辭氣間逐帶嚴厲，叛兵怒，懾之以威，陸撫氣

〔註169〕孫振汝：《陸鍾琦父子之死》，中國人民政治協商會議山西省委員會文史資料研究委員會：《山西文史資料選輯》第 19 輯，1981 年，第 81～82 頁。王定南：《陸鍾琦父子被擊斃和陸光熙的政治面貌》，中國人民政治協商會議山西省委員會文史資料研究委員會編：《山西文史資料》第 3 輯，太原：山西人民出版社，1962 年，第 16 頁。

不稍折，因即被害。遇害時，腰際受兩彈，頭部復猛受一刀，遂立斃。」其二稱：「山西兵變時，各兵環集撫署，陸撫鍾琦朝服出臨，謂：『汝等所要求，本部院皆能代達朝廷，期其允許。』變兵已將恢復秩序，乃其侍者欲以官勢壓之，謂：『爾等所爲非造反耶？』兵遂開槍，將陸撫轟斃，其公子亮誠（應爲亮臣）侍講奔出救父，亦同時被戕。」〔註170〕

　　第一則消息中陸鍾琦遇害前的形象很嚴正，「詞氣嚴厲、氣不稍折」；第二則消息中陸鍾琦遇害前「朝服」形象很正面，然溫語軟化「變兵」似不合時宜，「侍者」斥責「變兵」造反雖然造成了陸鍾琦送命，但非常符合陸鍾琦正面形象塑造的需要，因此太原一則電報中出現「陸鍾琦大罵革軍妖言誤國被殺」的報導，〔註171〕也就不足爲奇了。

　　陸鍾琦死難「形象」經過人們的加工，加進去很多轉述者自己的「想像」。清政府出於政治宣傳的需要，陸鍾琦「朝服衣冠」怒斥「叛兵」的形象最終被確立。惲毓鼎《澄齋日記》中於九月十四日及二十日兩次提及陸鍾琦死難事，均採用此說，以爲朝廷唱和，〔註172〕及至《清史稿》爲陸氏父子立傳，陸鍾琦「朝服衣冠」怒斥「叛兵」的形象自然成爲不二之選：「變作，新軍突入撫署。鍾琦出堂皇，僕李慶雲從，麾之弗去，且挺身出，先被戕。鍾琦叱曰：『爾輩將反邪？』語未竟，遽中槍而殞。光熙奔救，亦被擊死。」〔註173〕山西文史工作者王定南數十年後採訪「事變」的經歷者時，陸鍾琦死難前著「官衣」，斥責起義士兵「造反」的回憶當然也就有了「依據」。〔註174〕

　　陸鍾琦，順天宛平人（原籍浙江蕭山），光緒己丑科（1889年）進士，時年已42歲（虛歲），中進士前曾做過撫寧縣教諭。因爲長期受傳統儒家思想

〔註170〕要聞：《詳誌晉撫被難情形》，《大公報》1911年11月8日；要聞一《陝晉兵變情形》，《申報》1911年11月10日。

〔註171〕專電：《申報》1911年11月3日。

〔註172〕惲毓鼎：《澄齋日記》，杭州：浙江古籍出版社，2004年，第557～558頁。

〔註173〕趙爾巽：《清史稿》卷469，北京：中華書局，1979年，第12789頁。

〔註174〕王定南：《陸鍾琦父子被擊斃和陸光熙的政治面貌》，中國人民政治協商會議山西省委員會文史資料研究委員會編：《山西文史資料》第3輯，太原：山西人民出版社，1962年，第15～16頁。（對於陸鍾琦「朝服」之說，時任八十六標二營隊官張培梅多年後對《重修崞縣志》作的批語曾有駁斥：亂兵已入內院，何暇朝服陞堂，全不是事實。當時陸撫小帽棉袍深臉鞋，由一人扶之，才出家門，則同遇害。《〈重修崞縣志〉稿本中的辛亥紀事及張培梅批語》，中國人民政治協商會議山西省委員會文史資料研究委員會：《山西文史資料選輯》第19輯，1981年，第111頁。）

文化的薰陶，陸鍾琦思想極端保守。據孫振汝回憶：陸光熙留學日本時，順應潮流，業已剪去髮辮，但平日拜見父親，尚須戴一假髮辮。〔註175〕思想保守的陸鍾琦又以「道學」著稱，庚子「國變」時，陸鍾琦「方丁父艱」，因「國憂家難，同遘一時」，悲憤異常的陸鍾琦曾做過「自戕」的驚人之舉。〔註176〕《朝野新談》記載的陸鍾琦一則「故事」，也讓我們看到了陸鍾琦極強的個性：「陸鍾琦於江蘇藩司任內，曾與人論事，意見不和，遽起向床下提溺壺擲來，人不敢與之較。」〔註177〕試想「兵變」之際，讓一個爲人剛硬、個性倔強的陸鍾琦向「變兵」說軟話、求饒倒有些「失眞」。

　　太原光復，各界代表假諮議局集議，同盟會會員、八十六標標統閻錫山被推舉爲民軍都督，同盟會會員、陸軍小學堂監督溫壽泉爲副都督，諮議局副議長杜上化爲總參議。閻錫山在形勢未明朗之際「騎牆」觀望，表現並不積極，閻之所以能當上都督，諮議局議長梁善濟起了作用。〔註178〕地方士紳對革命並無「成見」，他們基於維持地方秩序、自身利益的需要，與「革命」站在了一起，其後清政府調派繼任山西巡撫張錫鑾督兵進攻山西，閻錫山統帶民軍退出省城，梁善濟爲代表的諮議局紳立刻「變臉」，迎接「官軍」進城，同樣也是出於維護地方安定的需要。諮議局致函清廷宣慰使渠本翹所言代表了諮議局紳在變局中的態度：「今日過渡時代，人事逢其變，天道處於窮，茫茫大局，未知定於何日？……諮議局確守維持地方名義，地方一日不糜爛，即全晉前途之福。」〔註179〕

二、死難「二忠」馮汝騤、松壽

　　依照清廷官方說法，江西巡撫馮汝騤、閩浙總督松壽均是在省城失陷後，

〔註175〕孫振汝：《陸鍾琦父子之死》，中國人民政治協商會議山西省委員會文史資料研究委員會：《山西文史資料選輯》第19輯，1981年，第80頁。

〔註176〕沈雲龍：《近代史事與人物》，《近代中國史料叢刊》第63輯，臺北：文海出版社，1971年，第151～152頁；耘農：《陸鍾琦父子同殉》，中央日報（第六版），1962年8月19日。

〔註177〕姜泣群：《朝野新談》丙丁編，上海：光華編輯社，1914年，第111～112頁。

〔註178〕侯少白：《辛亥山西起義紀實》，中國人民政治協商會議全國委員會文史資料研究委員會：《辛亥革命回憶錄》第5集，北京：中華書局，1963年，第127頁。

〔註179〕《山西起義清方檔案》，中國史學會主編：中國近代史資料叢刊《辛亥革命》（六），上海：上海人民出版社，1957年，第184頁。

選擇了「從容就義」，「松督吞金」而亡，「馮撫仰藥」而死。〔註180〕清廷在接到馮汝騤、松壽死難奏報後分別給予「議恤追撫」，馮汝騤諡忠愍，松壽諡忠節。從「諡號」上判斷，清廷對馮汝騤、松壽之死，均以保全「臣節」的忠貞之士來看待。事實上，馮汝騤、松壽之自殺遠非如此簡單。閩浙總督松壽在「死難」前萌生過「應允」諮議局紳提請獨立倡議的意願，絕非清廷想像的已抱定效死之心的忠貞之士。江西巡撫馮汝騤在省城「兵變」前，曾經拒絕過士紳「獨立之陳請」；在駐省新軍「兵變」後，馮汝騤也力辭出任民軍都督；然馮汝騤拒絕出任民軍都督並非出於思想上的反動，而是囿於傳統知識分子道德的約束。馮汝騤勸誡駐防萍鄉五十四標標統齊寶善順應「時勢」的覆電，〔註181〕表明他對獨立大局已有清醒的認識。

（一）江西巡撫馮汝騤

江西獨立，駐省新軍擔當了重要角色。先有九月初二日（10月23日）九江舉義，後有九月初十日（10月31日）省城「發難」。革命黨人在其中的宣傳鼓動作用非常明顯，鄰近的湘、鄂兩省革命形勢的高漲對江西的激勵作用也不容忽視。只是由於新軍中黨人勢力散落，沒有形成一個統一的領導核心，不得不借助地方士紳居中運作來完成江西的獨立大業。

江西新軍原本編練有一混成協——第二十七協，下轄兩標，即五十三標、五十四標，另有馬、炮、工、輜各一營隊。五十三標駐九江，五十四標駐袁州，其餘駐紮省城。革命黨人在新軍中實力雄厚，據龔師曾回憶，江西新軍編練之際，同盟會不少會員投入新軍，江西的新軍幾乎全操在革命黨人手裏。〔註182〕

江西毗鄰湖北，武昌「兵變」後，江西巡撫馮汝騤異常警覺，即刻調派新近由巡防營改編而成的五十五標一、二營前往「贛省門戶」九江「協防」。

〔註180〕 吳慶坻、金梁：《辛亥殉難記》，《近代中國史料叢刊續編》第82輯，臺北：文海出版社，1974年，第3～4頁。

〔註181〕 李新：《中華民國史》第1編（下），北京：中華書局，1982年，第331頁。（注：五十四標標統齊寶善察覺所統兵隊有「異動」，曾電致巡撫馮汝騤請示頒辦法，馮撫有如是覆電：「官心已不可靠，民心復不可恃，萍鄉不能遙制，望體貼兵心民心辦理。」）

〔註182〕 龔師曾：《辛亥革命前後的回憶》，中國人民政治協商會議全國委員會文史資料研究委員會：《辛亥革命回憶錄》第4集，北京：中華書局，1962年，第329頁。

九江地處武漢下游，乃贛省江防重鎮，由五十三標駐防，沿江設有馬當、湖口、田家鎮、金雞坡等守備炮臺。

九江道保恒、知府璞良皆為滿人，對革命黨人所謂的「排滿革命」宣傳甚是惶恐，連電請「撫憲求賜交卸，以全生命。」〔註183〕馮汝騤鑒於保、璞之張惶，一面致朝廷電懇請速遣兵輪馳赴九江防禦，一面加派親信大員提法使張檢前往九江鎮撫。

馮汝騤派到九江督辦防務的親信大員並沒有起到遏止新軍起事的作用，反而成為九江走向獨立的催化劑。九江失守後，《大公報》有如是記述：「鄂變後，贛省長官疑忌新軍，防範日密，張檢（署提法使）到潯督辦江防，步步提防，軍心為之一變，繼而周樹森監督炮臺，限制出入，軍心為之再變，僉謂：『我軍既不見信於大吏，尚須我軍何為。』適值湖北革軍派員遊說，五十三標全標軍人通心戮力，遂約定八月初二晚（應為九月初二）十句鐘起事。」〔註184〕

九江新軍舉義對省城南昌震動極大，除卻沿江炮臺落入革軍之手外，江西新軍有近乎一半的兵力在九江獨立時倒戈。馮汝騤一方面奏請招募，一方面「檄調」上饒防營入駐省城。防營未到防前，馮汝騤儘管心中對駐省城新軍多有疑慮，但仍然極盡拉攏之能事，或親臨軍營，向士兵宣講「忠君愛國」之大義，或施以小恩小惠，如「牛酒為犒」、「倍給薪餉」等，「冀以收拾軍心」。〔註185〕

九月初四日，提法使張檢、五十五標標統莊守忠逃回省城，九江失守的消息迅速在南昌傳播開來。此時革命黨人吳宗慈主辦的《江西民報》起到推波助瀾的作用，吳宗慈不僅在《江西民報》刊發了九江、武漢方面革命文件布告，且撰文予以評論，省城民眾聞聽「譁然若崩」；九月初九日（10月30日），《江西民報》發表署名社論《滿城風雨近重陽》，起首便是一句「滿清政府從此長辭矣！」可謂驚若春雷。〔註186〕除卻《江西民報》，武

〔註183〕要聞二：《贛省籌防革黨之恐慌》，《申報》1911年10月21日；要聞二：《贛省嚴防鄂亂種種》，《申報》1911年10月23日。

〔註184〕江西：《補記九江失守情形》，《大公報》1911年11月8日。

〔註185〕郭孝成：《江西光復記》，中國史學會主編：中國近代史資料叢刊《辛亥革命》（六），上海：上海人民出版社，1957年，第380頁；尚秉和：《辛壬春秋》，香港：文藝書屋，1970年，第74頁。

〔註186〕吳宗慈：《回憶辛亥革命在江西二三事》，江西省政協文史辦：《江西文史資料選輯》第39輯，南昌：江西人民出版社，1991年，第132～133頁。

漢革黨發行的《大漢報》、《中華民國公報》也在南昌省城出現，江西當局極為緊張，一邊諭令憲兵四處搜索，一邊「札飭」巡警道遍貼告示，禁止閱送，然「人心終屬惶恐」。〔註187〕

　　鑒於省城風聲日緊，諮議局年會宣告停議，議長謝遠涵及眾多議員「多回籍避禍」，一般民眾出城赴鄉避亂者，更是絡繹不絕。為保守地方計，地方士紳公團議決，辦理江西保安團，江西當局「冀其可以抵制新軍」，對此給予大力支持，配發「九響毛瑟槍六百支」。〔註188〕地方士紳受湘、鄂等地革命風潮「蠱惑」，深以地方「糜爛」為慮。九月初八日（10月29日）紳商學各界代表在商務總會集議，有「宣佈中立」之意，舉代表逼問巡撫是否贊成，「汝騤不表示」。〔註189〕馮汝騤在致電內閣時聲稱：「各團體危詞聳脅，勢將立變，當經騤以死自持，宣明利害，眾始稍退。嚴飭軍警，力防暴動，自暮達旦，幸獲安靜。」〔註190〕

　　馮汝騤電奏中多少有一些自欺欺人的說辭，此刻南昌新軍中的革命黨人已經約期九月初十日（10月31日）晚起事，紳商各界對黨人運動獨立也表示「贊同」。〔註191〕是日晚十一時三十分，馬營隊官蔡森帶人從順化門外爬牆入城，首先發難，炮營熊天覺、馬營方先亮、李柏年等同時回應，撫署衛隊因事先已有聯絡從城內接應，五十五標三營、憲兵和武裝警察隊均未反抗，與此同時，吳宗慈亦命人在皇殿、撫院放火以張聲勢。馮汝騤聽到槍聲，又見火光，知道新軍業已起事，本想飭隊抵禦，無奈皆不用命，隨即走避旺子巷民房內，全省大小官吏亦相繼逃避一空。

　　十一日（11月1日）下午三點鐘，紳商學各界代表假商務總會再次集會，

〔註187〕要聞二：《贛垣危急情形》，《申報》1911年11月1日。

〔註188〕龔士材：《江西省會光復經過》，江西省政協文史辦：《江西文史資料選輯》第39輯，南昌：江西人民出版社，1991年，第129頁。

〔註189〕張國淦：《辛亥革命史料》，《近代中國史料叢刊續編》第26輯，臺北：文海出版社，1974年，第213頁。

〔註190〕江西巡撫馮汝騤致內閣總協理大臣等請代奏電，宣統三年九月初十日（1911年10月31日），外務部收電薄。

〔註191〕杜永鎮：《武昌起義期間各處致袁世凱的函電及探報》，《中國歷史博物館館刊》1979年第1期（總1期），第113頁。（王祖同致袁世凱「稟」稱：省城紳商軍學各界，已迭次開會，發佈傳單，倡言獨立，並推舉代表赴鄂與黎元洪溝通，撫院禁之不聽。初九日代表自鄂折回。並有革黨數十人同來，在商會邀集議紳、軍界開會，宣佈獨立，商會首先承認，並製旗章，書明「商團相助」字樣。）

在不知巡撫馮汝騤下落之際，仍公舉馮爲都督，如馮不願意，則舉協統吳介璋。〔註192〕其後，眾人探得馮汝騤藏匿旺子巷章姓鋪墊棧內，乃推舉諮議局副議長葉先圻、議員陳永懋與商務總會總理鄒安孟、協理龔士材四人，「連袂同往旺子巷謁見馮撫臺」。

龔士材回憶錄中描述了眾人「謁見」馮汝騤的情形：章宅由馮汝騤親兵衛隊守護，四人進門時遭衛兵嚴拒，經再三懇請，且聲明善意求見，始得入內。龔士材等人婉勸馮以「人道主義、保全人民爲重」，回院主持危局。馮汝騤答以「維持危局當（盡）心而爲」，但取「獨立」形式，「則不能」；馮認爲現在的「大局」尚可維持，安慶、南京皆無慮，「我們江西兵不足恃，餉不足恃，萬不能遽爾現形」；已過「知天命」之年的馮汝騤對「獨立」事宜堅持己見，「寧願犧牲性命，不能犧牲名譽」；在士紳的「逼迫」下，馮汝騤迫不得已表示：「你們公團如有人撐持，我可交出（政權）。」〔註193〕在龔士材等人與馮汝騤「交涉」時，軍學界諸位代表並未一同入內，軍界多係馮之部屬，學界大多剪髮，眾人畏懼馮汝騤「餘威」，不敢隨往，只站在旺子巷北口等候。龔士材等往返奔走，相持交涉四個鐘頭之久也沒有結果，天亮之際，站立巷口的軍學界代表「忽爾星散」，馮汝騤最終允諾回院，赴諮議局開會公決。

從龔士材的敘述中我們可以感受到地方士紳在南昌光復後對撫憲大人馮汝騤仍然心存「敬畏」，而作爲光復中堅的軍學界代表似乎也不敢與極有「官威」的馮汝騤正面交鋒，由此推斷江西光復中的革命屬性不甚強烈恰是一個極好的例證，而事先推舉馮撫作都督的舉措倒也順理成章。

九月十二日（11月2日），各界代表假諮議局集議，馮汝騤及各司道蒞會，仍公推「馮撫臺」爲都督，馮汝騤再次予以拒絕，「謂本人以末秩受清朝厚恩，薦任封疆重寄，既不欲違背潮流以糜爛地方，尤不能受各界推戴爲國之叛君，即請諮議局代表人民公意，另推都督，以維持治安。並稱明晨即移居河南會館，省會治安，不負責任。」〔註194〕

〔註192〕吳宗慈：《回憶辛亥革命在江西二三事》，江西省政協文史辦：《江西文史資料選輯》第39輯，南昌：江西人民出版社，1991年，第133頁。吳稱：「保全地方善策，應請巡撫贊成革命，當由各界推任都督，不但治安無憂，且可七爸不驚」。

〔註193〕龔士材：《江西省會光復經過》，江西省政協文史辦：《江西文史資料選輯》第39輯，南昌：江西人民出版社，1991年，第125～126頁。

〔註194〕吳宗慈：《回憶辛亥革命在江西二三事》，江西省政協文史辦：《江西文史資料選輯》第39輯，南昌：江西人民出版社，1991年，第133頁。

龔士材的回憶錄中馮汝騤則是另外一番說辭：屆時馮撫臺已到，宣佈曰「皇殿被焚，撫院被焚，秩序紛亂，岌岌可危，對於地方治安，關係極巨，我既無法維持，應由你們公團士紳人民全體好好公推賢能負責撐持，我可完全避讓，即日出省赴潯北上，仍願大眾以人民為重，使我心無愧怍。」〔註195〕

這兩段記述中，馮汝騤的言談雖不盡相同，但可以感受到馮汝騤未能順應潮流出任光復後的江西都督，並非出於思想上的反動，而是囿於傳統知識分子道德的約束。

時報在記錄該事件時，稱馮撫及各司道與各界代表集議於高等學堂，並描述馮撫「仍穿滿洲公服」，司道以次「均係便裝」，當公舉馮撫充大都督時，馮竟然「以死辭」。這裡的記述與前已大不相同，此處馮汝騤表現出了拒絕充任都督的堅定性，說明記述者賦予了馮汝騤一定的價值取向與心理定位，更為出人意料的是，這段記述還加進一個「馮撫在會場勸眾人反正」的場景，且馮汝騤還聲稱願意為南昌事件「由渠電奏，由渠一人擔處分。」〔註196〕張國淦、郭孝成、尚秉和等即沿用了這一說法。

不願出任民軍都督的馮汝騤九月十三日（11月3日）辭別南昌各公團，「官紳軍隊均送至河干」，馮汝騤甚為感慨：「吾老矣，不能助諸君，將埋沒姓名求桃源避世耳，諸君勉之！」遂揮淚而別。〔註197〕十六日（11月6日）馮汝騤行至九江，九江軍分政府都督、原五十三標標統馬毓寶將馮「迎至城內，仍勸其為都督，不從，十八日夜仰藥自盡。」〔註198〕

張國淦的敘述用了「春秋筆法」，極不容易感知馮汝騤的心理。龔士材的回憶中描述了很多細節，可以幫助我們對此有一個清晰的瞭解：「馮汝騤一行到潯，軍政分府馬毓寶等許多軍官原為部屬，亦以禮迎之，惟須留其在潯暫駐，當時實不肯上岸，乃勉強挾持登岸，時猶是紅頂花翎，穿行裝，

〔註195〕 龔士材：《江西省會光復經過》，江西省政協文史辦：《江西文史資料選輯》第39輯，南昌：江西人民出版社，1991年，第126～127頁。

〔註196〕 渤海壽臣：《辛亥革命始末記》，《近代中國史料叢刊》第42輯，臺北：文海出版社，1969年，第421～422頁；要聞二：《贛省光復記》，《申報》1911年11月10日。

〔註197〕 尚秉和：《辛壬春秋》，香港：文藝書屋，1970年，第75頁。

〔註198〕 張國淦：《辛亥革命史料》，《近代中國史料叢刊續編》第26輯，臺北：文海出版社，1974年，第213頁。

安住於道員孫詞臣洋房高樓。陳設甚麗，盛宴款待，故戚戚然不願就席，再三請而後可。且備煙具並頂好煙膏，庶好樂爲休息。宴罷經許多部屬軍官苦勸反正，均不置可否。至夜深休息時，乃謂太勞倦，你們請散，且嚴揮侍從離開，伊好安眠。不意於人靜後自行將所備煙膏完全吞服，左右知情時，已不能言，固欲救治，猶知嚴拒，約逾數時，遂慷慨就義，一息已冥矣。」〔註199〕

　　龔士材筆下的馮汝騤已是抱定必死之決心、甘願爲清王朝盡忠的形象，因此龔士材禁不住讚歎一聲：「眞不愧大節凜然」。然此刻的馮汝騤顯然與「求桃源避世」的馮汝騤形象上有極大的反差，或許龔士材不過是繼承了中國文人「爲生者隱，爲逝者尊」的傳統風骨而已，故有人質疑，馮汝騤爲什麼沒有選擇死在南昌而是死在了九江，吳慶坻解釋如下：「公（指馮汝騤）之志將有所待，以爲補救計，所謂權也；志不遂而死，其心苦矣！」〔註200〕完全是一幅忍辱負重的形象。

　　《異辭錄》提供了馮汝騤「死難」的另外一個版本，雖有些虛妄，多少可以憑籍借鑒：「馮汝騤過九江時，馬毓寶並沒有特意爲難，馮不願出任都督，『適中馬毓寶之意』，馮撫『得辭職歸里，已登舟矣』，馬毓寶送至江岸，拱手話別，只是此時馮汝騤的一句『後會有期』引起了馬毓寶的誤會，馬毓寶以爲『後會有期』是江湖隱語，有他日報復之意，且想到馮汝騤與袁項城既是兒女姻親又兼鄉誼，北兵如虎狼之師，惟恐馮撫縱去，成爲後患，『復挾之，反令作書致項城，招使來降。中丞不允，則軟禁之於一室，不令親友省視』，無奈之下，馮汝騤選擇了吞鴉片而死。」〔註201〕

　　十月十五日（12月5日），馮汝騤之子馮邁呈奏清廷父親死難「情事」，並呈繳巡撫關防印信一顆。在奏呈中，馮邁敘述了乃父南昌「兵變」後拒充都督、保護關防、死難九江等情形，其中自然不免極力爲父張揚，如稱馮汝騤攜帶關防離省，本有「繞道廣饒，撫馭各屬，檄調舊有巡防兵隊，力圖規復」之意，後因被困九江，「初願已虛」，不得已選擇自盡。馮邁爲了替父親

〔註199〕龔士材：《江西省會光復經過》，江西省政協文史辦：《江西文史資料選輯》第39輯，南昌：江西人民出版社，1991年，第127頁。

〔註200〕吳慶坻、金梁：《辛亥殉難記》，《近代中國史料叢刊續編》第82輯，臺北：文海出版社，1974年，第44頁。（「公不死於官，而死於去官之後，論者多惜之！」）

〔註201〕劉體智：《異辭錄》，《近代中國史料叢刊》第18輯，臺北：文海出版社，1968年，第475～476頁。

隱諱,當然不會說馮汝騤死於鴉片,他選擇說乃父是「吞金」而亡。〔註202〕同日,清廷頒發上諭,對馮汝騤「死難」予以褒揚:「江西巡撫馮汝騤忠勤敏練,學問優長,由翰林改官部屬,供職樞垣,外任府道,洊陞監司,擢膺疆寄,宣力有年,克勤厥職。茲以江西省城失陷,從容就義,大節懍然,殊堪軫惜,著加恩予諡,照總督陣亡例從優賜恤。尋予諡忠愍。」〔註203〕

江西巡撫馮汝騤在新軍「倡亂」,防軍「從亂」的情形下,已無法操控局勢,地方官紳亦離心離德,馮汝騤無奈以死成就了自己的最終選擇,清廷在各地「兵變」不絕於耳,督撫逃風蔓延之際,彷彿嗅到一股「清風」,為「激勵臣節」自然會鼓吹,而一般守舊大臣也禁不住為馮汝騤「擊節」讚歎,但從革命的角度而言,馮汝騤只不過是「殉清」的犧牲品而已。

(二)閩浙總督松壽

福州光復新軍擔當主力,革命黨人居中發動醞釀功不可沒。福建新軍編練有一鎮,下轄兩協,第十九協、二十協,另有馬、炮、工、輜重各兵種或一隊或二隊,其實二十協步兵營尚未成軍,僅一個空殼,設置了徵兵營,然有官無兵。

福建新軍主要兵源由原駐防福建的「湘軍」變身而來,故鎮統由與湘軍非常有淵源的孫道仁擔任,十九協協統為王麟,二十協協統為許崇智(同盟會會員)。光復前夕駐省城新軍只有十九協三十八標第三營,其餘兵隊均駐防外地。福建官府當時依靠的主要力量是福州將軍掌握的捷勝營,捷勝營乃是從八旗兵丁中挑選青壯者組成,採用新式兵操,組建有前後兩個營,計千餘人。

武昌「兵變」後,總督松壽與福州將軍樸壽對駐省新軍頗為「忌憚」,一方面迫繳新軍槍彈,一方面「別出新裁」奏請欲將新軍四十標一、二兩營「改編」為巡防營。九月以後,湖南、陝西、九江等地新軍相繼「兵變」,各地失守謠言也不絕於耳,福州城內人心惶惶,松壽乃奏調延建徐鏡清部防軍兩營進省以厚兵力,將軍樸壽則將捷勝營佈防在進出入滿城各要道處及將軍衙署附近,各要道設置木柵以為防護,並另行招募巡防旗營一支,以彌補兵力之不足。

〔註202〕江西起義清方檔案:《宣統三年十月十五日馮邁等呈》,中國史學會主編:中國近代史資料叢刊《辛亥革命》(六),上海:上海人民出版社,1957年,第394～395頁。

〔註203〕中國第一歷史檔案館:《清實錄‧附宣統政紀》第60冊,北京:中華書局,1987年,第1218～1219頁;中國第一歷史檔案館:《光緒宣統兩朝上諭檔》第37冊,桂林:廣西師範大學出版社,1996年,第328～329、348頁。

　　形勢日漸危急時刻，總督松壽與將軍樸壽的想法不太一樣，松壽認爲「革命」已無可阻擋，如何避免殺戮，保持治下安定是當務之急。將軍樸壽則較爲頑固，抱定與革命黨拼死的決心，將「藥庫子彈悉行搬入旗界，凡十三歲以上男子均發給洋槍一支，子彈三百顆，婦女則發給小刀一柄，以備與漢民決戰。且於旗界內安放大炮，埋伏地雷，宣言要與全城漢民同歸於盡。」〔註204〕

　　福建革命黨人得知武昌起義消息後，積極籌謀回應，運動新軍、爭取鎭統孫道仁成爲關鍵。九月十五日（11月5日）夜，福建同盟會負責人鄭祖蔭、林斯琛、協統許崇智、軍警同盟會長彭壽松、《建言報》主筆劉通等，邀約孫道仁浦、港江心泛船，夾板船上會晤時向孫攤牌，孫見「大勢如此，只得順從」，遂宣誓加入同盟會，定期九月二十日舉義起事。〔註205〕

　　孫道仁以父親孫開華恩蔭世襲雲騎尉，歷官福寧鎭總兵、福建武備學堂總辦，仕途順利，故福建當局不料想孫道仁會倒向革命黨人。舉事前夕，孫道仁出於「至誠」，面見樸壽，以「識大體，明大局，不要過於固執」好言相勸，樸壽知道孫已心生「反叛」，遂將孫軟禁在將軍署。總督松壽得知，懇請樸壽將孫釋放，以免事端擴大；樸壽初時不肯，經松壽再三力保乃將孫釋放。〔註206〕

　　福建地處東南沿海，得領風氣之先，士紳力量強大，各種社團名目繁多，革命黨人亦潛藏其間。九月初十日（10月31日）各界代表假諮議局商議維持治安辦法：其一，對於旗界之紛擾，「請將軍明白宣示，有無是事，以安人心」；

〔註204〕 郭孝成：《福建光復記》、鄒魯：《福建光復》，中國史學會主編：中國近代史資料叢刊《辛亥革命》（七），上海：上海人民出版社，1957年，第280、278頁。

〔註205〕 楊琦：《福州於山戰役》，中國人民政治協商會議福建省委員會文史資料編輯委員會：《福建文史資料選輯》第6輯，福州：福建人民出版社，1981年，第83頁。（注：有資料稱起義時間原本定於九月二十二日，見林萱治：《記林斯琛先生》，《福建文史資料》第6輯，第174頁；徐繼潮：《辛亥福州起事聞見拾零》，中國人民政治協商會議福建省委員會文史資料委員會：《福建文史資料》第27輯，1991年，第85頁。）

〔註206〕 伊通甫：《辛亥革命前後福州滿族旗營內情實錄》，中國人民政治協商會議福建省委員會文史資料委員會：《福建文史資料》第27輯，1991年，第26頁。（注：友衡撰文稱福建當局軟禁孫道仁後將軍樸壽欲殺之，且欲解散新軍以弭禍，……就商於閩督松壽，松督聞言戰慄不敢決，樸無奈搖首太息而出。見友衡：《辛亥見聞錄：閩浙總督松壽軼事》，《中國公論》（北京）1939年第1卷第4期，第32頁。）

其二，仿照從前辦法，由各處居民設立聯甲，以圖日相扞衛；其三，仿浙江辦法，請督院飭各府趕辦團練。〔註207〕

　　諮議局紳宣導自保乃情理之中的事，數日後形勢大變，九月十七日（11月7日）各界人士再度假諮議局集會，由滬剛剛返抵福州的副議長劉崇祐報告省外「動態」，並提議獨立，全局討論後一致決定，「所有福建之政務議於此後由新政府施行」，十八日即照會閩總督松壽，並向樸壽將軍提出四條，求其承認：（一）所有旗人宜服從新政府之命令；（二）旗軍將所有軍械火藥宜繳出新政府；（三）此後滿漢宜不立區別；（四）旗人之俸祿宜照舊支給。〔註208〕總督松壽對於紳商各界之請求意欲承認，惟將軍樸壽固執不聽，即向諮議局嚴詞拒絕。〔註209〕

　　九月十八日（11月8日），奉命進駐省城的徐鏡清部抵至洪山橋。革命黨人深知徐部占位對光復之役的影響，派徐鏡清的同鄉、新軍管帶賀澤遠前往遊說。徐部官兵湘籍為主，此前已與孫部聲氣相通，多傾向革命，徐鏡清雖然感於將軍樸壽之知遇，此刻迫於孫道仁及賀氏交情，更多的是感念官兵中的「革命」情緒，「不得已涕泣允之」。〔註210〕原本福建當局奏調防護省城的「勁旅」，突然倒戈相向，為松壽、樸壽等始料未及，但也說明了大氣候下人心之歸屬。

　　九月十八日下午三時，起義部隊開始行動，前敵總指揮部設在于山觀音閣大士殿，許崇智擔任前敵總指揮。十九日凌晨三時，戰鬥開始，總督以下各大吏聞變逃匿，防禦督署之衛隊瞬間瓦解，樸壽則組織旗營抵禦。在整個光復之役中，炮營佔領于山是為關鍵。天明後設置在于山上的炮營大炮開始發威，向城內各衙署射擊，困於旗界的營兵幾處於被動挨打的局面。旗界因

〔註207〕要聞二：《閩諮議局討論維持治安辦法》，《申報》1911年11月7日。

〔註208〕福建：《閩省革軍起事之始末》，《大公報》1911年12月6日；郭孝成：《福建光復記》，中國史學會主編：中國近代史資料叢刊《辛亥革命》（七），上海：上海人民出版社，1957年，第280～281頁。

〔註209〕接要聞：《閩省光復記》，《申報》1911年11月20日；鄒魯：《福建光復》，中國史學會主編：中國近代史資料叢刊《辛亥革命》（七），上海：上海人民出版社，1957年，第279頁。（注：《申報》11月9日一則譯電（十七日福州電）稱：福建紳學兩界於十七日會閩督，商議獨立，閩督未允。）

〔註210〕鄒魯：《福建光復》，中國史學會主編：中國近代史資料叢刊《辛亥革命》（七），上海：上海人民出版社，1957年，第279頁。（注：郭公木稱遊說徐鏡清者為孫道仁之子克修，見郭公木：《福州光復前後瑣記》，《福建文史資料》第27輯，第93頁。）

之大亂，旗民到處藏躲，自殺、自焚者亦有之。敗局已定的情形下，總督松壽吞金自盡，〔註211〕將軍樸壽被起義士兵「磔殺」。

福州光復，福建的兩個最高主政長官皆以身殉。將軍樸壽在民軍起事前已抱定拼死決心，總督松壽本可不死，設想如果沒有樸壽的固執，九月十七日松壽即可依照自己的意願，選擇與士紳、乃至民軍合作，免於「死難」的可能性並非虛妄。

松壽對紳商各界新政府之提請同意與否，尚存有爭議，然從松壽死後福建軍政府爲其開追悼會事件追蹤，松壽持反對意見的可能性不大。11 月 25 日《申報》有如是追述：「當諮議局議請福建退讓中華民國軍政府之時，松督爲不忍塗炭生靈起見，允其所請，……獨將軍樸壽主戰，軍敗……故致被殺。漢人因敬松而輕樸，故軍政府特於九月二十六日在南較場開追悼會，以仲哀悃。」〔註212〕

十月十六日清廷頒發上諭對松壽死難予以「褒揚」：「松壽總督閩浙，宣力有年，克勤厥職，茲以福建省城失陷，從容就義，大節凜然，殊深軫惜。……」二十八日（12 月 18 日）清廷再次頒詔予以追諡：「已故閩浙總督松壽著予諡忠節，且准予其靈柩進入京城治喪。」〔註213〕十一月初二日（12 月 21 日）松壽靈柩到京，「進朝陽門至東直門瓦岔戶洞本宅，是日觀者塞途，頗有歎息流涕者。」〔註214〕

三、被「枉殺」總督趙爾豐

十一月初三日（12 月 22 日）卸任的四川總督趙爾豐被新成立的成都軍政府以「煽動兵變」爲藉口而擒殺，成爲軍政府擺脫困境、穩定川局的政治犧

〔註211〕有資料稱松壽乃「仰藥」而死，甚至有記述松壽自殺前曾召孫道仁入署，囑「城破勿多殺戮，並託付送眷屬回旗」之語，「孫氏一一領之，松督遂懷印仰藥而死」。（友衡：《辛亥見聞錄：閩浙總督松壽軼事》，《中國公論》（北京）1939 年第 1 卷第 4 期，第 32 頁；錢履周：《光復前夕福州社會情況雜億》，中國人民政治協商會議福建省委員會文史資料委員會：《福建文史資料》第 27 輯，1991 年，第 58 頁；記事一：《福建省城福州府爲民軍佔領》，《中國革命記》第 4 冊，上海：上海自由社，1912 年，第 8 頁。）

〔註212〕各埠通信：《福建：民軍追悼松督》，《申報》1911 年 11 月 25 日。

〔註213〕中國第一歷史檔案館：《清實錄·附宣統政紀》第 60 冊，北京：中華書局，1987 年，第 1224～1225 頁；中國第一歷史檔案館：《光緒宣統兩朝上諭檔》第 37 冊，桂林：廣西師範大學出版社，1996 年，第 335、348 頁。

〔註214〕北京：《松壽故督靈柩到京》，《大公報》1911 年 12 月 26 日。

牲品。被「枉殺」的趙爾豐並沒有獲得清廷認可，因為趙爾豐此前曾與諮議局紳簽訂「四川獨立條約」、有出讓地方政權之行為意圖，故辛亥變局中的死難督撫，趙爾豐是唯一沒有得到清廷「議恤追撫」者，這反映了滿族統治者對「死難」督撫不同的價值取向定論。

（一）成都血案

趙爾豐鎮撫「川亂」過程中製造的「成都血案」，是招致其日後被民軍政府「擒殺」的誘因之一。

宣統三年三月二十三日（1911 年 4 月 21 日），趙爾豐由川滇邊務大臣升署四川總督，後因辦理川邊瞻對、波密等地事務，遲遲未能赴任，川督一職由四川布政使王人文暫行護理。是年四月十一日（5 月 9 日），清廷頒佈鐵路國有上諭，引發湘、鄂、粵、川四省民眾爭路、保路風潮。六月以後，清廷鑒於護川督王人文辦理「川事」不力，迭次催促趙爾豐急速赴任。閏六月初八日（8 月 2 日）趙爾豐進抵省城，次日接印視事。

趙爾豐在川路問題上並不想激化與川紳之間的矛盾。接印次日，趙爾豐率各司道員參加川路股東大會，並發表講話，隨即將會議情形電告內閣，「今日鐵路公司開股東特別會，大半主持廢約而保路權，對於國有問題，尚無異議……現在地方尚稱安靜，並無滋鬧情事。」〔註215〕

風平浪靜的川路事件因為李稷勳的任職問題升級。川漢鐵路公司駐宜昌總理李稷勳，原本亦主張保路保款，在盛宣懷、端方〔註216〕等人功名利祿的誘惑下「倒戈」相向。閏六月十二日（8 月 6 日）四川總督趙爾豐接獲郵傳部札委宜昌工程由李稷勳總理的咨文，盛、端二人欲借李稷勳之手搶奪川人路款之心昭然若揭。川路公司也得知這一消息，「眾情憤甚」，皆詆李稷勳為「李奴」，甚至把李稷勳與盛宣懷並稱「二賊」，閏六月十五日（8 月 9 日）川人召開股東大會，「苦籲川督奏參」盛氏等人，趙爾豐以自身已「決意辭職」為由，不允代奏，眾人忍饑竟日，再三再四泣求，「趙督始允」。〔註217〕

〔註215〕戴執禮：《四川保路運動史料匯纂》（中冊），臺灣「中央」研究院近代史研究所，1994 年，第 816 頁。

〔註216〕盛宣懷時任郵傳部大臣，端方時任督辦粵漢川漢鐵路大臣，二人在鐵路國有問題上持強硬立場。

〔註217〕戴執禮：《四川保路運動史料匯纂》（中冊），臺灣「中央」研究院近代史研究所，1994 年，第 834 頁。

　　盛宣懷、端方對趙爾豐之「懷柔政策」甚爲不滿，決定強力推行原本設計的收路計劃，盛宣懷等人採用請旨辦法，意欲借皇權壓迫趙爾豐及川民就範。閏六月二十五日（8月19日）諭旨：「飭李稷勳仍駐宜歸，暫管路事……並責成川督迅速會同端方，將所有川款查明，實力奉行。」〔註218〕這道上諭成爲引發川亂的罪魁禍首，川人得知該消息，於七月初一日（8月24日）召開特別股東會議，隨即掀起罷市罷課風潮。

　　爲平息罷課罷市風潮，趙爾豐急令營務處總辦田徵葵調遣巡防軍進城彈壓，同時召集顏楷、張瀾等成都紳董商量疏導辦法。七月初一、初三、初四日（8月24、26、27日）趙爾豐連電內閣說明情況，寄希望於朝廷改變政策，「曲從」川人要求。七月初五日（8月28日）趙爾豐又特約成都將軍玉崑領銜，率各司道等聯名致內閣電，說明川人爭路情形，懇請朝廷「俯鑒民隱，曲顧大局，准予暫歸商辦。將借款修路一事，俟資政院開會時提交議決」，設若迫令交路，恐激生意外，「人心一失，不可復收」。〔註219〕然趙爾豐的苦衷並不爲清廷理解，只是一味諭令趙爾豐進行彈壓。

　　七月初九日（9月1日）趙爾豐與玉崑再次聯奏，做最後之努力：「查此次求交院議，暫歸商辦，雖僅股東會出名，而實爲全川人民一心合力，爲法律上正當決意之請求……苟准川人照原案自辦，……玉崑等猶有詞以勸川人，或得解其疑憤，……四川乃西南財賦所從出，務求朝廷俯念危亡，曲予保全。……迅求救急弭亂之法，勿任郵部敷衍操縱，……事勢之危，間不容髮，得民失民，激亂弭亂，全在此舉，……大亂一作，挽救已屬無濟。」〔註220〕清廷此刻業已完全爲盛宣懷等人所蠱惑，置玉崑、趙爾豐等人之陳情於不顧，嚴旨「申飭」切責。

　　心懷私欲的督辦鐵路大臣端方，〔註221〕七月初五日公開彈劾趙爾豐，謂

〔註218〕中國第一歷史檔案館：《清實錄・附宣統政紀》第60冊，北京：中華書局，1987年，第1030～1031頁。

〔註219〕戴執禮：《四川保路運動史料匯纂》（中冊），臺灣「中央」研究院近代史研究所，1994年，第949頁。

〔註220〕戴執禮：《四川保路運動史料匯纂》（中冊），臺灣「中央」研究院近代史研究所，1994年，第962～964頁。

〔註221〕端方，字午橋，號匋齋，滿洲正白旗人，光緒三十一年（1905年）出使西方考察憲政五大臣之一，號稱滿人中的才子。宣統元年（1909年）直隸總督任上，因在慈禧太后出殯時拍照，以「違制」被罷官，宣統三年（1911年）四月以「八萬金賄」得以督辦粵漢川漢大臣起用。然端方志不在此，初屬意於湖廣總督，因瑞澂有載澤做奧援，端方不得已退而求其次，又屬意於川督，故奏參趙爾豐實有假公濟私之嫌疑。

「其庸弱無能，實達極點，始則恫嚇朝廷，意圖挾制，繼則養癰貽患，作繭自縛」，對於川民更是以「拳匪」類比，殺機大張。〔註222〕七月初十日（9月2日）清廷命端方入川查辦路事，兩天後又准端方帶兵入川，且川省水陸新舊各軍，亦歸查辦路事之端方調遣。〔註223〕

端方帶兵入川刺激了川人躁動的心理，罷市罷課風潮蔓延各地。先是成都附近州縣，如溫江、華陽、灌縣、郭縣、簡州、漢州、雙流、新繁、新津、新都、崇寧、崇慶、金堂、什郁等處，緊接著潼川府、嘉定府、敘州府、資州、重慶府等地也紛紛響應。從七月初六日（8月29日）起，川人又組織了官紳維持會，並提出抗糧抗捐的口號，為了對付軍警彈壓，川民抬出德宗神牌為護符。

趙爾豐屢遭嚴旨申飭，知道朝命已不可更改，鑒於屢逆朝旨的王人文去職之教訓，端方入川又對自己構成了威脅，乃兄趙爾巽亦「自奉天電戒之」，〔註224〕為自保計不得不改變策略。七月十二日（9月4日）趙爾豐電內閣，為端方奏劾自己各節申辯，其實也是向朝廷表明自己的態度：「端大臣所稱『燒香設壇、誦經習拳之事將接踵而起』實絕無其事，亦並無此等風說，……（至於川人）擬實行不納丁糧、雜捐，當即通飭各屬，嚴切查禁，如有違抗，即行拿辦。」〔註225〕

趙爾豐知道對手無寸鐵的民眾用武，必然會把自己置於清議的風口浪尖上，故七月十三日（9月5日）致電內閣，稱川省「數月以來，糾集之眾，以及各團體勢燄之張，斷非語言文告所能收斂，……亦惟有假兵力之所能及，盡力剿辦，……恐將來必有藉此以為口實者，惟求朝廷主持於上，鈞力維持於後，則更沒齒銜德矣。」〔註226〕提前為自己鋪好路數的趙爾豐此刻就像獵人一樣等待著動手的時機。七月十三日，有人開始散發《川人自

〔註222〕盛宣懷：《愚齋存稿》，《近代中國史料叢刊續編》第13輯，臺北：文海出版社，1975年，第1697～1698頁。

〔註223〕中國第一歷史檔案館：《清實錄‧附宣統政紀》第60冊，北京：中華書局，1987年，第1042、1043、1045～1046頁。

〔註224〕費行簡：《近代名人小傳》，《近代中國史料叢刊》第8輯，台北：文海出版社，1967年，第226頁。

〔註225〕戴執禮：《四川保路運動史料匯纂》（中冊），臺灣「中央」研究院近代史研究所，1994年，第991頁。

〔註226〕戴執禮：《四川保路運動史料匯纂》（中冊），臺灣「中央」研究院近代史研究所，1994年，第992頁。

保商權書》，趙爾豐隨即以《川人自保商權書》中「隱含獨立」爲藉口，十五日（9 月 7 日）誘捕了保路同志會〔註 227〕首要諸人，如諮議局議長蒲殿俊、副議長羅綸等。

趙爾豐本欲將所捕諸人立即殺害，然成都將軍玉崑持有異議，未敢行，而將諸人羈於督署。成都民眾聞蒲、羅諸人被捕，乃扶老攜幼至督署請願，求釋被捕諸人，趙爾豐張網以待，即令防營開槍射擊，當場死難三十三人，踐傷者不計其數，是爲「成都血案」。

趙爾豐在奏報中稱：「十五日午刻猝有匪徒數千，先使人在督署附近放火，以圖擾亂，旋即凶撲督署，……來勢異常兇猛，……爾豐見事勢已急，當即飭令兵隊開槍抵抗。」〔註 228〕清廷並未意識到事態的嚴重性，覆電中尚有稱讚「辦理迅速」之語，且應趙爾豐之請，調鄂軍入川「助剿」。

「成都血案」宣告了川人和平爭路爭款的願望徹底破滅，同盟會員龍鳴劍等人乃裁取木板上百塊，上書「趙爾豐先捕蒲、羅諸公，後剿四川各地，同志速起自救」等字樣，順入江中，在郵電被封、報刊被禁的情況下創造性地用這種方式將消息傳播出去，是爲「水電報」。各地的保路同志會聞訊後迅速行動起來，川路風潮遂進入「武裝反抗」的階段。常言道「防民甚於防川」，堵而不疏，已有釀亂之患，清廷在川路事件中即如是，屢屢逼迫趙爾豐強力彈壓，終致猛虎出柙，釀成血案，川亂由此而發，竟至牽動全局，始料不及，趙爾豐亦因此埋下殺身之禍，更屬個人悲劇。

（二）川亂難平

成都血案之後，各地保路同志會紛紛變身爲同志軍，這其中多爲民氣所激，亦有黨人從中活動，混跡其間，數日內約有十萬同志軍圍攻成都。趙爾豐一面組織防堵，一面急電清廷求援。七月二十三日（9 月 15 日），清廷起用賦閒的前川督、郵傳部尚書岑春煊赴川會同趙爾豐辦理剿撫事宜。八月初八日（9 月 29 日），岑春煊行抵武昌，與總督瑞澂會晤，談及川事，二人意見相左，岑被迫滯留於鄂。

〔註 227〕五月二十一日（6 月 17 日）川漢鐵路股東、諮議局議員和各界代表成立保路同志會，提出廢約保路的要求，激進派有羅綸、鄧孝可輩，溫和派有蕭湘等人。

〔註 228〕盛宣懷：《愚齋存稿》，《近代中國史料叢刊續編》第 13 輯，臺北：文海出版社，1975 年，第 1721 頁。

　　岑春煊不能成行，反對者大有人在，慶親王奕劻即其中之一。慶、岑本有派系黨爭，丁未政潮舊隙未弭，傷痕猶存。初議派岑入川時，奕劻即表示不以為然，「至起用岑雲階尤不贊成」；〔註229〕及至岑入川諭旨下，奕劻看到岑春煊《告蜀中父老子弟文》、《致四川全省文武各官電》效果極佳，甚為不安，唯恐岑氏因此建立大功，於己不利，乃施暗中掣肘之計。

　　督辦鐵路大臣端方「囑意」川督一職，對岑春煊奉旨入川自然是「心懷鬼胎」。自岑春煊獲起用後，端方即與盛宣懷函電不斷，七月二十四日致電載澤及盛宣懷，對岑氏入川表示「不滿」；七月二十七日（9月19日）岑春煊電內閣提出所謂解決川事「治標、治本」策，並有請朝廷頒詔「罪己」說，樞臣中多有「怨言」；端方藉此大肆攻擊岑氏「所言專供報館歡迎，不顧大局成敗，……此等居心，絕不在川督，專想做內閣總理，斷斷然矣！」〔註230〕

　　趙爾豐對岑春煊入川一事也持反對意見。端方入川，趙已不自安，如今岑春煊又復入川，正所謂前門見狼，後門見虎，故趙爾豐「上月（指七月）二十九日曾電致某邸，力阻岑行；並有『岑不來蜀猶可若，岑前來恐終無寧日』之語」；〔註231〕對於岑氏越俎代庖，不與督臣會辦，即先期發寄告示，安撫川民之舉，趙認為岑有「專斷、侵權」之嫌，極為憤懣；八月初四日（9月25日），東督趙爾巽致電內閣，以奏請分清岑、趙許可權為名，替乃弟抱不平；〔註232〕趙爾豐為杜絕岑春煊入川，採釜底抽薪計，調防軍、集新軍，對麇集成都附近之保路軍嚴施剿撫，七月二十八日（9月20日）趙爾豐同時電內閣及各省督撫，知會川事進展狀況，稱「撲城」之同志軍被擊退，成都現已解圍，百姓照常開市，人心漸覺安定。至八月初八日（9月29日）趙爾豐又向各督撫發出川事敉平電，〔註233〕趙爾豐這樣做的目的再明顯不過，就是要「止春煊（入川）之行」。

〔註229〕要聞：《慶邸不贊成起用岑春煊》，《大公報》1911年9月18日。
〔註230〕盛宣懷：《愚齋存稿》，《近代中國史料叢刊續編》第13輯，臺北：文海出版社，1975年，第1766～1767頁。
〔註231〕要聞一：《川路滴滴血》，《申報》1911年9月30日。
〔註232〕戴執禮：《四川保路運動史料匯纂》（下冊），臺灣「中央」研究院近代史研究所，1994年，第1610～1611頁。
〔註233〕戴執禮：《四川保路運動史料》，北京：科學出版社，1959年，第373～375頁；戴執禮：《四川保路運動史料匯纂》（中冊），臺灣「中央」研究院近代史研究所，1994年，第1188～1191頁。

　　岑春煊武昌受阻，深知其中甘味，乃決計「奉身」而退。八月十一日（10月2日）岑以「感受風熱、觸動咯血舊症」爲由，懇請「開去差使」，隨即獲准。〔註234〕川亂或有望借助岑春煊安撫川民的政策得以和解，然終因朝臣之間「各懷私意」，岑之入川不能成行，川民聞之，希望盡絕，「復揭竿而起」。〔註235〕

　　清廷堅持對川亂的鎮壓政策，諭令從毗鄰川省之鄂、湘、雲、貴、陝、甘等地調兵。貴州所派援軍三營是最早入川參與「平叛」者，湖北則是派出援軍入川最多的省分，計有一標一營。其後湖北又以配合「川亂」助剿爲由，對駐省新軍大面積調動，第八鎮所屬第二十九標第三營出防鄖陽；第三十二標第二營駐宜昌，第三營駐恩施待命；第八鎮馬八標第二營以兩個隊出防棗陽，第三營開襄陽、雙溝一帶換防；第二十一混成協所屬第四十一標第一營出防宜昌；第二營兩個隊駐沔陽，一隊駐岳州。〔註236〕湖北新軍調防造成武昌省城防衛力量空虛，潛伏於新軍中的革命黨人乘勢而動，引燃了武昌起義的烈火，許多論著從這個角度立言，「川亂」成爲了武昌起義的導火索。

　　八月二十二日（10月13日）趙爾豐接獲候補道謝廷棋由重慶發來的密電，得知武昌「兵變」消息，隨即又接獲朝廷任命岑春煊爲川督、自己回川滇邊務大臣原任的諭旨，剛剛升任邊務大臣的王人文「撤職查辦」。鑒於王人文的教訓，趙爾豐決意利用岑春煊接任前、自己署川督任的空檔，爲解決「川亂」再做一次努力，以便爲離任爭取一個體面的謝幕。八月二十五日（10月16日）趙爾豐致電郵傳部，提出解決川路問題的兩個設計方案，其一，宜昌到夔府鐵路劃歸國有，川民所籌之款，分文不得挪用，已用者照數歸還，照章付息；訂約前所有川民款項，無論是否用於鐵路事，概照原額以七成退現，交由四川人民自行處理，其餘三成換發國家股票，一律照章付息，不再查帳，並且此項應退應付本息銀兩，概由郵傳部籌借，不能以四川財政抵惜外債。其二，宜夔鐵路仍然劃歸商辦，由川人繼續修建。〔註237〕

〔註234〕戴執禮：《四川保路運動史料》，北京：科學出版社，1959年，第412頁。

〔註235〕尚秉和：《辛壬春秋》，香港：文藝書屋，1970年，第44頁。

〔註236〕賀覺非、馮天瑜：《辛亥武昌首義史》，武漢：武漢大學出版社，2006年，第146頁。

〔註237〕姜蘊剛：《鎮壓保路運動的元兇趙爾豐》，中國人民政治協商會議四川省成都市委員會文史資料研究委員會編：《成都文史資料選輯》第1輯，1981年，第228頁；戴執禮：《四川保路運動史料匯纂》（下冊），臺灣「中央」研究院近代史研究所，1994年，第1651～1653頁。

　　川路的爭論再次回到「原點」，然形勢已無可逆轉，川民鬥爭的矛頭已由保路運動起始的盛宣懷指向了趙爾豐。八月二十七日（10 月 18 日）保路同志會發表聲討趙爾豐的檄文，對趙爾豐「捕議長、剿義民、轟皇位」種種悖逆之事進行「控訴」，稱川民仇之「不共戴天」，「人人得而誅之」。〔註 238〕

　　面對各地反抗風潮，趙爾豐迭次奏請湘、滇、陝速派援軍入川助剿，然而「鄂亂」之後，各省已成驚弓之鳥，湘、滇、陝此刻即使有心也屬無力。奉命帶兵入川「平叛」的督辦鐵路大臣端方，在趙爾豐身處困境之時，不僅不伸以援手，反而落井下石。

　　端方七月十八日（9 月 10 日）從武昌帶兵入川，二十三日（9 月 15 日）行抵宜昌。在得知清廷起用岑春煊負責川省剿撫事宜後，端方無視諭旨嚴催，以各種理由遷延不前。至八月初八日（9 月 29 日）岑春煊武昌受阻，入川之行不果，端方於八月十四日（10 月 5 日）緩緩進抵萬縣。明知趙爾豐盼救兵猶如旱地盼甘霖，端方並未帶兵直趨成都，卻從萬縣順流而下折向了重慶，這一動作不僅改變了自己的命運，冥冥之中也改變了趙爾豐的命運。

　　八月二十二日（10 月 13 日），端方進駐重慶，得知武昌「兵變」消息，一切都超出了個人的想像。八月二十三日（10 月 14 日）岑春煊被任命為川督，端方的如意算盤又要落空，內心的無名火油然而生。八月二十八日（10 月 19 日）端方上摺參劾王人文、趙爾豐，把「川亂」歸咎於王人文、趙爾豐「措置乖方、誤用宵小」激變而成，〔註 239〕對其它涉案人員也一體指名糾參，如巡防營統領田徵葵、署提法使勸業道周善培、侯補道王楱、饒鳳藻等，對川事原本持強硬態度的端方此刻竟要求朝廷諭令趙爾豐釋放「被捕」諸人。

　　九月以後，清廷鑒於各地紛擾四起，政策開始「轉向」，趙爾豐集「謗議」於一身，很快成為眾矢之的。川人對於趙爾豐抓捕諮議局紳、製造血案，難以諒解；同志軍旬月以來日受「官軍」圍剿，對趙爾豐也是懷恨在心；樞府對趙爾豐「履任」兩月後川事未見好轉，反而愈加「糜爛」，無論主和派、主剿派均表失望；各省諮議局借助民意函電交加，「詰問」川事，更是推波助瀾。九月初五日（10 月 26 日），清廷頒發上諭，允准釋放蒲殿俊等被捕諸人，對

〔註 238〕戴執禮：《四川保路運動史料》，北京：科學出版社，1959 年，第 443～445 頁。

〔註 239〕戴執禮：《四川保路運動史料》，北京：科學出版社，1959 年，第 445～448 頁；戴執禮：《四川保路運動史料匯纂》（中冊），臺灣「中央」研究院近代史研究所，1994 年，第 1543～1545 頁。

於「川事」涉案官員分別予以懲誡，王人文、趙爾豐「交閣議處」，田徵葵、周善培、王棪、王梓等「革職」，饒鳳藻「降級」，〔註240〕趙爾豐等人成為這場政治遊戲的犧牲品。

九月十六日（11月6日）朝廷下令免去趙爾豐署川督任，川督暫由端方署理。九月二十三日（11月13日）清廷又諭令將趙爾豐等川事涉案人員拿解進京，交由大理院「判擬」。〔註241〕已有「劫數難逃」感覺的趙爾豐九月十二日（11月2日）致電內閣，一方面為自己「辯解」，一方面反脣相譏，糾參端方出爾反爾、「以亂濟亂」；〔註242〕九月十八日趙爾豐再度致電內閣，表示對端方強烈不滿，聲稱川事之所以一誤再誤，不可收拾，肇因在於端方詭譎反覆、只圖一人安危、逗留不進、牽掣剿辦所致；端方妄參川省將領司道，使得人人自危、兵卒解體，故極力排斥端方插手川事，有「端方到省之日，即將為川人獨立之時」言語，懇請嚴催岑春煊迅即入川，且願意在岑春煊到省之前擔負軍事全責。〔註243〕

奉命接署川督任的端方其時已離開重慶踏上了前往成都的路途，由於電訊受阻，端方本人並不知曉署任川督的消息。九月二十二日（11月12日）端方一行人眾進抵資州，距成都已近在咫尺，大約兩日的行程。如果端方順利進入成都，他自己的命運，包括趙爾豐的命運都會發生改變。然曾受到端方嚴劾的川省官吏，並不希望很快見到「端大人」，趙爾豐即與人言「端方如來省，定以督練公所招待之」，端方也風聞「營務處總辦田徵葵等將不利於己」。〔註244〕基於此，端方不敢貿然入省，遂在資州逡巡不前。

〔註240〕　中國第一歷史檔案館：《光緒宣統兩朝上諭檔》第37冊，桂林：廣西師範大學出版社，1996年，第266～267、268～269頁。

〔註241〕　中國第一歷史檔案館：《光緒宣統兩朝上諭檔》第37冊，桂林：廣西師範大學出版社，1996年，第292頁；中國第一歷史檔案館：《清實錄‧附宣統政紀》第60冊，北京：中華書局，1987年，第1187頁。

〔註242〕　周善培：《辛亥四川事變之我》，《近代中國史料叢刊續編》第26輯，臺北：文海出版社，1974年，第29～41頁。

〔註243〕　《前署四川總督趙爾豐致內閣請代奏電》，中國史學會主編：中國近代史資料叢刊《辛亥革命》（四），上海：上海人民出版社，1957年，第514～516頁；戴執禮：《四川保路運動史料》，北京：科學出版社，1959年，第477～479頁。

〔註244〕　張國淦：《辛亥革命史料》，《近代中國史料叢刊續編》第26輯，臺北：文海出版社，1974年，第253頁。

端方在資州逗留旬月，終於爲自己引來殺身之禍，起意殺端方的就是他從湖北新軍中選中的隨行所帶兵士。這些兵士有不少是湖北共進會、文學社成員，從武昌出發前他們即與留鄂軍中黨人立有約定，一旦武昌方面起事成功，他們也立即行動，予以配合。到重慶後，因端方封鎖消息，入川鄂軍並不知曉武昌已有動作，在向成都進軍途中才得知眞相。十月初七日（11 月 27 日）晚，端方及其弟弟端錦被「反正」鄂軍戕殺於資州東大街天行宮。

武昌起義後，四川局勢日漸糜爛，獨立風潮像瘟疫一樣蔓延開來，十月初一日（11 月 21 日）大漢蜀北軍政府在廣安成立，大竹、渠縣、鄰水、岳池、蓬溪、射洪、營山聞風景從。十月初二日蜀軍政府在重慶成立，川東南五十餘州縣瞬間傳檄而定。趙爾豐原本與端方嫌隙頗深，此刻鑒於時局艱危，願意與端方盡釋前嫌，攜手合作，當端方從資州派員入省與趙接洽時，趙爾豐「囑速來」。

對於釋放被捕諸人趙爾豐心存不滿。據周善培記述，川省大吏得知有諭令釋放被捕諸人事，周善培等往勸趙爾豐，「釋放諸人，恢復感情，共籌定亂」；趙爾豐思想猶豫，「忽欲放，忽不欲放，忽欲扣羅、鄧，又忽欲扣羅」，周善培等數度往返，又有紳商邵明叔、廖用之從旁協助，及至九月二十五日（11 月 15 日）被捕諸人始得全出，「諸人既出，獨立之問題起矣」。〔註 245〕

（三）交出地方治權後被「枉殺」

其它省分之獨立多借助新軍之力、或由地方士紳以自保名義宣導而行，然四川走向獨立，新軍和地方士紳並沒有發揮「積極」作用，趙爾豐的態度轉變反成爲其中的主軸。川省新軍雖有黨人廁身其間，但由於「地域偏見」導致的省籍之爭，影響了黨人在新軍中的工作展開，保路運動中新軍不僅沒有與同志軍結合順勢而起，反被趙爾豐所利用，成爲鎮壓川人保路運動的「幫兇」；〔註 246〕川省士紳以被捕諸人爲首腦，釋放前諸紳尚不知有「獨立」二字，

〔註 245〕 周善培：《辛亥四川事變之我》，《近代中國史料叢刊續編》第 26 輯，臺北：文海出版社，1974 年，第 46～48 頁；張惠昌：《立憲派人和四川諮議局》，中國人民政治協商會議全國委員會文史資料研究委員會：《辛亥革命回憶錄》第 3 集，北京：中華書局，1962 年，第 167～168 頁。

〔註 246〕 從四川保路運動爆發至大漢四川軍政府成立的三四個月時間內，整個四川新軍 8000 餘人，除李銀安率 30 人於 9 月份參加川西同志軍，夏之時於 11 月率

釋放後更是墮入趙爾豐彀中，為趙爾豐四下奔走，勸說各地同志軍放棄反抗，「然各道民軍受黨人之激勵，決心扶義反正，非蒲、羅等所能動矣。」〔註247〕

　　各地同志軍蜂起，「官軍」陷入剿撫兩難的境地，適有滇黔軍政府電川促獨立、端方派員入省與士紳聯絡自治事發生，傳聞趙爾豐也接獲友人電稱：「監國自奉天通飭，謂京師失守我僅以身免，各督撫世受國恩各保疆土可也」。〔註248〕趙爾豐官場失意，此刻又接獲友人「京師失守」電報，心理防線頓失，苦苦掙扎之後，趙爾豐決定讓渡政權，支持川人自治。

　　趙爾豐的親信吳鍾鎔把趙的意思轉達給周善培、邵從恩（明叔）等，三人則充當了趙爾豐與川紳之間的聯絡中介。十月初二日（11月22日），官紳議訂「四川獨立條約」，蒲殿俊提出十一條，趙爾豐提出十九條，計三十條。約定四川行政權交由諮議局議長蒲殿俊掌握，軍隊交由十七鎮統制朱慶瀾指揮，趙爾豐仍回川邊任辦理邊務，所需經費照舊由川省負責。十月初七日（11月27日），趙爾豐正式宣告四川地方自治，成立大漢四川軍政府，蒲殿俊、朱慶瀾分任軍政府正副都督。趙爾豐交出政權後，仍留住督院，並擁有三千人的護衛隊分駐南苑及督院附近。

　　趙爾豐與蒲、羅等人炮製的「四川獨立條約」，遭到重慶蜀軍政府的強烈反對，蜀軍政府甚至發出出兵征討的籲請。殊料十月十八日（12月8日）成都發生「兵變」，「叛兵」四出搶掠，流氓、土匪亦混跡其間，「錦繡成都，遂成野蠻世界矣」。〔註249〕適「兵變」蜂起，蒲殿俊、朱慶瀾倉皇避匿，軍政府任職人員也走避一空，只有綏靖主任羅倫獨自一人抱旗痛哭，束手無策。「兵變」之夜，有紳商代表來至趙爾豐暫住的督署衙門，環請其出面維持城中秩序，軍政府中也有人來謁請。〔註250〕趙爾豐於十月十九日（12月9日）以「卸任四川總督、現任川滇邊務大臣」的名義張貼「撫輯變兵」告示，勸誡不論

駐龍泉驛新軍一隊的230餘人反正之外，絕大多數新軍沒有任何實際上的革命行動。（參見席萍安：《試析辛亥革命中的四川新軍》，《成都大學學報》1998年第2期，第7頁。）

〔註247〕郭魯：《四川光復》，中國史學會主編：中國近代史資料叢刊《辛亥革命》（六），上海：上海人民出版社，1957年，第9頁。

〔註248〕秦桐：《蜀辛》，隗瀛濤、趙清：《四川辛亥革命史料》上冊，四川人民出版社，1981年，第545頁。

〔註249〕戴執禮：《四川保路運動史料匯纂》（下冊），臺灣「中央」研究院近代史研究所，1994年，第1904頁。

〔註250〕秦桐：《蜀辛》，隗瀛濤、趙清：《四川辛亥革命史料》（上冊），成都：四川人民出版社，1981年，第550頁。

是巡防兵或者是陸軍，迅速到制臺衙門受撫，保證「不咎既往，一概從寬」，落款是「宣統三年十月十九日」，年月日上沒有蓋印，只是用朱筆劃了一個「印」字。〔註251〕

　　川人對趙爾豐鎮壓保路運動、特別是製造「成都血案」耿耿於懷，兵變後街市上即有傳言趙爾豐乃幕後主使之說。趙爾豐隨即發表了一篇《爲防軍變亂辯誣文》，誰知該文一出，輿論譁然，眾人以「此地無銀三百兩」的思維慣勢，更加認定兵變主凶爲趙爾豐無疑。重新組建的軍政府也正是以此爲藉口於十一月初三日（12月22日）擒殺了趙爾豐。

　　成都「兵變」原因很複雜，七十年後邱遠應寫了一篇文章爲趙爾豐辯解，稱趙爾豐並沒有發動「成都兵變」。〔註252〕然趙爾豐「主使兵變、陰謀復辟、事泄被誅」的說法幾成定論，且爲許多著述所引用。實際上，新成立的軍政府擒殺趙爾豐，也只是以其主使「兵變」爲藉口而已，眞正的原因粗略分析有三：其一，「成都血案」以及各地保路同志軍日受圍剿，導致川人對趙爾豐積怨難消，新軍政府正是藉重川人「仇趙」心理，擒殺趙爾豐，泄民憤、收人心。其二，趙爾豐「讓渡政權」後依然手握重兵，新軍政府掌控的軍事力量又相對微弱，趙爾豐之存在構成了對新政權嚴重威脅，必欲除之以絕後患。其三，因爲趙爾豐的存在，成都受到重慶蜀軍政府以及滇軍政府的軍事威脅，新組建的成都軍政府才藉口「成都兵變」殺掉趙爾豐，一方面爲擺脫困境，穩定四川大局起見，一方面也爲扭轉成都軍政府形象和樹威著想。

　　趙爾豐閏六月初九日（8月3日）接印視事，十一月初三日（12月22日）被殺身亡，142天近五個月的時間。趙爾豐從最初的同情支持川人保路，變身爲鎮壓、乃至採取鐵血政策，一手導致了川人保路運動走向川亂。武昌「兵變」後，川亂不已，各省獨立風潮繼起，趙爾豐左擋右支，心神俱疲，最終決定讓出政權，支持川人自治。趙爾豐在官紳協議訂定後曾有云：「我以前對不起四川人，今天又要對不起朝廷了。四川被我弄壞了，還望大家幫我補救。」

〔註251〕　姜蘊剛：《鎮壓保路運動的元兇趙爾豐》，中國人民政治協商會議四川省成都市委員會文史資料研究委員會編：《成都文史資料選輯》第 1 輯，1981 年，第 235～236 頁。

〔註252〕　邱遠應：《趙爾豐發動「成都兵變」說質疑》，《華中師院學報》，1982 年第 5 期，第 127～133 頁。

〔註253〕其「坦誠」的態度與趙爾豐釋放蒲、羅後所說的「情非得以，望諸君諒之」〔註254〕如出一轍。可見趙爾豐雖然在情感上對清王室還懷有依戀，但他對自己讓權退位的行動並沒有「悔意」，至於有資料稱趙爾豐交出政權後「得知清廷尚未完全垮臺潛有悔意」多屬於妄測之詞，〔註255〕而當時傳聞甚廣的趙爾豐寫信給下屬川滇邊務大臣傅嵩炑帶兵入成都策應兵變、洗城之說更有臆想、斷章取義的成分。〔註256〕如果不是帶著有色眼鏡來解讀趙爾豐的《四川自治文》：「朝綱解紐，補救無從，若再不求通變，必至橫挑外釁，重益人民之流離茶苦。……先求救急定亂之方，徐圖良善共和政治」。〔註257〕亦可概見趙爾豐交出地方治權之初衷，而趙爾豐的「辯誣文」又何嘗不是其真實的內心流露！

第三節　反正督撫之不同

　　提及辛亥變局中的「反正」督撫，江蘇巡撫程德全給人的印象最為深刻，史學大家胡繩把「反正的程德全」稱之為投機革命的官僚，是「舊巡撫穿上了新都督的外衣」。〔註258〕程德全宣佈獨立後令人用竹竿挑去撫衙大堂上幾片簷瓦「以示革命必須破壞」之意，〔註259〕也因之具有了幾分諷刺的意味。辛亥變局中的「反正」督撫涉及四位主人公，他們是江蘇巡撫程德全、廣西巡撫沈秉堃、安徽巡撫朱家寶、山東巡撫孫寶琦。時至今日，單純的「革命範式」解讀史事已成過往，辛亥變局中有「反正」經歷督撫的真實情感與經驗很值得去挖掘、去探討。

〔註253〕趙子雲：《尹昌衡怒殺鎮壓「保路運動」的劊子手趙爾豐》，《文史春秋》2007年第10期，第63頁。

〔註254〕張惠昌：《立憲派人和四川諮議局》，中國人民政治協商會議全國委員會文史資料研究委員會：《辛亥革命回憶錄》第3集，北京：中華書局，1962年，第168頁。

〔註255〕邱遠應：《趙爾豐發動「成都兵變」說質疑》，《華中師院學報》1982年第5期，第131～132頁。

〔註256〕陳楓：《論趙爾豐與成都兵變》，碩士論文，華東師範大學，2009年5月，第23頁。

〔註257〕戴執禮：《四川保路運動史料匯纂》（下冊），臺灣「中央」研究院近代史研究所，1994年，第1875頁。

〔註258〕胡繩：《從鴉片戰爭到五四運動》（下冊），上海：上海人民出版社，1982年，第1063頁。

〔註259〕錢偉卿：《談程德全二三事》，揚州師範學院歷史系：《辛亥革命江蘇地區史料》，南京：江蘇人民出版社，1961年，第125頁。

從結果上分析，程德全與沈秉堃可歸爲一類，即「反正」後一直留在了革命陣營中。程德全獨立後積極參與了圍攻天京的戰役，在南京臨時政府中出任內務部長一職；沈秉堃宣佈獨立後以民軍都督身份率師「北伐」，出任湘桂聯軍總司令，在臨時政府中任顧問。朱家寶與孫寶琦可歸爲一類，即出任民軍都督或總統後都經歷過反覆。朱家寶宣告獨立不久即出逃，輾轉進京「請罪」，奉命開缺，開缺後又到安徽戰事最爲激烈的潁州一帶，佐助倪嗣沖與民軍對抗；孫寶琦宣告獨立十二天復又取消，迭向朝廷「請罪」，獲「寬宥」，又回巡撫任，二十三天後奉命開缺，開缺後逃往天津租界。

從情感歷程上分析，江蘇巡撫程德全、山東巡撫孫寶琦思想脈動最爲接近，無論是反正前他們「連袂」向朝廷奏陳「政治改革」，還是反正後在「共和」國體問題上的認識，二人的價值取向如此一致或接近。雖然程、孫二人走向反正道路都有「被迫」的成分，然相較於廣西巡撫沈秉堃、安徽巡撫朱家寶，程、孫二人內心世界的獨白中也有相當部份順勢而動的感應起作用。細究廣西巡撫沈秉堃、安徽巡撫朱家寶走向反正之路的確「情非得已」，即個人的主觀能動性少有體現。四位主人公因爲地緣關係及各種因素的限制，反正後的人生軌跡呈現出不同的變線。

一、義無反顧之「反正」者

程德全、沈秉堃以前清巡撫之尊出任了反正後的民軍都督，且在革命的力量與反革命的力量角逐之際，也均以「積極」的姿態投身到「反清」鬥爭的革命洪流中。因是之故，二人在割去與滿清相聯繫的尾巴方面表現出較爲「徹底」的革命屬性。其實，就二人反正前後的表現而言，其內心的彷徨與猶豫也很值得挖掘與品評。

（一）江蘇巡撫程德全

江蘇地處東南沿海富庶之地，是清政府最爲依賴的財賦之區，故江蘇實行江寧分治，〔註260〕近代又因其特殊的地緣關係，擁有了開埠最早、經濟最爲發達的上海。江蘇的士紳力量強大，士紳在地方政治生活中所扮演的角色不容忽視，如上海紳商借助總工程局、自治公所等機構逐漸把市政

〔註260〕江寧分治即一省之內設立兩布政司，分割不同屬域，其一隨巡撫駐蘇州，其一隨總督駐南京。

建設及管理權控制在自己手裏；蘇州紳商則借助市民公社把勢力和影響滲透到城市生活的眾多領域。在蘇州宣佈獨立的過程中，地方士紳扮演了重要角色。

江蘇巡撫程德全八月二十日（10月11日）接獲鄂督瑞澂破獲革命黨人指揮機關的「效」電捷報，二十一日（10月12日）又通過兩江總督張人駿轉發之「號」電得知武昌「兵變」訊息。程德全一方面督飭屬下文武布置防務，一方面向清廷奏陳自己的應變之策。程德全是地方督撫中能夠站在全局高度考察武昌事件為數不多之人，八月二十二日（10月13日）、九月初一日（10月22日）、九月初二日（10月23日）程德全迭次致電內閣，奏陳自己希望朝廷通過憲政改革、收拾人心、消弭亂萌的政治訴求，可惜皆「留中」不納。奏請憲政改革，符合士紳階層的政治意願，程德全九月初一日之電奏稿即出自江蘇諮議局議長張謇手筆，張謇在士紳中無疑是極具代表性的人物。

在維護轄境安全方面，程德全也是極盡籌謀。八月二十二日，程德全分電上海道劉燕謀及鎮江道林景賢，札飭二人對轄區「嚴密防範，妥為布置，以保治安」；〔註261〕同時對江浙航路一帶防務、太湖一帶防務以及省城防務，劃片管理，責任到人。〔註262〕在蘇州省城，札飭文武各員自九月初一日起仿多防例輪夜查巡，嚴格執行分期分班日夜輪流梭巡章程，議定詳單「呈送撫院考核」，外府州縣均應「仿照辦理」。〔註263〕

士紳階層對當局的保境安民政策也極為歡迎。九月初三日（10月24日）省城自治公所議事會、董事會特開臨時會議，意欲與商務總會聯合籌畫團防事宜，嗣因團防關係地方治安重責，非商業之一部所能獨立擔任。初五日（10月26日）由官府出面，「遍邀郡紳」，在滄浪亭再次集議籌辦團防：「議定仿庚子年籌防辦法，官督紳辦，並舉定劉秩寶、陸仲英、杭筱軒、陸引之、徐籟芳諸君為防局紳董。」〔註264〕「援庚子例以自保」是程德全在當時形勢下可以認同的策略，程德全親信幕僚應德閎、羅良鑒等人其時亦極力主張蘇州應「援庚子例創自保之策」。〔註265〕

〔註261〕《撫吳文牘》，揚州師範學院歷史系：《辛亥革命江蘇地區史料》，南京：江蘇人民出版社，1961年，第42頁。

〔註262〕各埠通信：《蘇州：蘇垣會議防務》，《申報》1911年10月15日。

〔註263〕本埠新聞：《鄂亂影響》，《申報》1911年10月21日。

〔註264〕各埠通信：《蘇州：蘇垣防務種種》，《申報》1911年10月29日。

〔註265〕張國淦：《辛亥革命史料》，《近代中國史料叢刊續編》第26輯，臺北：文海出版社，1974年，第229頁。

九月十四日（11月4日）上海「光復」，紳商虞洽卿、李平書、沈縵雲、王一亭等均在軍政府中任職，[註266] 消息傳至蘇州，省城譁然。蘇州士紳潘祖謙、尤先甲、孔昭晉、江衡等先後入撫署，勸說程德全籌謀「自保免禍」之計，「德全允之」。[註267]「自保免禍」幾等於「宣佈獨立」的代名詞，從上海專程返蘇的紳商學界代表黃炎培、沈恩孚、朱叔源、毛經疇、史量才、龔子英等人更是直言不諱，直接勸誠程德全「當機立斷，宣告獨立」，程德全表態「原則上贊成，但必須待時而動」。程德全態度「遊移」，黃炎培給予了解釋：「雪樓（程德全，字純如、號雪樓）謹小慎微，當此寧、鎮、杭都有旗兵駐防，若是蘇州獨立，怕受夾攻，不但糜爛地方，連身家性命，亦恐不保。所以不敢冒險，靜看風色。」[註268] 憑藉黃炎培與程德全數十年的交往之誼，這段言談雖屬事後追憶，但對程德全的定位大抵可信。

蘇州士紳由「自保」到「獨立」，態度出現轉化顯然與上海光復有很大關聯。然蘇州士紳所言之「獨立」與革命黨人所言之「獨立」不可同日而語。對於程德全而言獨立與否並不重要，他看重的是如何在「變局」中保全地方平安。九月十四日（11月4日）程德全覆電上海道應對上海「事變」的方針策略即可概見：「問、覃（十三日）兩電悉，目前以保全中外商民事為第一要義，即速邀集地方紳商會商各國領事，設法維持，無任糜爛」。[註269] 繼黃炎培等人之後，虞洽卿、陳光甫由滬至蘇，他們一方面作為上海總商會的代表，同時還肩負滬軍都督陳其美信使的任務，目的就是敦促程德全對獨立問題作出回應。

事機緊迫，程德全遂召集官紳會議，以定「進止」，「新軍各官決計推中丞為都督，舊軍各官不置可否」，提法使兼藩司左孝同（左宗棠之子）、飛劃營統領王曜堅持「與革民軍一戰方可定奪」，士紳等則以保全地方為要，「人民無不歡迎」。眾人意見紛紜，程德全的態度顯得至關重要。當左孝同、王曜堅持「與戰」時，程德全詰問左、王二人：「爾包得定必打勝仗不擾地方否？」左孝同、王曜「無以對」，「中丞之意乃決，即電覆軍政府，宣佈獨立，以期

〔註266〕本埠特別紀事：《軍政分府紀事錄》，《申報》1911 年 11 月 6 日。
〔註267〕尚秉和：《辛壬春秋》，香港：文藝書屋，1970 年，第 83 頁。
〔註268〕吳和士：《辛亥革命江蘇光復小記》，中國人民政治協商會議江蘇省蘇州市委員會文史資料研究委員會：《文史資料選輯》總第 6 輯，1981 年，第 7～8 頁。
〔註269〕歷史系中國近代史鄉土資料調查隊：《程德全〈撫蘇電稿〉選錄》，《揚州師院學報》1960 年第 9 期，第 144 頁。

保全地方。」﹝註270﹞可見，召集官紳會議前，程德全心中已有定奪。蘇州和平光復符合地方士紳的意願，原本心存觀望的程德全在退無可退的情形下走向獨立成爲順理成章的事。

蘇州光復過程中有一件事勢必提及，即九月十四日夜有一隊五十餘人民軍由滬乘車至蘇。這批人由上海軍分政府派出，他們來到蘇州新軍駐地楓橋，向官兵宣講革命大義，士兵「共表同情」，翌日（十五日）上午三時，「新軍各兵群向隊官請領子彈，初未之允，嗣見各兵要求不散，遂即一律發給」，黎明時分，「馬隊、步隊、工程隊、輜重隊偕民軍入城，一律臂纏白布，排隊詣撫署謁德全，推爲都督，進江蘇都督印，德全受之。」﹝註271﹞

單獨閱讀這段文字，會得出革命黨人發動新軍「迫」蘇撫程德全獨立的「事實」，這當然會「偏離」蘇州光復的眞相。蘇州新軍在省城光復的過程中處於從屬地位，並沒有扮演主要角色。

蘇州新軍編練有一混成協，下轄四十五標、四十六標，又馬隊、工程隊、輜重隊各一。程德全赴任後，鑒於新軍屢生事端，便大加治理、整頓，四十六標幾乎盡裁。經過一番「糾治」，新軍官佐多爲程德全保薦之「私人」，故武昌「兵變」後各省督撫對駐省新軍多有猜忌，唯獨程德全對蘇州新軍「頗負自信」。﹝註272﹞

革命黨人在蘇州新軍中並無「根基」，據胡覺民訪查，上海同盟會機關在武昌起義後曾派黨人柳伯英等來蘇活動，柳伯英通過薊際唐、薊祖同兄弟聯絡了一批人，並經由這些人對駐蘇新軍中的下級軍官開展工作。﹝註273﹞又據其時在四十五標中供職的孫籌成回憶，九月初十日（10月31日）革命黨人徐文斌曾來至軍營與孫接洽，二人素不相識，徐只是藉由嘉興同

﹝註270﹞要聞一：《蘇城光復記》，《申報》1911年11月7日。

﹝註271﹞郭孝成：《江蘇光復紀事》，中國史學會主編：中國近代史資料叢刊《辛亥革命》（七），上海：上海人民出版社，1957年，第5～6頁；張國淦：《辛亥革命史料》，《近代中國史料叢刊續編》第26輯，臺北：文海出版社，1974年，第228頁；《辛亥革命始末記》，《近代中國史料叢刊》第42輯，臺北：文海出版社，1969年，第338頁；陳春生：《辛亥江蘇光復記》，中國人民政治協商會議江蘇省委員會文史資料研究委員會：《江蘇文史資料選輯》第40輯，1991年，第15頁。

﹝註272﹞《撫吳文牘》，揚州師範學院歷史系：《辛亥革命江蘇地區史料》，南京：江蘇人民出版社，1961年，第40～41頁。

﹝註273﹞胡覺民：《關於『洗城會』事件》，揚州師範學院歷史系：《辛亥革命江蘇地區史料》，南京：江蘇人民出版社，1961年，第127頁。

鄉關係前來「造訪」、「運動革命」，孫稍作解釋，徐「疑團頓釋」，表示願回滬靜待。[註274]

新軍的「革命」屬性並非與生俱來，而是需要革命黨人長期、不斷地灌輸，才會有所成效。仔細研讀史料就會發現，十五日早新軍入城之表現，相當「和平」，士兵與守護城門的防營分列兩廂，毫無敵意，手中的槍彈並未燃放，排隊入撫署，秩序良好，對巡撫程德全也極為「恭敬」，絲毫讀不出新軍「變亂」甚或「逼宮」的意味。

革命黨人在蘇州省城也有活動。據陳春生《辛亥江蘇光復記》一文中記述：「九月十二、十三兩日，黨人陸續潛入省城，分寓各公館，甚至有寓衙署內者，十三日晚九時，前審判廳高等推事姚某（森藩）託高等審判廳丞（鄭淡丞）轉告程撫，黨人定於十四日晚起事，並要求撫臺將巡防營、飛劃營調出城外，將新軍調進城內，舉火焚燒織造衙門為號，全城懸掛白旗，限夜十二時內答覆，否則即行起事，程撫當即承認。」[註275]黨人「潛入」省城或有其事，然「約期起事」、借機「逼勒」程德全允認或有不實。無獨有偶，吳士和則有另外一種說法：十三日督練公所總辦吳茂節「拜謁」程撫，稱「上海派來革命黨人正散匿閶門一帶，如想採取措施，可以圍攻拘捕」；[註276]程德全為「投機革命」，並沒有逮捕業已「被他發覺的埋伏在蘇州的革命黨人」。[註277]「投機革命」是那個時代的用語特徵，不過程德全的確沒有採取措施對付革命黨人，他或許認為這些人並沒有對蘇城安危形成威脅，也未可知。

九月十五日（11月5日）早，程德全「接受」各界擁戴，出任民軍都督，宣佈蘇州光復。程德全「順應時勢」宣佈蘇州獨立，形成繼武昌之後各省獨立事件中的另外一種模式，即由前清巡撫蛻變為軍政府都督，而吸納各階層

〔註274〕 孫籌成：《回憶江蘇光復》，中國人民政治協商會議江蘇省委員會文史資料研究委員會：《江蘇文史資料選輯》第40輯，1991年，第29頁；孫籌成：《駐蘇新軍反正記》，揚州師範學院歷史系：《辛亥革命江蘇地區史料》，南京：江蘇人民出版社，1961年，第121頁。

〔註275〕 陳春生：《辛亥江蘇光復記》，中國人民政治協商會議江蘇省委員會文史資料研究委員會：《江蘇文史資料選輯》第40輯，1991年，第15頁。

〔註276〕 吳和士：《辛亥革命江蘇光復小記》，中國人民政治協商會議江蘇省蘇州市委員會文史資料研究委員會：《文史資料選輯》總第6輯，1981年，第6頁。

〔註277〕 揚州師範學院歷史系中國近代史鄉土資料調查隊：《辛亥革命時期江蘇光復情況簡介》，《江海學刊》，1961年第8期，第45頁。

代表入主權力機關。對於黨人而言，不通過「兵變」的武力方式來達到自己「光復」目的，這未嘗不是一種上佳的「選擇」；對於紳商而言，避免社會動盪，最大限度地保全自己的既得利益，是他們最爲高興的事，事實上各界民眾對於蘇州「不折一兵，不折一矢」之光復，「俱表示同情而皆喜形於色」。〔註278〕外界輿論對程德全也以「識時之豪傑」多有褒獎。

走向獨立的程德全內心依然充滿著猶豫與矛盾。在宣佈獨立的當晚，程德全即分別致電內閣、各省督撫及在孝感督戰的袁世凱，訴說自己宣佈獨立不得已之苦衷：先有「蘇、松、常、鎮、太五屬士民公決蘇省宣告獨立」在前，又有「蘇州軍隊全體排列到署迫爲都督」在後，「惟該士紳既多夙號安分之人，該軍隊又無暴烈之舉動，自未便遽予懲創，轉致離散人心。惟有選派士紳，分投勸導，並宣佈朝廷德意，以期挽回人心而固大局。事勢危迫至此，幾無補救之法，……能否解散，毫無把握，惟鞠躬盡瘁而已。」〔註279〕程氏態度何其謙恭，毫無「叛清」之表露，反而處處向朝廷剖白自己的忠貞心跡。吳和士也有回憶：「蘇州獨立時，江蘇軍政府門前的旗杆上升起一面巨幅旗幟，原本擬書『興漢滅滿』四字，呈程定奪，程思索有頃，提筆改『滅滿』二字爲『安民』。」這一細節也表現了程德全心理上的某種惴惴不安，即「生怕革命不能成功，殃及身家性命」的擔憂。〔註280〕

程德全的出身、地位決定了他不可能成爲一個自覺的革命者，其內心世界的彷徨猶豫是對「脫離清廷、宣佈獨立」從「抵拒到認可」必經的心路歷程，這或許是程德全在接受都督印信時還有「時勢至此，無可奈何」感歎的原因所在。

恰如俗語所說「開弓沒有回頭箭」，宣佈獨立後的程德全受時代大潮的助推，其言行愈加「激進與革命化」，如發佈的文告中「共和、排滿」等用語處處可見，積極參加江浙聯軍攻取南京的戰役，南京攻克前夕公電各光復省分籲請孫中山回國組織臨時政府等等。程德全態度方面的轉化，從他回應或拒絕內閣總理大臣袁世凱等人勸誡其「取消獨立」的往來電文中可以清晰地展現。

〔註278〕　孫籌成：《駐蘇新軍反正一記》，揚州師範學院歷史系：《辛亥革命江蘇地區史料》，南京：江蘇人民出版社，1961年，第122頁。

〔註279〕　第一歷史檔案館：《清代檔案史料叢編》第8輯，北京：中華書局，1982年，第338頁。

〔註280〕　吳和士：《蘇寧光復雜錄》，中國人民政治協商會議江蘇省委員會文史資料研究委員會：《江蘇文史資料選輯》第40輯，1991年，第62～63頁。

　　十月初五日（11 月 25 日）袁世凱致電程德全，勸其取消獨立，言辭之間態度強硬，有「兵事相見」之語；迨至漢陽克復，袁世凱又立即致電程氏，仍試圖勸其取消獨立，並有「朝廷不咎既往」的承諾。此外，袁世凱動用江蘇京官的力量，聯名電勸程德全「取消獨立」。〔註 281〕程德全在回覆江蘇京官的電文中，言詞並不激烈，有所謂「諸公關懷桑梓，良深欽佩」之應酬用語；至於是否取消獨立，程德全用「四兩撥千斤」的言語工夫，稱「應以將來武昌和議爲斷」。程德全在回覆袁世凱的電文中並不認取消獨立，且表明此次贊成獨立，實爲俯順民心起見，非有迫而然，並反過來勸說袁世凱「速行改組共和政體，以維大局」。聯軍攻克南京之後，程德全電覆袁世凱時，對「取消獨立」一事，則用「礙難照允」一詞斷然予以了拒絕，用語已大不相同。〔註 282〕

　　那個對清廷懷有深深眷戀的程德全已經看不到了，一個全新的程德全出現在人們眼前。程德全之轉變，正如他在召集蘇省臨時議會通告中所言：「蘇省自宣告獨立、脫離舊政府，凡百草創，一切庶政，咸與維新，從前種種譬如昨日死，以後種種譬如今日生。」〔註 283〕這其中也應包含程德全本人經歷的蛻變，「由自保之說，漸變爲獨立，由獨立之說，遂直言革命」。〔註 284〕

（二）廣西巡撫沈秉堃

　　九月十七日（11 月 7 日）廣西宣告獨立，巡撫沈秉堃迫於無奈接受了獨立的事實，親歷了該事件的改良會人士丁義華，九月二十日（11 月 10 日）寫給友人的信函中提到了沈秉堃由「不允」到「允從」的轉變：「廣西獨立，先

〔註 281〕　專電：《申報》1911 年 12 月 1 日（十月十一日）（附電報内容：陸潤庠等承清廷意見致電程都督，謂立憲信條宣誓必踐，望速取消獨立，可期減輕處分，並免生靈塗炭。）；要聞：《江蘇京官致電程德全》，《大公報》1911 年 12 月 10 日（附電報内容：蘇州程雪帥鑒，蘇省獨立原係保全人民生命財產，深佩苦衷。現朝廷頒佈信條，業經宣誓，絕無反訏。吾蘇苟有疾苦，必可於國會及諮議局中陳請改革，請速勸告士紳，照山東例取消獨立。否則，兵連禍結，生靈塗炭，轉失公之初意，伏乞臺酌電覆。）

〔註 282〕　要聞：《程德全覆電之概略》，《大公報》1911 年 12 月 6 日；要聞：《程德全電覆江蘇京官》、《程德全覆電之內容》，《大公報》1911 年 12 月 11 日。

〔註 283〕　公電：《召集臨時議會之通告》，《申報》1911 年 11 月 16 日。

〔註 284〕　張國淦：《辛亥革命史料》，《近代中國史料叢刊續編》第 26 輯，臺北：文海出版社，1974 年，第 229 頁。

有諮議局請諸沈撫，沈撫初不允，繼見民心已變，遂乃允從。」〔註285〕沈秉堃宣告獨立後發往各屬的通電中亦有如是解釋：「桂省軍民，要求獨立，間不容髮，稍一遲疑，大亂立見。……各省獨立相繼而起，安境保民，捨此莫由，諸公明達，當然默察，務望以保全治安為主，照常辦事，不勝盼禱。」〔註286〕可見，廣西獨立是內因求「變」、外因促「變」的結果。

廣西地處西南邊陲，會黨活動頻繁，革命黨人曾數次在兩廣、滇桂交界舉行武裝起義，革命黨人在廣西也頗有影響，諮議局和新軍中都有黨人活動的身影。廣西同盟會支部長耿毅撰寫回憶錄中稱，廣西獨立前革命黨人在駐省新軍中已發展「同志」70餘人，諮議局中也有同盟會會員10多人。〔註287〕

廣西革命黨人在武昌起義後積極籌謀起事回應，同盟會會員封濯吾回憶，革命黨人藉「遊山玩水」的名義發動了十多次集會，有黨人、也有同情革命的機關職員、學校教員、學生來參加，「最後幾次每次都有百來人，成為半公開的革命活動。」〔註288〕就在革命黨人加緊活動之際，廣西當局也在積極應變，抽調防營入駐省城。

廣西巡撫沈秉堃接獲清廷二十一日電寄密諭，得知武昌「兵變」訊息，甚為焦慮，以桂省全州、龍勝、富川等處毗鄰湘界，深恐「鄂亂」由湘滋蔓及桂，乃設法「騰挪庫款」，招募營隊，以備緩急之用，並向廣東訂購大批槍支彈藥，可謂未雨綢繆。〔註289〕九月初一日（10月22日）長沙「兵變」，廣西當局最為擔心的事情還是發生了。九月初二日、初三日（10月23、24日），巡撫沈秉堃連電內閣，陳述自己「援湘保桂戰略」；初三日電

〔註285〕要聞：《廣西獨立之詳報》，《大公報》1911年11月28日。

〔註286〕《廣西獨立沈秉堃通電》，中國人民政治協商會議廣西壯族自治區委員會文史資料研究委員會編：《辛亥革命在廣西》（下集），南寧：廣西壯族自治區人民出版社，1962年，第102頁。

〔註287〕耿毅：《辛亥革命時期的廣西》，中國科學院歷史研究所第三所：《近代史資料》總21號，1958年第4期，北京：科學出版社，1958年，第99、92頁。（注：盧仲偉撰文稱廣西諮議局中確證可考的議員有4名同盟會會員、職員2名。盧仲偉：《廣西諮議局派系考》，《廣西師範大學學報》1986年第1期，第76～77頁。）

〔註288〕封濯吾：《辛亥革命片段回憶》，中國人民政治協商會議廣西壯族自治區委員會文史資料研究委員會編：《辛亥革命在廣西》（上集），南寧：廣西壯族自治區人民出版社，1961年，第133頁。

〔註289〕廣西：《桂撫添練湘軍十營》，《大公報》1911年11月8日。

奏中甚至主動請纓,表示願意將撫篆暫交藩司王芝祥護理,率領桂軍赴援
長沙,這其中多少有些政治秀的成分,所以電奏中有「乞諒自薦之嫌」語。
〔註290〕

　　廣西革命黨人九月初九日(10月30日)運動新軍圖謀起事,可惜舉義計
劃竟然因爲當天一場意外的暴雨不幸夭折。廣西新軍編練有一混成協,分駐桂
林、南寧、龍州三地。龍州駐有步隊一標三營、南寧一標二營,桂林一標二營,
省城新軍還包括馬、炮、工、輜各一隊。廣西當局調防軍入省城後,當局掌控
的舊軍力量加上各衙署衛隊已超過 3000 人眾,革命黨人依恃的駐省城新軍合
計不足 2000 人,原本即對起事信心不足的軍中黨人在舉義失利後甚爲受挫。

　　革命黨人在省城桂林發動舉義不果,桂省邊境之懷遠「股匪」卻異常活
躍,有號稱「國民軍」者數千人,起而「與官兵爲難」。〔註291〕清廷迫於「灤
州兵諫」於九月初九日(10月30日)頒發的數道諭旨並沒有起到「弭亂」的
效用,政局反而變得更加撲朔迷離。繼湖南、陝西之後,山西、雲南、江西
駐省新軍又有「兵變」情事發生。

　　受內外形勢的激勵,廣西諮議局中革命黨人乘勢而動,有議員倡言獨立
者,巡撫沈秉堃以「勿負朝廷」相誡。〔註292〕九月十六日(11月6日)諮議
局中的黨人議員「唆使」諮議局通過獨立議案,由議長甘德藩、副議長黃宏
憲(同盟會會員)、議員秦步衢(同盟會會員)、蒙經(同盟會會員)等謁見
巡撫沈秉堃,陳情利害,請爲宣佈,以維大局,沈氏猶豫未決,聲稱「與藩
臺商量再談」。〔註293〕布政使王芝祥長期任職廣西,是沈秉堃較爲倚重之人,
當時王芝祥又充任巡防營統領,手握防軍兵權,故王的價值取向成爲廣西走
向獨立的關鍵。

　　廣西新軍中革命黨人九月初九日舉義失利後,內部出現了些許「不和諧」
聲音,然革命的積極性未泯,當他們注意到王芝祥成爲獨立的關鍵人物時,
便把工作重心轉移到王的身上。

〔註290〕廣西巡撫沈秉堃致內閣暨王爺等請代奏電,宣統三年九月初三日(1911年10
　　　　月 24 日)外務部收電簿。
〔註291〕廣西巡撫沈秉堃致內閣暨王爺等請代奏電,宣統三年九月初五日(1911年10
　　　　月 26 日),外務部收電簿。
〔註292〕黃嘉謨:《廣西新軍與辛亥革命》,臺灣「中央」近代史研究所集刊第 21 期,
　　　　第 323 頁。
〔註293〕林茂高:《辛亥革命時期桂林獨立前後》,《廣西師範學院學報》,1981 年第 3
　　　　期,第 26 頁。

　　耿毅在回憶錄中描述了獨立前夜身持槍彈與王芝祥「會晤」的情景，王芝祥在耿毅的「脅迫」勸說下應允就獨立事宜與巡撫進行「協商」，耿毅則承諾廣西獨立後革命黨人即率新軍北上援鄂。〔註294〕耿毅的敘述雖有「誇張」，但從廣西宣佈獨立及其獨立後各事件的走向來判斷，基本「史實」尚屬可信。

　　王芝祥的工作「疏通」後，黨人議員則借助諮議局，聯合各界人士一百多人發起向王芝祥「請願獨立」活動。王芝祥在客廳接見了推舉出來的10多位代表，副議長黃宏憲先發言作大局分析，隨後各代表紛紛建言。有的說漢人做滿人奴隸是不值得的；有的說別省無協餉補助廣西，縱想替滿人出力也不可能維持下去；有的說民心思變，反對滿清政府到處皆是，各處都在舉動，倘不宣佈獨立，糜爛即在眼前。王芝祥知道「眾怒難犯」，遂表示願意接受眾人意見去和巡撫商量。〔註295〕

　　眾多回憶資料都提及王芝祥的姊夫劉人熙在勸諫王「反正」一事上所起的作用，〔註296〕牽線劉人熙做王芝祥思想工作的乃是湖南軍政府。湖南作為最早回應武昌舉義的省分，因出兵援鄂，急需解決後顧之憂，廣西在湖南鄰近省分中尤顯重要。據子虛子的《湘事記》記述，王、劉之間經過數次函電往返，九月十四日（11月4日）王芝祥回電，答應同湖南採取一致行動。〔註297〕

　　王芝祥的態度對沈秉堃走向獨立有極其重要的影響，沈秉堃對獨立的態度改變其它因素也發揮了作用。

　　其一，湖南方面。沈秉堃，湖南善化（長沙）人，當時廣西新軍協統趙恒惕也為湖南人。湖南宣告獨立，軍政府即刻派革命黨人羅松濤為使者，兼程趕

〔註294〕耿毅：《辛亥革命時期的廣西》，中國科學院歷史研究所第三所：《近代史資料》總21號，1958年第4期，北京：科學出版社，1958年，第101～103頁。

〔註295〕李任仁：《同盟會在桂林、平樂的活動和廣西宣佈獨立的回憶》，中國人民政治協商會議全國委員會文史資料研究委員會：《辛亥革命回憶錄》第2集，北京：中華書局，1962年，第464頁；封濯吾：《辛亥革命片段回憶》，中國人民政治協商會議廣西壯族自治區委員會文史資料研究委員會：《辛亥革命在廣西》（上集），南寧：廣西壯族自治區人民出版社，1961年，第133～134頁。

〔註296〕劉人熙，湖南瀏陽人，王芝祥與劉人熙既有姻親關係，又有師生之誼，且王之仕途也多靠劉之讚助，故王對劉在很多問題上是言聽計從。

〔註297〕子虛子：《湘事記》（軍事篇四），中國史學會主編：中國近代史資料叢刊《辛亥革命》（六），上海：上海人民出版社，1957年，第157頁。（王芝祥電文：瀏陽劉蔚盧夫子函丈：千里一堂，並告組庵。劉人熙號蔚盧，譚延闓字組庵，時任湖南軍政府都督。）

赴桂林，試圖利用「鄉誼」關係遊說沈秉堃、趙恒惕等「反正」。其二，雲南方面。九月初九日雲南獨立，民軍都督蔡鍔與沈秉堃原有舊誼，故特致電沈氏，勸慰「反正」：「自武昌倡義，湘、秦、閩、贛、皖，黔、滬陸續反正，我軍亦於九月九日光復滇垣，三迤陸防官紳，同遵節制，全省胥平。……人心思漢，大局可知。廣西僻在邊隅，民窮勢蹙，外無應援，內乏餉械，鄰封悉樹漢幟，一隅何能孤守？以公雄才重望，如能拔趙易漢，順天應人，兩粵望風，傳檄可定。若復意存觀望，勉支目前，結怨同胞，無補清室，為公危之！為公惜之！」〔註298〕其三，廣東方面。廣西地瘠民貧，是受協省分，其協餉〔註299〕的主要來源地就是廣東。廣東是革命黨人異常活躍省分，九月之後不靖消息頻傳。九月初四日（10月25日），廣州新任將軍鳳山遭遇黨人炸彈襲擊，成為繼孚琦之後又一位遇難者；九月初八、初九日（10月29、30日）廣州地方紳商學各界倡言獨立，遭粵督鎮壓，富商巨賈出逃者頗多，與廣東毗鄰之廣西重鎮梧州深受其害；九月初十日梧州宣告獨立，隨即電省，給省城以極大震動。

迫於內外形勢壓力，沈秉堃對獨立態度發生了改變。九月十六日（11月6日）沈秉堃與布政使王芝祥、諮議局副議長秦步衢議決獨立。布政使王芝祥連夜命人繕寫獨立黃旗數百面，大書「大漢廣西全省國民軍恭請沈都督宣佈獨立，廣西前途萬歲」二十四字，分豎城廂內外各街巷。〔註300〕

九月十七日（11月7日）各界代表假諮議局召開獨立大會，巡撫沈秉堃率各司道員蒞臨，沈氏被推舉為民軍都督，王芝祥、陸榮廷（廣西提督駐南寧）為副都督。

廣西獨立後，沈秉堃以軍政府的名義通電全國：「各省軍政府、制臺、撫臺鑒：治內以宣佈獨立為要圖，對外以組織聯邦為急務。廣西軍民要求已於今日宣佈獨立，敢請各省督撫一律宣佈獨立，化除畛域，城無分滿漢，共謀組織聯邦政府，事事對外，或取法於美，定武昌為華盛頓，暫行公認一人為

〔註298〕 郭孝成：《雲南光復記》，中國史學會主編：中國近代史資料叢刊《辛亥革命》（六），上海：上海人民出版社，1957年，第231頁。

〔註299〕 協餉：清末廣西因貧瘠接受外省協濟，廣東50萬兩、鄂省20萬兩、湘省10萬兩。

〔註300〕 郭孝成：《廣西光復記》，中國史學會主編：中國近代史資料叢刊《辛亥革命》（七），上海：上海人民出版社，1957年，第221頁。（張國淦稱獨立旗幟上書寫二十六字：大漢廣西全省國民軍恭請沈都督宣佈廣西獨立，廣西國民萬歲！張國淦：《辛亥革命史料》，《近代中國史料叢刊續編》第26輯，台北：文海出版社，1974年，第241頁。）

大統領；或取法於德，定北京爲普魯士，亦公認一人爲內閣總理大臣，事關大計，務祈從速協同，紳民議妥，通電各省，以多數取決。」〔註301〕十八日，沈秉堃、王芝祥、陸榮廷又聯名電各鎮道府廳州縣「飭令」獨立，新成立的議院也電各省議局通告廣西獨立事。

獨立後的沈秉堃內心多少還是有些糾結，封濯吾在回憶文章中稱，十七日獨立大會，沈秉堃和王芝祥到得最晚，來的時候穿著滿清的官服、掛著長長的辮子，因此與會黨人對他們很不滿意。〔註302〕耿毅回憶中則稱沈秉堃等一班舊官僚沒有穿官服，穿的是行裝，然特別強調的是頭上仍舊戴著紅頂子花翎。〔註303〕

沈秉堃出任都督，感覺職權大不如昔，心有「失落」，又鑒於獨立省分都督多有本省籍人士充當的現實，獨立日發表演講時即宣稱自己乃暫攝都督一職，深切希望能早日「公舉偉人」接替，殊料十九日又發生「防營兵變」事，〔註304〕廣西獨立後，沈秉堃感覺愈加難以在廣西立足，遂決意抽身，乃藉援鄂名義，親率兵隊北上。

〔註301〕要聞：《中國光復史：新政府建設問題》，《申報》1911 年 11 月 15 日。
〔註302〕封濯吾：《辛亥革命片段回憶》，中國人民政治協商會議廣西壯族自治區委員會文史資料研究委員會編：《辛亥革命在廣西》（上集），南寧：廣西壯族自治區人民出版社，1961 年，第 134 頁。
〔註303〕耿毅：《辛亥革命時期的廣西》，中國科學院歷史研究所第三所：《近代史資料》總 21 號，1958 年第 4 期，北京：科學出版社，1958 年，第 104 頁。
〔註304〕張國淦：《辛亥革命史料》，《近代中國史料叢刊續編》第 26 輯，臺北：文海出版社，1974 年，第 241 頁；尚秉和：《辛壬春秋》，香港：文藝書屋，1970 年，第 94 頁。注：桂林兵變日期有三種說法：十九日、二十日、二十一日。耿毅、封濯吾、李任仁等持第一種說法，鄒魯持第二種說法（接要聞：《新桂林之軍隊風潮》，《申報》1911 年 12 月 3 日），潘壽誠持第三種說法。（潘壽誠：《辛亥桂林光復時的情況》，中國人民政治協商會議桂林市委員會文史資料研究委員會編：《桂林文史資料》第 1 輯，1982 年，第 69、75 頁。）另：桂林「兵變」也有多種說法：（1）王芝祥唆使說（封濯吾）。王芝祥想排擠沈秉堃自己做都督，從事後王芝祥積極平叛的角度而言，這種說法有很強的臆想成分；（2）「剪辮」激發兵變，耿毅持此說。獨立次日，以王芝祥名義下剪辮令，巡防營舊軍多湖南人，思想比較頑固，聽說要剪辮子，就哄鬧起來。黃紹竑（廣西陸軍小學堂的學員）支持此說，但他認爲剪辮只是激發舊軍兵變的次要原因，主要原因是新舊軍彼此的界限和仇恨，以及舊軍的反對獨立。李宗仁（廣西陸軍小學堂的學員）也同意黃紹竑的說法，但他認爲舊軍發動叛變還有一個目的就是搶劫財物。（黃紹竑：《辛亥革命前後的廣西局勢和廣西北伐軍》，中國人民政治協商會議全國委員會文史資料研究委員會：《辛亥革命回憶錄》第 2 集，北京：中華書局，1962 年，第 487 頁；李宗仁：《廣西青年與辛亥革命》，《辛亥革命與廣西》，南寧：廣西人民出版社，1991 年，第 59 頁。）

　　十月初二日（11 月 22 日）沈秉堃發表「留別桂省父老書」，假惺惺表示自己決意回里「養疴」，悠然隱退，希望獨立後之桂省人民合群共謀幸福，避免爭攘、相攻、流血之禍。〔註 305〕三日後，沈秉堃率同親兵數十人離省，踏上北進路途，在繼任都督陸榮廷未到省前督篆暫交王芝祥護理。沈秉堃北行之後，已不再是政治舞臺中活動的要角，但他臨別書中所說的「回里養疴、悠然隱退」顯然與沈氏其後的行跡大相逕庭，沈都督行至湖南，受到湘省民眾熱烈歡迎，且被公推為湘桂聯軍總司令，沈氏「慨然應允」，只因南北議和，湘桂聯軍援鄂的計劃並未實施，及至南京臨時政府成立，沈秉堃則追隨黃興進入了南京。

　　程德全、沈秉堃以巡撫之尊「反正」出任民軍都督，二人的內心世界均經歷了從抵拒到認同的演變過程。程德全以江蘇所處的優勢地理位置，獨立時間雖然僅僅領先沈秉堃二天，但其「反正」第一人的光芒無疑使得沈秉堃顯得遜色許多。其實，沈秉堃在廣西獨立過程中所扮演的角色，也遠遠沒有程德全在蘇州獨立過程中所扮演的角色重要，這與二人黏合各派勢力的能力高下相關聯，程德全之民軍都督不僅獲得地方各派勢力之認可，也為後來雲集南京的革命黨人所推崇，這更是沈秉堃所不具備的優勢。沈秉堃丟卻都督之位北行，名義上的湘桂聯軍司令也不能為他帶來更多的政治上的回報，程、沈二人「革命」後不同命運的演繹在此也鋪墊了道路。

二、反覆無常之「反正」者

　　獨立省分督撫中安徽巡撫朱家寶、山東巡撫孫寶琦，也有過「反正」行為，曾出任民軍都督或總統，然與程德全、沈秉堃不同，朱家寶、孫寶琦二人在獨立後皆有反覆的經歷，即由巡撫到都督、再由都督回覆到巡撫的演變過程。朱家寶出任民軍都督七天即出逃，孫寶琦宣告獨立十二天後復又取消。二人與慶親王奕劻、袁世凱關係「非比尋常」，故朱家寶、孫寶琦之獨立均有袁世凱「授意、指使」之說。縱觀朱家寶「反正」前後的言行，「指使」說或有合乎情理的解釋，而「指使」說對於孫寶琦而言，則有著較多的難以弭合之處。

（一）安徽巡撫朱家寶

　　朱家寶，雲南寧州（華寧縣）人，進士出身，選庶吉士，散館後外放知

〔註 305〕郭孝成：《廣西光復記》，中國史學會主編：中國近代史資料叢刊《辛亥革命》（七），上海：上海人民出版社，1957 年，第 222～223 頁。

縣，俗稱「老虎班」。直隸任內獲袁世凱賞識，與袁世凱結緣，後又通過兒子結拜奕劻之子載振，攀結慶親王奕劻，成為慶、袁集團的骨幹，光緒三十四年（1908年）二月，朱家寶出任安徽巡撫。朱家寶起身基層，仕宦經歷豐富，個人能力也較為突出，他接任皖撫之際，曾以巡防營三百人成功狙殺革命黨人熊成基等發動的新軍馬炮營起義。

　　安徽地處武昌下游，東連江浙，當南北要衝，八月二十一日（10月11日）朱家寶接獲鄂督瑞澂武昌「兵變」告急電，迅速做出反應，即刻致電內閣，懇請截留「款項」，以為添募防營之用；同時請求海軍部速調撥長江「兵輪」，上駛防堵九江，以杜「鄂匪」下竄，並要求「節制」安慶、大通、蕪湖原駐「兵輪」。〔註306〕二十二日（10月13日）朱家寶再次致電內閣，重複二十一日奏請之要求，並特別強調皖省目前庫儲之窘況，籲請朝廷飭部撥「現銀五十萬兩」以應亟需。〔註307〕

　　朱家寶向清廷奏請求救之際，也積極展開自救。安徽之英山、霍山與湖北之蘄州、黃州接壤，朱家寶隨即電令六安之防軍移紮英山一帶，後又抽調駐省新軍精銳，組建戰時混成營，約八百人眾，由義子朱基督帶，前往固防。〔註308〕新軍出防後，省城頓覺空虛，朱家寶一方面電調皖北巡防營回省守城，一方面電請兩江總督張人駿派張勳所部江防營到安慶助防。此外，朱家寶又於八月二十一日召集各司道員會議，傳令各界趕辦團練以補兵力之不足，並諭令巡警道加派水巡、崗巡，對上下輪船嚴格搜查，對客棧旅店加強偵緝。〔註309〕

　　武昌起義後，皖省革命黨人密謀響應，安徽同盟分會主盟人吳春陽活動尤力。當時朱家寶調集防營駐守省城，戒備甚嚴，安徽軍中黨人鑒於此前舉義「一挫再挫，豪健散亡」之教訓，心存猶豫，在吳春陽激勵下，乃決定放

〔註306〕　《朱家寶以安慶危急請調兵輪來省併添募巡勇電》，中國第二歷史檔案館：《中華民國史檔案資料彙編》第1輯，南京：江蘇人民出版社，1979年，第171頁；安徽巡撫朱家寶致內閣等電，宣統三年八月二十一日（1911年10月12日），外務部收電簿。

〔註307〕　安徽巡撫朱家寶致內閣暨王爺等請代奏電，宣統三年八月二十四日（1911年10月15日），外務部收電簿。

〔註308〕　黃有成：《朱家寶》，嚴如平、宗志文主編：《民國人物傳》第5卷，北京：中華書局，1986年，第157頁。

〔註309〕　安徽：《皖省戒嚴之設備》，《大公報》1911年10月24日；要聞二：《皖公山亦受鄂亂影響》，《申報》1911年10月16日。

手一搏,遂約定九月初九日(10 月 30 日)晚發動新軍起事。〔註 310〕安徽駐省新軍編練有一混成協,轄步兵兩標──六十一標、六十二標,另有馬、炮各一營,工程、輜重各一隊,「兵員四千一百五十五名」。〔註 311〕黨人舉義約定初九日晚八時,先由六十二標舉火爲號,六十一標及馬、炮、工程各營起而回應,駐城內的防營作內應。

朱家寶對駐省新軍本無歧視,接到「鄂警」後,新軍、防軍一律配發槍彈子藥以作防備;朱家寶還多次親臨兵營給官兵「訓話」,激勵士兵爲清朝廷「效忠」。九月初三日(10 月 24 日)九江新軍「兵變」,消息傳至安慶,朱家寶對駐省新軍警覺起來,開始收繳此前配發給新軍士兵手中的槍彈子藥,並籌謀將新軍調離省城。同時,朱家寶命將南門城牆各炮臺星夜搶修加築,並調東門外巡防第一營全數移駐撫署附近之城防公所,以備不虞;九月初七日(10 月 28 日)張勳江防兩營進抵安慶,該江防兩營成爲「挫敗」黨人起事的「中流砥柱」。

皖省革命黨人九月初九日晚新軍舉義計劃,因當局有所預防,未能如期舉行。六十二標負責「舉火爲號」的新軍排長李乾玉被標統顧琢塘扣押,與外界失聯,信號不能發出;〔註 312〕六十一標起義士兵攻擊標本部,意圖劫取子彈,被標統胡永奎督率「弁兵」開槍射擊,諸兵士不得前進,天明散去;〔註 313〕炮營在隊官陳安仁、排長吳士英帶領下將本營管帶驅逐,奈何城中允作內

〔註 310〕 安徽新軍起事時間從朱家寶電奏中可知爲九月初九日,很多資料也支持此說,但親歷者史沛然在回憶錄中稱舉義時間爲九月初七日,估計是記憶性「失誤」,吳純暇支持此說。(史沛然遺稿:《安慶辛亥革命始》、吳純暇遺稿:《辛亥年安徽軍民起義獨立之經過》,中國人民政治協商會議安慶市文史資料委員會:《安慶文史資料選輯》第 1 輯,1981 年,第 38、41 頁。)

〔註 311〕 趙爾巽:《清史稿》,卷 132,志 107,北京:中華書局,1979 年,第 3946 頁。

〔註 312〕 王一民:《安徽光復經過與都督的爭奪》,中國人民政治協商會議全國委員會文史資料研究委員會:《辛亥革命回憶錄》第 4 集,北京:中華書局,1962 年,第 405 頁。(注:很多資料說到李乾玉被扣押是因爲開會回營太晚的緣故。如安文生:《安慶光復前後》,中國人民政治協商會議安徽省委員會文史資料研究委員會:《安徽文史資料選輯》總第 5 輯,1981 年,第 90~91 頁;鄒魯:《安徽光復》,中國史學會主編:中國近代史資料叢刊《辛亥革命》(七),上海:上海人民出版社,1957 年,第 170 頁;張國淦:《辛亥革命史料》《近代中國史料叢刊續編》第 26 輯,臺北:文海出版社,1974 年,第 242 頁等。)

〔註 313〕 郭孝成:《安徽光復記》,中國史學會主編:中國近代史資料叢刊《辛亥革命》(七),上海:上海人民出版社,1957 年,第 173 頁;王一民:《安徽光復經過與都督的爭奪》,中國人民政治協商會議全國委員會文史資料研究委員會:《辛亥革命回憶錄》第 4 集,北京:中華書局,1962 年,第 405 頁。

應的防軍已被當局繳械控制，城門換作江防營把守，且炮營所有大炮撞針事前已被拆卸收繳，炮營官兵徒手無法入城；事先推舉的總指揮、新軍營教官胡萬泰也臨陣脫逃。

朱家寶之所以提前有所防範，是因為新軍強行典當已有「倡變」徵兆：「皖城重陽日，各營兵士突然相率攜帶棉被，至城內各典當強當，每床四五元不等，每典（當行）一二百人，典夥大有應接不暇之勢，……炮營為最……各典稟明督練公所，轉稟朱撫，朱撫以兵士無故典當必有變故，調江防營一營入城保衛，當晚閉城大索。」〔註314〕朱家寶初十日（10月31日）電奏中亦有是說：「緣初九日晨，新軍群向當鋪強質衣服，意在尋釁，家寶逆知有變，即將調皖之江防兩營先調兩哨入城，嚴防戒備」。〔註315〕

新軍舉義不果，朱家寶於初十清晨調集江防營，又命停泊江心的兵輪配合，武力威逼起事之駐省新軍炮營、六十一標繳械、并強力宣佈遣散。六十一標兵士經由標統胡永奎勸說，「情願繳械，乞資歸里」。〔註316〕六十一標留省者為一、二營，「類皆新徵之兵，革命思想尚未普及，及見事敗，允繳械投降，炮營亦然。」〔註317〕

初十日午後，駐集賢關之六十二標會合昌家坡之工程、輜重隊，「排隊來撲省城」，守城的江防營再度「建功」。是日晚起事士兵來至北門，發出預先規定的聯絡信號，隨即遭到守城防營猛烈還擊。起義官兵嘗試多種手段攻城，均未得逞。事後朱家寶不無得意，電奏中有曰：「是夜九鐘，該叛兵果率隊來攻，城內幾處放火響應，幸先飭司道以下周歷巡查，隨時撲滅。該叛兵薄城攻擊，彈如雨落，江防營管帶尹占魁林慶元各率所部，奮勇抵禦，又將兵輪調撥西南隅，放電開炮，以壯聲勢。直至黎明，叛兵始退，分路潰散。」〔註318〕

皖省新軍起事未遂，各營兵士多有逃亡，朱家寶乘勢命令新軍各營長官，按人發銀六元，繳其軍械，全部遣散。〔註319〕安徽精練之新軍至於散

〔註314〕要聞二：《皖城兵變風雲》，《申報》1911年11月5日。
〔註315〕安徽巡撫朱家寶致內閣暨王爺等請代奏電，宣統三年九月十一日（1911年11月1日），外務部收電薄。
〔註316〕安徽巡撫朱家寶致內閣暨王爺等請代奏電，宣統三年九月十一日（1911年11月1日），外務部收電薄。
〔註317〕要聞：《安慶兵變續誌》，《申報》1911年11月6日。
〔註318〕安徽巡撫朱家寶致內閣暨王爺等請代奏電，宣統三年九月十一日（1911年11月1日），外務部收電薄。
〔註319〕黃有成：《朱家寶》，嚴如平、宗志文主編：《民國人物傳》第5卷，北京：中華書局，1986年，第158頁。

亡，陸軍小學及測繪學堂亦被殃及一體解散。朱家寶以數營防軍，挫敗實力較爲雄厚的新軍，在辛亥年新軍「變亂」省分中，安徽巡撫朱家寶可謂應對有術之人，此舉與朱氏戊申年狙殺熊成基馬炮營起義相比，有過之而無不及。

　　朱家寶在成功狙殺皖省新軍「叛亂」後，省內外形勢狂飆突變。九月初十日（10月31日）江西省會新軍起事，巡撫死難；九月十四日（11月4日）下游商業重埠上海落入民軍之手；同一日浙省新軍舉義、浙撫被俘；九月十五日（11月5日）江蘇巡撫程德全宣佈獨立、出任民軍都督；是日皖北重鎮壽州宣佈光復，同盟會會員、壽州籍諮議局議員、壽州團防局總辦王慶雲出任壽州淮上軍總司令，周邊數州縣繼起響應。

　　皖省士紳在「亂鄂」後，基本上保持了與官府同一步調，在朱家寶包圍新軍、迫令兵士繳械時，諮議局局議長竇以珏還曾致函各營，予以規勸。其後省內外形勢的變化，地方士紳與官府有了「隔閡」。九月十六日（11月6日）士紳童挹芳等聯合諮議局議長竇以珏謁見朱家寶，以避免地方糜爛爲詞，哀求朱家寶請援照蘇撫程德全例，宣告獨立。朱家寶嚴詞拒絕：「家寶食清之祿，死清之事，城存與存，城亡與亡，諸君無復多言。」〔註320〕

　　九月十七日（11月7日）地方士紳及諮議局議員繞開朱家寶假諮議局集議獨立事，議決獨立議案六款：（一）速將已解散之新軍招回編制。（二）飭江防營撤回，以保治安。（三）撤銷督練公所。（四）警務交諮議局，由地方辦理。（五）財政移交諮議局，由地方自辦。（六）朱家寶去留，聽其自決。本不贊成獨立的朱家寶竟然轉變態度，主動致函諮議局，聲言：「軍心如此，民心亦如此，各省相繼而行，令人束手無策，請諸公籌畫自保，採奪遵行。」〔註321〕朱家寶態度轉變與袁世凱轉來的一封電報有關。武昌起義後袁世凱復

〔註320〕孫傳瑗：《安徽革命紀略·辛亥革命之役》，中國史學會主編：中國近代史資料叢刊《辛亥革命》（七），上海：上海人民出版社，1957年，第184頁。（注：鄒魯記述該事件時，朱家寶的態度並似如此之堅決，「朱家寶以軍心民心既離，勢難挽回，乃於十六日答稱：『請諸公籌畫自保。』」，參見鄒魯：《安徽光復》，中國史學會主編：中國近代史資料叢刊《辛亥革命》（七），上海：上海人民出版社，1957年，第170頁。）

〔註321〕郭孝成：《安徽光復記》，中國史學會主編：中國近代史資料叢刊《辛亥革命》（七），上海：上海人民出版社，1957年，第174頁；張國淦：《辛亥革命史料》，《近代中國史料叢刊續編》第26輯，臺北：文海出版社，1974年，第243頁。（注：郭孝成、張國淦、鄒魯等人均稱童挹芳、竇以珏於九月十五日「謁見」朱家寶，十六日發生朱家寶覆函事。）

出，及見江、浙等地紛紛獨立，安徽勢難「瓦全」，袁命親信趙秉鈞密電朱家寶：「勿貪小節致昧遠圖」。〔註 322〕

袁世凱之密電在很多材料中均有提及，汪彭年在其回憶文章中更以親歷者的身份「證實」密電的確存在：「朱家寶原任安徽巡撫，其人並無革命思想，我和他相識。在皖省宣佈獨立前數日，我曾由上海電朱，勸其反正。旋得其覆電，謂已決定三天後宣佈獨立，答覆如此簡捷明確，出我當日意料之外。後我遇朱，問他當年何如此痛快，朱答袁項城有密電囑咐，本人遵辦而已。」〔註 323〕

九月十八日（11 月 8 日）各界代表假諮議局集會，公推朱家寶爲皖軍都督，黨人王天培爲副都督。朱家寶在接受都督印信時，放聲大哭，「作勢推卸」，眾人再三懇請，朱始以臨時都督自任。〔註 324〕安慶獨立，皖人皆以爲可以藉此避免戰禍而欣欣然面有喜色，詎料先有副都督王天培搶奪督印之爭，繼有九江都督馬毓寶部吳煥章索餉嘩變，竟使得皖人接連陷入兵亂之蹂躪苦痛中，朱家寶也因黃部「索餉」嘩變，棄職而逃，在安徽民軍都督位置上僅七天時間而已。朱家寶出逃後輾轉進京，向清廷奏陳了安慶失守的經過，且「懇恩罷黜治罪」，十二月初八日（1912 年 1 月 26 日）清朝廷降旨，予朱家寶「開缺聽候查辦」的處分。〔註 325〕開缺後的朱並未在京逗留，即趕赴安徽戰事最爲激烈的穎州一帶，佐助倪嗣沖與民軍對抗。

朱家寶出任民軍都督並非出自自願，從朱家寶獨立前後、及出逃後迥異之表現，袁之「授意」說有很大的可信度。如前所述，朱家寶以數營借調之防軍成功狙殺黨人發動的新軍舉義，若沒有袁世凱指使，何以單憑士紳「口舌」之爭，朱氏就會乖乖「繳械投降」？當然人們也可以理解爲形勢使然，但朱家寶出逃後沒有像其它督撫一樣隱匿起來，而是輾轉進京「請罪」，這種反常的表現難以解釋，至於朱家寶開缺後還「奉命」到穎州前線與民軍交鋒

〔註 322〕　張國淦：《辛亥革命史料》，《近代中國史料叢刊續編》第 26 輯，臺北：文海出版社，1974 年，第 243 頁；尚秉和：《辛壬春秋》，香港：文藝書屋，1970年，第 90 頁。（注：孫傳瑗《安徽革命紀略》也中提及袁世凱密電，只是電文有些不同「宜順應時勢，靜候變化，不可膠執書生成見，貽誤大局」。）

〔註 323〕　汪彭年：《武昌起義後袁世操縱時局的幾點見聞》，中國人民政治協商會議全國委員會文史資料研究委員會：《辛亥革命回憶錄》第 6 集，北京：中華書局，1963 年，第 429 頁。）

〔註 324〕　要聞二：《皖垣獨立詳情》，《申報》1911 年 11 月 11 日。

〔註 325〕　《安徽巡撫朱家寶奏摺》，中國史學會主編：中國近代史資料叢刊《辛亥革命》（七），上海：上海人民出版社，1957 年，第 218 頁。

就更無從理解，授意說的可信度或在於此，與袁世凱「親密無間」的慶親王奕劻，在評價「反正」督撫時沒有把朱家寶與程德全並列，也就難怪「袁內閣亦深以爲然」。〔註326〕

至於袁世凱爲何授意朱家寶「反正」，現如今並沒有更多的材料予以佐證，趙秉鈞之密電至爲關鍵，不過據朱家寶稱「九月十三日以後，皖電已不能通」，依照邏輯推理趙秉鈞電最晚應在十三日到皖，考慮到朱家寶九月初十日「剿殺」起事新軍之表現，趙秉鈞電到朱家寶手裏應早不過九月初十日，袁世凱在這幾日已經從彰德動身趕到了武昌前線，訊息不暢或許會影響到袁、朱之間的溝通與交流，已經掌控大權的袁世凱不能把已經變化了的形勢和意圖及時準確的送達朱家寶，安徽獨立未嘗不是偶然因素在某些「關鍵」時刻發生作用的結果！

（二）山東巡撫孫寶琦

孫寶琦，浙江錢塘（今杭州）人，以父蔭入仕，其父孫詒經，晚清名臣，曾作過光緒帝的師傅。孫寶琦子女眾多，與權臣慶親王奕劻是兒女親家，與袁世凱既是盟兄弟、也是兒女親家。宣統元年（1909 年）五月，孫寶琦藉由奕劻奧援，「以一未補缺之三品卿」破格升署山東巡撫，時年 43 歲。

八月十九日（10 月 10 日）武昌「兵變」，孫寶琦得訊後，積極向朝廷建言獻策；八月二十二日（10 月 13 日）孫寶琦又致電內閣，並不避諱自己與袁世凱的關係，勇敢地站出來向朝廷舉薦；八月二十八日（10 月 19 日）孫寶琦接獲蘇撫程德全意欲督撫聯銜會奏之「宥」電，不僅深表贊同，同時也分電各督撫籲請支持。〔註327〕

九月初一日（10 月 22 日）孫寶琦與程德全「具名聯奏」，籲請憲政改革以收拾離散之人心。該奏摺雖然措辭激烈，但根本出發點是「解救」王朝危機，可以說這份電奏代表了程德全和孫寶琦共同的心聲，即不願意眼看著自

〔註326〕要聞：《慶邸對於獨立督撫之品評》，《大公報》1911 年 11 月 28 日。（內廷近息：日前袁內閣入值，召見後又由監國召至三所密商要政，是時，弼德院長慶邸亦在三所，提及各省獨立之現狀，聞慶邸意見，以現在各省督撫雖多贊成獨立，被選都督，然其情形確屬不一，如程德全、沈秉堃輩實係違背朝廷，朱家寶等尚可望不至如此，其暫充都督者，當爲一時從權之計劃無疑云，袁內閣亦深以爲然。）

〔註327〕「宥」電是指八月二十六日程德全向各省督撫發出的由張謇草擬的致內閣代奏電稿，程德全希望東督趙爾巽領銜，督撫聯奏，以壯聲勢。（《有關辛亥革命的幾件電報》，《歷史檔案》，1994 年第 2 期，第 70～73 頁。）

己乘坐的清王朝這條破船沉沒，力圖盡自己的力量給予挽救，九月初四日（10月25日）孫寶琦再度電內閣泣血陳請。

在維護地方安全方面，孫寶琦也是殫精竭慮。八月二十二日，孫寶琦將清朝廷二十一日電寄諭旨轉發曹州、沂州、煙臺、濟寧各屬，飭令各屬「嚴密偵防，毋任疏忽」；同時孫寶琦也向青島稅務司一併知會，希冀德國人對進口船隻貨物「一體密查，以防隱患」。〔註328〕二十三日（10月14日）孫寶琦又致電內閣，懇請招募防營」，並要求暫時「節制」駐魯之第五鎮新軍，以備不虞。〔註329〕

新建陸軍第五鎮屬北洋派系，成軍較早，陸軍部限令山東編練的一鎮新軍，因無「的餉」，一直未能成軍，故魯省革命黨人未能像他省分一樣大規模滲透到新軍當中去，黨人回國後均以「新學界」的面目出現，當時的省立政法學堂、師範學堂是其聚集的大本營。武昌起義後，魯省革命黨人多有集議，鑒於省城有重兵駐紮，議定策略在濟南謀求和平獨立，在其它地區則發動起義。

九月中旬一則報紙傳言在濟南盛傳：清政府欲以山東土地作抵押向德國借債三千萬元來籌措戰爭經費，革命黨人在省城策動獨立終於找到了「藉口」，民眾情緒因此異常「激動」。九月十三日（11月3日）山東諮議局致電內閣，就借債傳聞予以「詰問」，且有「決不承認」之語。〔註330〕九月十五日（11月5日）山東各界人士又齊集諮議局討要說法，這次集會的幕後推手就是同盟會會員徐鏡心等人。各界代表千餘人與會，黨人事前為集會草擬了山東獨立大綱（七條），意欲響應全國各地共和獨立的熱潮，然由於革命黨人的力量不足以掌控會議局勢，大綱為立憲派修訂為勸告政府八條，不過內中聲明如政府三日內不答覆，即宣佈獨立。

會後由各界代表推選出來的士紳夏繼泉、丁世嶧等人把勸告書呈交給山東巡撫孫寶琦，懇請代為電奏。夏繼泉回憶錄中記述了孫寶琦看到勸告書時的情景：「孫起初聽到很覺得詫異，……表面上雖沒有拒絕，而意思甚

〔註328〕　《孫寶琦電檔中有關辛亥革命在山東的情況史料選輯》，中國科學院山東分院歷史研究所編：《山東省志資料》，第1期，濟南：山東人民出版社，1961年，第21頁。
〔註329〕　《山東假獨立資料》，中國科學院歷史研究所第三所：《近代史資料》總8號，1956年第1期，北京：科學出版社，1956年，第122頁。
〔註330〕　山東諮議局致內閣電，宣統三年九月十三日（1911年11月3日），外務部收電薄。

難接受，經我和丁世嶧兩人反覆陳說，……孫意思才稍活動，答應可以向清廷代奏。」〔註331〕孫寶琦上奏時如是解釋：「寶琦反覆開導，……各代表堅執請速照允電奏，方能解散大眾，否恐立即滋生事端。因許代奏，……查所請八條，注在罷戰息兵，以免生靈塗炭。雖措辭過激，而民情可見，……謹據情電陳。」〔註332〕

孫寶琦雖然對勸告書中所列八條不盡贊同，但其中有些條款恰好也是他極力想向朝廷表達的意願，如罷戰條款、駐東省新軍不得調遣出境條款、暫停協解條款等。儘管如此，孫寶琦在和山東地方各派週旋時態度還是相當強硬。九月十六日（11月6日），各界代表假諮議局繼續集會，孫寶琦也應邀出席，會上眾人推舉孫擔任山東獨立交涉長，孫斷然拒絕：「我係清國官吏，滿政府一日不倒，我即須為之盡一日之責任。」〔註333〕

九月十七日（11月7日）山東各界聯合會成立，從表象上看聯合會是各派勢力團結在一起的象徵，但實際上是各派妥協的結果，夏繼泉被推為會長。對於聯合會每個人賦予了自己不同的理解，孫寶琦就把聯合會稱之為「保安會」，「保一方平安」這也是孫寶琦當時特定條件下的心理定位。

九月十八日（11月8日）孫寶琦在寫給盛宣懷的信中有這樣的傾訴：「蘇、杭、滬相繼起事，此間遂欲響應，幸多方設法，尚無暴動，……頃擬奏明暫改臨時政府，仿庚子年之例，稍慰革黨之望，……天下糜爛，不堪設想，弟忝撫斯土，惟有勉力支持而已。」〔註334〕十八日孫寶琦在發往內閣、袁世凱及各省督撫公開電文中如是說：「近日東省紳、商、學界，盛倡獨立之說，……洶洶不可遏抑，……若不稍示變更，深恐激成暴動，……擬即組織臨時政府，……一俟大局定後，中央政府完全無缺，即行撤銷」。〔註335〕孫寶琦在形

〔註331〕夏蓮居：《山東獨立前後》，中國人民政治協商會議全國委員會文史資料研究委員會：《辛亥革命回憶錄》第5集，北京：中華書局，1963年，第294頁。

〔註332〕《山東假獨立資料》，中國科學院歷史研究所第三所：《近代史資料》總8號，1956年第1期，北京：科學出版社，1956年，第124～125頁；中國史學會濟南分會編：《山東近代史資料》第2分冊，濟南：山東人民出版社，1958年，第72～73頁。

〔註333〕郭孝成：《山東獨立狀況》，中國史學會主編：中國近代史資料叢刊《辛亥革命》（七），上海：上海人民出版社，1957年，第323頁。

〔註334〕《孫寶琦致盛宣懷函·三十三》，王爾敏、吳倫霓霞：《盛宣懷實業朋僚函稿》下冊，臺灣「中央」研究院近代史研究所，1997年，第1471～1472頁。

〔註335〕《山東假獨立資料》，中國科學院歷史研究所第三所：《近代史資料》總8號，1956年第1期，北京：科學出版社，1956年，第126頁。

勢不斷發展變化前提下，根據自己預設的「相機行事、保境安民」的原則，爲山東選擇了「暫時自治狀態」。

魯撫孫寶琦極力想把山東獨立風潮控制在自己設想的範圍之內，九月十六日（11月6日）孫寶琦致電內閣不厭其煩地逐條剖白勸告書之內容，希冀「朝廷迅賜電諭照准」，以消弭亂萌。〔註336〕九月十九日（11月9日）清政府對山東方面的勸告書做出說明和回覆，基本予以允准。然而孫寶琦意料之外的事發生了。

九月十九日晚，受革命黨人鼓動的幾個第五鎮新軍軍官在參謀黃治坤的帶領下到聯合會去面見夏繼泉，提出與清廷斷絕關係的獨立問題。當天晚上，夏繼泉把情況呈報給孫寶琦，孫堅決反對，表示「縱令以身相殉，也不能領著大家宣告獨立。」〔註337〕話雖如此說，然孫寶琦心裏清楚，如今省垣駐軍中的防營暮氣已沉，絕不是五鎮新軍敵手，爲避免出現「兵事」糜爛地方，孫寶琦只得考慮如何來遷就有獨立要求的五鎮新軍。

第五鎮編練於光緒三十一年（1905年），是袁世凱撫魯時武衛右軍先鋒隊的班底，軍官多出自北洋體系，第五鎮鎮統張永成乃袁世凱小站「舊人」，鑒於東省獨立風潮日盛，不願「混跡」其間，獨立前夜以「赴軍諮府籌商軍政」爲由出逃，孫寶琦遂委任第五鎮第十協協統賈賓卿代理鎮統一職。九月二十日（11月10日）各界代表公推丁鼎臣（立憲派）、王納（革命黨人）等「拜見」賈賓卿「陳說利害」，賈「慨然承諾」。是日晚，賈賓卿以及革命黨人謝洪燾、丁惟汾等先後「過府」拜見了聯合會會長夏繼泉，醞釀山東獨立是他們共同的議題，遂決定二十三日（11月13日）召集各界代表就獨立事集議「公決」。

九月二十三日（11月13日），各界代表再次集會諮議局，巡撫孫寶琦應邀蒞臨，以同盟會會員爲代表的「激進派」主導了會場的話語權，他們要求立即斷絕與清廷的關係，宣佈獨立，孫寶琦聲稱「吾爲朝廷守土，土不能守，惟有死耳。即不死，亦不能率領諸君獨立。」〔註338〕孫寶琦在發言中百般辯解：山東現在人材缺乏、兵力單薄，尚不具備獨立之資格。北京政府之兵力，攻漢口雖不足，而擊山東則有餘。最可慮者是山東處在德國人的勢力範圍之下，稍有

〔註336〕《山東假獨立資料》，中國科學院歷史研究所第三所：《近代史資料》總8號，1956年第1期，北京：科學出版社，1956年，第125～126頁。

〔註337〕夏蓮居：《山東獨立前後》，中國人民政治協商會議全國委員會文史資料研究委員會：《辛亥革命回憶錄》第5集，北京：中華書局，1963年，第303頁。

〔註338〕中國史學會濟南分會編：《山東近代史資料》第2分冊，濟南：山東人民出版社，1958年，第99頁。

不慎，就有可能引起德國之干涉。故堅持臨機觀變，審愼行事。〔註339〕大會從上午八點一直持續到晚上近九點，孫寶琦最終在第五鎮軍人的「鼓譟」聲中被迫接受獨立「總統」一職，未到場的五鎮代理統制賈賓卿被推舉爲副總統。

　　孫寶琦即日電奏內閣並知會各省督撫，訴說自己出任「總統」不得已之苦衷：「寶琦再三勸告不可獨立，而大眾不聽，竟以獨立要求，即日宣佈。推寶琦爲總統，五鎮代理統制賈賓卿爲副總統，全體贊成，堅辭不獲。且恐別滋事端，權宜俯允，冀保一時治安。世受國恩，形同叛逆，萬死奚辭？惟有靜候朝廷處置。」〔註340〕事後孫寶琦致函山東青州副都統、旗人秀昌，也記述了自己二十三日會場上的無奈：「昨日此間開會，倡言獨立，實因東南各省業有十四省獨立，亦不得不從同。大眾公推弟爲總統（各省均稱爲都督，尚須改），五鎮協統賈賓卿爲副。弟再三推辭，不得脫，苦口良言，勸勿獨立，俱無效。當時弟若不承認，必有奇禍（必有暴動之事），省城俱不得安，不得已權宜允許，實爲全省生靈之計。」〔註341〕

　　孫寶琦在山東各界集議獨立過程中的表現，展示了他在獨立問題上的「反動」形象。然而，孫寶琦的思想意識中也有著相當「激進」的一面。繼九月初一日、九月初四日，孫寶琦與程德全連袂或單獨奏請政治改革之後，九月二十一日（11月11日）孫寶琦又致電內閣，放言「共和」。〔註342〕此後孫寶琦在共和問題上屢有驚人之語，九月二十六日（11月16日）孫寶琦公電各省都督、保安會長、諮議局，倡議由江蘇都督程德全領銜，聯名敦請清政府「宣佈共和，仍當承認北京爲中央政府，各派員赴京會議優禮皇室、制定國法等事。否則，談判無可開端，惟有另行組織臨時政府，以維大局」。〔註343〕孫寶

〔註339〕中國史學會濟南分會編：《山東近代史資料選集》，濟南：山東人民出版社，1959年，第161～163頁。

〔註340〕《孫寶琦電檔中有關辛亥革命在山東的情況史料選輯》，中國科學院山東分院歷史研究所編：《山東省志資料》，第1期，濟南：山東人民出版社，1961年，第30頁。

〔註341〕《山東假獨立資料》，中國科學院歷史研究所第三所：《近代史資料》總8號，1956年第1期，北京：科學出版社，1956年，第129頁。

〔註342〕中國史學會濟南分會編：《山東近代史資料》第2分冊，濟南：山東人民出版社，1958年，第73～74頁。（按：孫寶琦是辛亥鼎革之際督撫群體中第一位向清廷奏請共和之人。）

〔註343〕中國第一歷史檔案館：《清代檔案史料叢編》第8輯，北京：中華書局，1982年，第340頁；《山東假獨立資料》，中國科學院歷史研究所第三所：《近代史資料》總8號，1956年第1期，北京：科學出版社，1956年，第128～129頁。

琦在以私人名義致電袁世凱時也有相似之表述。〔註344〕孫寶琦倡言共和，帶有強烈的政治改良意味，因此不能把孫氏的行為單純理解為投機或政治秀。

就在孫寶琦「侈談」共和之際，山東風向出現了逆轉，孫寶琦也不得不面臨又一次的選擇。如前所述，第五鎮本不如南方各鎮新軍思想激進，權利意識突出。九月二十三日（11月13日）袁世凱從漢陽前線返京，二十六日（11月16日）正式組閣，原本就是袁世凱舊部的第五鎮暗潮湧動，九月二十九日（11月19日）以二十標標統吳鼎元、炮標標統張樹元為首，五鎮新軍中竟公然打出「抗拒」賈賓卿的旗號，「不利」賈賓卿的傳聞也四下傳播，代理統制賈賓卿已無法掌控局面，竟不敢回營。

五鎮中「反動」力量聚集，與袁世凱對待山東獨立的態度也有很大關聯。山東獨立後，天津《大公報》曾刊載一條「慶邸電責孫寶琦」的訊息，內稱「日前弼德院院長慶邸長電致山東孫都督，內容係責以大義，不應背反朝廷，當速取消前此悖謬宗旨云云。並聞慶與孫電係由袁內閣從中主張云。」〔註345〕據孫寶琦的文案樓辛木回憶，山東通電獨立後，「清廷電責孫寶琦冒昧獨立，傳旨申斥」；「傳旨申斥」當屬樓氏記憶失誤，電責大概其指的就是慶邸來電。樓氏另外還提及袁世凱致書孫寶琦事，袁世凱反對獨立之態度表露無疑，更為很多人所引用：「共和成立，吾輩皆無噍類，望弟熟思。」〔註346〕第五鎮作為袁世凱起家的護衛軍，袁世凱的態度必定會通過各種管道影響到他們。

九月二十六日（11月16日）吳鼎元、張樹元等人聯合軍中「同志」致函聯合會，「令即取消獨立誓書及撤去獨立旗幟，否則以兵力從事」。〔註347〕五鎮軍人抗議「獨立」的理由：袁世凱復起，如果袁派兵來，我們無法抵禦，

〔註344〕九月二十四日（11月14日）孫寶琦致電袁世凱，懇請袁世凱主持「大計」，速定共和政體，宣佈中外，承認各省都督，飭令各派代表赴京公舉總統，以安生民，而維大局：（中國史學會濟南分會編：《山東近代史資料》第2分冊，濟南：山東人民出版社，1958年，第75頁。）九月二十九日（11月19日）孫寶琦又致電袁世凱，稱：各省軍民多以共和為前提，……已各派代表赴滬，議設臨時政府……為轉圜計，不如由京派員蒞會，俯就輿論，願全大局。……敬以私人交誼獻此芻論，乞卓察。（《武昌起義清方檔案》，中國史學會主編：中國近代史資料叢刊《辛亥革命》（五），上海：上海人民出版社，1957年，第309頁。）

〔註345〕北京：《慶邸電責孫寶琦》，《大公報》1911年11月27日。

〔註346〕中國史學會濟南分會編：《山東近代史資料》第2分冊，濟南：山東人民出版社，1958年，第116～117頁。

〔註347〕《山東假獨立資料》，中國科學院歷史研究所第三所：《近代史資料》總8號，1956年第1期，北京：科學出版社，1956年，第133頁。

不取消獨立的話，恐怕造成全城糜爛。這套說辭與孫寶琦在二十三日獨立大會上「山東兵力單薄」辯解詞有相通之處。〔註348〕聯合會本身就是一個融合了各派系的鬆散組織，有黨人為代表的激進派，也有持立憲主張的平和派，更有脫胎於原諮議局的保守派「六二黨人」〔註349〕。派系之間有爭鬥，派系內部也有不睦，軍人「反水」使得聯合會愈加四分五裂，這中間既有派系間「權利」之爭，也有意氣之爭。革命黨人的靈魂人物徐境心，在獨立風潮中表現過於搶眼，受排擠被迫出走。立憲派中堅、聯合會副會長丁鼎臣希望調合五鎮軍人與聯合會之間的「矛盾」，結果充當中介的張懷斌（五鎮前統制張懷芝之弟，時任五鎮標統）「轉向」，調解失敗。〔註350〕

　　五鎮軍人「反水」讓一時間表現激進的孫寶琦處境尷尬，但理智告訴他要想避免「兵事」糜爛地方，「退讓」是他必須再次作出的選擇。為籠絡五鎮官兵，孫寶琦作出如下調整：賈賓卿辭去統制一職，以吳鼎元代理，張樹元遞補協統，其標統一缺張懷斌遞補，將贊成獨立的黃治坤、胡雲程暗調外出；〔註351〕對於此次「運動」出力頗多的聶憲藩，孫寶琦則委署為濟東道予以嘉獎，新軍、防營皆有「犒賞」。十月初四日（11 月 24 日）由五鎮新軍主導，各界代表集會於山西會館，在新軍大炮的威脅之下，代表們當場議決「取消獨立名號」，以「山東全體維持會」取代「各界聯合會」，其餘一切仍復「舊

〔註348〕夏蓮居：《山東獨立前後》，中國人民政治協商會議全國委員會文史資料研究委員會：《辛亥革命回憶錄》第 5 集，北京：中華書局，1963 年，第 312 頁；中國史學會濟南分會編：《山東近代史資料》第 2 分冊，濟南：山東人民出版社，1958 年，第 88～90 頁。

〔註349〕「六二黨人」是指東省諮議局中以西七府六十二位議員為代表組成的派系集團，諮議局中的多數派、保守派，領袖是書記長張漢章。（參見張公制：《我充任山東諮議局議員的回憶》，中國科學院山東分院歷史研究所編：《山東省志資料》，第 1 期，濟南：山東人民出版社，1961 年。）

〔註350〕夏蓮居：《山東獨立前後》，中國人民政治協商會議全國委員會文史資料研究委員會：《辛亥革命回憶錄》第 5 集，北京：中華書局，1963 年，第 311 頁。（丁世嶧、王訥、張懷斌兩方面疏通調解無效，見於丁世嶧的便函。丁東中說：頃尋某公不遇，今晚事不諧矣。至張懷斌公館，其門役云往聶偉臣處，此中大有文章。按某公指的是賈賓卿，聶偉臣就是聶憲藩，丁訪賈不遇，找張本人既見不著，不想居於調人地位的張懷斌又往聶處奔走，趨向於對派一方，其中的情形，就不言而喻了。）

〔註351〕夏蓮居：《山東獨立前後》，中國人民政治協商會議全國委員會文史資料研究委員會：《辛亥革命回憶錄》第 5 集，北京：中華書局，1963 年，第 312 頁。

制」。九月三十一日（11 月 21 日）孫寶琦曾致電青州（似萊州之誤）葉統領表明自己的心境：「琦以保守地方安寧爲惟一定見，北不負君主，南不背同胞。」〔註 352〕

「寒流」襲來，山東獨立運動瞬間瓦解。十月初六、初七、初八三日（11 月 26、27、28 日）孫寶琦連電內閣，爲自己在山東獨立事件中的表現進行辯解、開脫，並懇請「罷黜治罪」。〔註 353〕十月初九日（11 月 29 日），清廷就山東獨立事件做出結論：孫寶琦「係被人迫脅，並非出自本心」，且「該省已取消獨立名目，地方各事亦漸就緒，是該撫尚知愧悔，亟圖補救，姑予寬容，仍著留任效力」，並「迅即督飭地方官紳悉心布置，保衛治安。該撫自當激發忠誠，力圖報稱，以維大局，而贖前愆。」〔註 354〕

孫寶琦取消獨立的做法不被世人所理解，南方民軍對孫寶琦「滑頭獨立」、「反覆無常」之惡評蜂擁而至。孫寶琦心力交瘁，再也無心「視事」，將巡撫印信交付布政使胡建樞護理，稱病避入法國醫院。躺在醫院裏的孫寶琦甚至有接獲浙江軍政府的詰問電，聞及「鄉人大憤，議掘祖墳，殲族類，以泄公憤」之議，孫寶琦更覺羞愧，不禁有「君親兩負，不可爲人」

〔註 352〕《孫寶琦電檔中有關辛亥革命在山東的情況史料選輯》，中國科學院山東分院歷史研究所編：《山東省志資料》，第 1 期，濟南：山東人民出版社，1961 年，第 34 頁。

〔註 353〕孫曜：《中華民國史料》，《近代中國史料叢刊》第 2 輯，臺北：文海出版社，1966 年，第 62～63 頁。（山東巡撫致內閣請代奏電一：張鎮、張藩司、吳道，均已遵旨飭知。張藩司、吳道本日業接篆，寶琦才智本短，不足禦變，上煩宵旰，罪戾實深。近日心力交瘁，並不能支，叩請天恩速事罷黜，另簡賢員，迅來接替，以重職守。可否先飭張廣建護理。伏候訓示，無任悚惶，請代奏。孫寶琦魚。山東巡撫致內閣請代奏電二：東省聯合會於上月廿三日宣告獨立，業經電奏。寶琦初以軍隊起義，誠恐另生變端，是以權宜承認。不數日，即據五鎮標統吳鼎元、張樹元，管帶官方玉普、劉景霑、張培榮、鄭士琦、張懷斌、王學彥，教練官孫家林等聯名具稟，詰獨立之由，請即取消。並函請聯合會，往返辯論。現在省城官紳，均悟吾鎮軍官並未贊成獨立之事，前次自係誤會。聯合會亦暫行解散，理合據實奏明。自應即將獨立取消。寶琦當日承認獨立原爲保境安民起見，而未能先事訪查底蘊，率行入奏。上無以對君父，下無以對諸將，罪無可赦。惟有籲懇將寶琦從嚴治罪，以示懲儆。無任悚惶待命之至，再新簡曹州鎮總兵馬、標統張善義，是日，因病未及列銜，合併陳明，請代奏。孫寶琦虞。山東巡撫致內閣請代奏電三：九月十八日，電奏組織臨時政府，凡用人、行政、理財、調兵暫由本省主決等因，原以事出非常，保境爲急，現在時局略定，應請即行撤銷，請代奏。孫寶琦齊。）

〔註 354〕中國第一歷史檔案館：《清實錄·附宣統政紀》第 60 冊，北京：中華書局，1987 年，第 1213 頁。

的慨歎。〔註355〕十月二十七日（12月17日）孫寶琦迭次奏請去職後終獲「奉旨開缺」，一度想挺立潮頭的孫寶琦懷著一顆受傷的心離開了山東，遷居天津租界。

山東宣告獨立僅僅維持了十二天，故有人稱之爲「假獨立」，更有人說山東獨立乃孫寶琦在袁世凱的授意下，爲幫助袁從清廷手中攫取更大的權益所搞得一場鬧劇。〔註356〕

關於山東獨立由袁世凱「指使」的說法，有兩則材料可以引用。其一，尚秉和之《辛壬春秋》：「袁項城，機權幹略，上追魏武，其顛倒群雄，亦有過之無不及。……微聞當時輿論，取銷獨立，有人主之；創始獨立，似亦有人使之也。若但以兒戲東事，則笨伯也。」〔註357〕其二，左次修回憶錄，左氏轉述時任濟南道熙敬甫之「證言」：「孫寶琦宣佈山東獨立及取銷獨立，純爲袁世凱所操縱。事前派人授意囑孫獨立，蓋欲造成恐怖局面，以覘清室權貴動靜。……袁知事未成熟，乃委過於孫，……勍乃召袁商定取消辦法，函電交馳，責孫鹵莽。袁恐孫公佈其授意事，復遣張廣建、吳炳湘赴濟，密告孫時機未到，勸其辭職，清鑒所謂「寶琦大恚」者，即指此事。」〔註358〕

上述兩則資料，《辛壬春秋》記述使用了「微聞輿論」、「似有人指使」等不確定語言，明顯帶有猜想及推測的成分；左次修之回憶，「故事」情節較爲完整，有使人信服的理由，但左次修注解有曰：「以上據熙敬甫於民國二年時，與家兄雲遐面談云云」。可見左氏所說，名義上出自熙敬甫，實際上屬於二手轉述，「再轉述」必定會摻雜轉述者自己的「語言」。況且熙敬甫本身是反對獨立之人，雖然他講述這段「故事」時距離辛亥變革的時間尚短，諒不至出現記憶上的重大「失誤」，然作爲對逝去的大清王朝懷有深深眷戀情感的旗人，難免不會影響到他對有「篡位」嫌疑的袁世凱心理上的評價。

〔註355〕《山東假獨立資料》，中國科學院歷史研究所第三所：《近代史資料》總8號，1956年第1期，北京：科學出版社，1956年，第131頁。

〔註356〕章開沅、林增平：《辛亥革命史》（下冊），北京：人民出版社，1980年，第168～169頁。

〔註357〕尚秉和：《辛壬春秋》，香港：文藝書屋，1970年，第104頁。

〔註358〕中國史學會濟南分會編：《山東近代史資料》第2分冊，濟南：山東人民出版社，1958年，第119頁。

　　以事實推論，袁世凱八月二十三日（10 月 14 日）起用爲湖廣總督，九月初六日加封欽差大臣頭銜，九月十一日（11 月 1 日）又被任命爲內閣總理大臣。查證孫寶琦函電檔案，孫寶琦至少在九月十三日（11 月 3 日）已得知袁世凱「奉旨」授任內閣總理大臣，至二十三日（11 月 3 日）山東宣佈獨立，孫、袁之間函電不斷，不存在信息溝通不暢問題，如果說此前袁世凱還有「養寇自重」的心理，很難想像已經大權在握的袁世凱還要策劃屏蔽京津的山東走向獨立，意欲何爲？故此，孫寶琦在獨立問題上受到袁世凱指使的說法並不十分讓人信服。至於熙敬甫所說「袁世凱派人授意囑孫獨立，蓋欲造成恐怖局面，以覘清室權貴動靜」，有很多臆想和加工的成分，當然我們並不因此否認袁世凱在取消山東獨立的過程中所起的作用和影響。

　　細究辛亥變局中孫寶琦的表現，有兩點值得注意，其一、孫寶琦革新政治的訴求表達一直很清晰。九月初一日孫、程聯奏名噪一時，九月初四日孫寶琦又單獨上奏，言辭懇切，情深意眞。其實孫寶琦「鄂亂」後的表現並非空穴來風，從光緒三十年（1904 年）上書首倡立憲，到宣統二年（1910 年）督撫聯銜奏請閣會「大放異彩」，孫寶琦辛亥變局中奏請解散皇族內閣、頒佈憲法、與民更始、倡言共和就有了水到渠成的感覺，可以說這是孫氏感應時代變化時思想脈絡的邏輯發展，因此「滑頭妙手」譏諷是只見其表，未見其裏的表現。假如辛亥山東獨立事件中沒有第五鎮後來的「反水」，孫寶琦極有可能演化成爲山東的「程德全」。可惜，由於山東特殊的地理位置，加之駐軍第五鎮的北洋屬性，山東獨立便成爲袁世凱掌控權力後爲穩定自已後方的政治犧牲品。

　　其二、維護地方穩定、避免「兵事」糜爛是孫寶琦的主旨所在。考察孫寶琦獨立前後的電奏，孫寶琦這一「主題思想」可謂表現得淋漓盡致，如孫寶琦在九月二十三日山東各界獨立大會上「勸阻獨立」的演說詞，二十三四日發往各地解釋「獨立」之電函，乃至獨立後發佈的文告、照會濟南英領事文等，無一不顯現了孫寶琦之「用心良苦」。〔註359〕開缺後的孫寶琦曾發表一

〔註359〕孫寶琦在獨立後發佈的文告中也沒有使用大總統或大都督名義，落款爲「山東臨時政府撫部院」：（徐凌霄、徐一士：《凌霄一士隨筆》，文海出版社《近代中國史料叢刊續編》第 64 輯，第 334 頁。）九月二十一日孫寶琦照會濟南英領事文，英領事稱：該撫來文用筆極爲靈妙，除模棱兩可之詞外，蓋有未宣佈獨立時山東巡撫來文同式之印，且日期爲「中國當今皇帝三年」字樣，此種辦法，與中國他處革黨公文不符：《山東假獨立資料》，中國科學院歷史

份告示，對自己山東巡撫任職期間，特別是「鄂」亂後的所作所爲進行了總結：「本人德薄能鮮，應變尤非所長，致我父老子弟日陷恐慌，難安衽席，撫衷內忖，負疚良深，所幸干戈未演於疆場，生靈未罹於塗炭，自後務望各安生業，共保和平，以俟大局之奠定，免外界之干涉，即爲山東第一幸福。」〔註360〕其中雖有溢美之處，然仍可以窺見孫寶琦些許的內心獨白，故葉爾愷所撰《錢塘孫公神道碑》提及該事件時這樣評說：「辛亥之變，全國狂沸，君悴心劬體，曲全生靈，事定而鬚髮全白。」〔註361〕

研究所第三所：《近代史資料》總 8 號，1956 年第 1 期，北京：科學出版社，1956 年，第 141～142 頁。)

〔註360〕 接要聞：《孫寶琦最後之騙術》，《申報》，1912 年 1 月 3 日。

〔註361〕 楊愷齡：《孫慕韓先生碑銘手扎集》，《近代中國史料叢刊續編》第 45 輯，臺北：文海出版社，1977 年，第 27 頁。